昆明统计年鉴

KUNMING STATISTICAL YEARBOOK

2021

昆明市统计局
KUNMING MUNICIPAL BUREAU OF STATISTICS
云南滇中新区统计局
YUNNAN DIANZHONG DISTRICT BUREAU OF STATISTCS
国家统计局昆明调查队
NBS SURVEY OFFICE IN KUNMING
编

中国统计出版社
China Statistics Press

图书在版编目(CIP)数据

昆明统计年鉴.2021 = Kunming Statistical Yearbook 2021 /昆明市统计局，云南滇中新区统计局，国家统计局昆明调查队编.—北京：中国统计出版社，2021.10
ISBN 978-7-5037-9588-6

Ⅰ. ①昆… Ⅱ. ①昆… ②云… ③国… Ⅲ. ①统计资料－昆明－2021－年鉴 Ⅳ. ①C832.741-54

中国版本图书馆CIP数据核字(2021)第158395号

昆明统计年鉴—2021

作　　者/昆明市统计局　云南滇中新区统计局　国家统计局昆明调查队
责任编辑/钟钰
装帧设计/中国邮政集团公司昆明市分公司
出版发行/中国统计出版社有限公司
通信地址/北京市丰台区西三环南路甲6号
邮　　编/100073
电　　话/邮购（010）63376909　书店（010）68783171
网　　址/http://www.zgtjcbs.com
印　　刷/云南出版印刷集团有限责任公司华印分公司
经　　销/新华书店
开　　本/890mm×1240mm 1/16
字　　数/590千字
印　　张/26.5
版　　别/2021年10月第1版
版　　次/2021年10月第1次印刷
定　　价/300.00元

如有印装差错，由本社发行部调换。

官方微信　官方微博　中国统计出版社有限公司 官方网站

《昆明统计年鉴—2021》编委会和编辑部

编者说明

一、《昆明统计年鉴》（以下简称《年鉴》）是一部按年连续出版的大型统计资料。《年鉴》通过大量的统计数据，真实地记录了昆明市一年来经济社会发展变化情况，是社会各界了解昆明、认识昆明的重要资料工具书。

二、《年鉴》内容共分为19个部分，即：1.市情概况；2.国民经济核算；3.人口；4.就业和工资；5.固定资产投资；6.财政和金融；7.物价；8.人民生活；9.农业；10.工业和能源；11.交通运输；12.建筑业；13.国内贸易；14.对外贸易、旅游；15.城市建设、环境保护；16.科技、教育、文化、卫生和其他；17.开发区建设；18.各州（市）主要经济指标；19.全国省会城市主要经济指标。有关部分有主要统计指标解释，对主要统计指标的含义、统计范围和统计方法作了简要说明。

三、《年鉴》资料主要来自昆明市统计局、国家统计局昆明调查队的各种定期统计报表和抽样调查资料；部分资料来自省、市有关部门以及各县（市）区、开发（度假）园区。

四、《年鉴》中度量衡单位均采用国际统一标准计量单位。

五、《年鉴》中涉及的历史数据，均以最新出版的《年鉴》数据为准；本年鉴中部分数据合计数或相对数由于四舍五入而产生的计算误差均未做机械调整。

六、《年鉴》统计表中的符号使用说明：

“#”表示其中主要项；

“空格”表示该项统计指标无数据；

“–”表示该项指标取消或无可比性。

七、《年鉴》由于内容较多、涉及面广，如有差错，敬请批评指正。

《年鉴》在整理编辑过程中，得到省、市有关部门和单位的大力支持，在此表示感谢！

2021年10月

目　　录

昆明市2020年国民经济和社会发展统计公报……（1）

一、市情概况

1-1　行政区划……（17）
1-2　土地面积和人口密度……（19）
1-3　气象概况……（20）
1-4　主要年份国民经济主要指标……（21）
1-5　昆明市国民经济主要指标占云南省的比重……（23）
主要统计指标解释……（24）

二、国民经济核算

2-1　主要年份地区生产总值……（27）
2-2　主要年份地区生产总值指数……（28）
2-3　分产业地区生产总值……（29）
2-4　各县（市）区地区生产总值……（30）
2-5　各县（市）区地区生产总值指数……（31）
主要统计指标解释……（32）

三、人　　口

3-1　主要年份全市年末人口数……（37）
3-2　主要年份全市人口出生率、死亡率、自然增长率……（38）
3-3　分县（市）区人口数……（39）
3-4　七次人口普查全市人口基本情况……（40）
主要统计指标解释……（42）

四、就业和工资

4-1　按三次产业分的就业人员……（45）
4-2　城镇非私营单位就业人员年末人数……（46）
4-3　主要年份城镇非私营单位就业人员工资总额……（47）
4-4　主要年份城镇非私营单位就业人员年平均工资……（48）
4-5　城镇非私营单位在岗职工年末人数……（49）

4-6　城镇非私营单位在岗职工平均工资……………………………………………………………………………（50）
主要统计指标解释……………………………………………………………………………………………（51）

五、固定资产投资

5-1　主要年份固定资产投资增长情况及构成…………………………………………………………………（57）
5-2　固定资产投资主要指标增长情况………………………………………………………………………（58）
5-3　固定资产投资按构成类型分组增长情况………………………………………………………………（59）
5-4　固定资产投资按国民经济行业分组增长情况…………………………………………………………（60）
5-5　分县（市）区固定资产投资增长情况…………………………………………………………………（61）
5-6　房地产施工、销售和待售情况…………………………………………………………………………（62）
主要统计指标解释……………………………………………………………………………………………（64）

六、财政和金融

6-1　一般公共预算收入………………………………………………………………………………………（67）
6-2　一般公共预算支出………………………………………………………………………………………（68）
6-3　分县（市）区一般公共预算收入………………………………………………………………………（69）
6-4　分县（市）区一般公共预算支出………………………………………………………………………（70）
6-5　金融机构（含外资）本外币信贷运行情况……………………………………………………………（71）
6-6　金融机构（不含外资、证券）人民币信贷运行情况…………………………………………………（73）
主要统计指标解释……………………………………………………………………………………………（75）

七、物　　价

7-1　主要年份价格指数………………………………………………………………………………………（79）
7-2　居民消费价格指数………………………………………………………………………………………（80）
7-3　商品零售价格指数………………………………………………………………………………………（81）
7-4　工业生产者出厂价格指数………………………………………………………………………………（82）
7-5　工业生产者购进价格指数………………………………………………………………………………（83）
7-6　住宅销售价格指数………………………………………………………………………………………（84）
主要统计指标解释……………………………………………………………………………………………（85）

八、人民生活

8-1　居民收支情况……………………………………………………………………………………………（89）
8-2　调查户构成情况…………………………………………………………………………………………（90）
8-3　调查户人口和就业结构…………………………………………………………………………………（91）
8-4　居民可支配收入情况……………………………………………………………………………………（93）

8-5　居民消费支出情况……（96）
8-6　居民住房、生活设施和耐用消费品拥有情况……（98）
8-7　居民每百户耐用消费品拥有情况……（100）
8-8　住户年末粮食结存情况……（101）
8-9　居民土地经营和主要农产品产量情况……（102）
8-10 居民食品消费情况（含自产自用）……（104）
8-11 住户能源消耗情况……（106）
主要统计指标解释……（107）

九、农　　业

9-1 主要年份农林牧渔业总产值……（111）
9-2 主要年份农林牧渔业总产值指数……（112）
9-3 主要年份农林牧渔业总产值构成……（113）
9-4 分县（市）区农林牧渔业产值及中间消耗……（114）
9-5 分县（市）区农林牧渔业总产值……（116）
9-6 分县（市）区农村基本情况……（118）
9-7 分县（市）区农作物播种面积……（120）
9-8 分县（市）区农作物产量……（122）
9-9 分县（市）区油、菜、茶、果生产情况……（124）
9-10 分县（市）区畜牧业、渔业生产情况……（126）
主要统计指标解释……（130）

十、工业和能源

10-1 年主营业务收入2000万元及以上独立核算工业企业工业增加值增长情况……（133）
10-2 年主营业务收入2000万元及以上独立核算工业企业主要经济指标……（136）
10-3 年主营业务收入2000万元及以上独立核算工业企业主要产品产量……（172）
10-4 年主营业务收入2000万元及以上独立核算工业企业能源购进、消费与库存……（176）
10-5 年主营业务收入2000万元及以上独立核算工业企业用水情况……（177）
主要统计指标解释……（178）

十一、交通运输

11-1 主要年份客运量……（185）
11-2 主要年份货运量……（186）
11-3 全市运输情况……（187）
11-4 民用车辆拥有量……（188）
主要统计指标解释……（189）

十二、建筑业

12-1 主要年份建筑业总产值……（193）

12-2 主要年份建筑施工企业数……（194）

12-3 主要年份建筑施工企业平均人数……（195）

12-4 总承包和专业承包企业生产情况……（196）

12-5 总承包和专业承包企业财务情况……（214）

主要统计指标解释……（232）

十三、国内贸易

13-1 分县（市）区社会消费品零售总额……（239）

13-2 限额以上批发和零售业法人企业经营情况……（240）

13-3 限额以上批发和零售业法人企业财务状况……（256）

13-4 限额以上住宿和餐饮业法人企业经营情况……（304）

13-5 限额以上住宿和餐饮业法人企业财务状况……（314）

主要统计指标解释……（344）

十四、对外贸易、旅游

14-1 主要年份海关进出口贸易总额……（347）

14-2 主要年份市属外商直接投资……（348）

14-3 主要年份旅游业发展情况……（349）

主要统计指标解释……（350）

十五、城市建设、环境保护

15-1 城市市政设施水平……（353）

15-2 城市供水……（354）

15-3 城市供气……（355）

15-4 城市道路和桥梁……（356）

15-5 园林绿化……（357）

15-6 城市环境卫生情况……（358）

15-7 环境保护情况……（359）

主要统计指标解释……（360）

十六、科技、教育、文化、卫生和其他

16-1 规模以上工业企业R&D活动及相关情况……（363）

16-2 非工业企业R&D活动及相关情况……（366）

16-3 主要年份全市医疗卫生机构数、卫生技术人员、医疗床位数…………（368）
16-4 卫生机构、床位、人员数…………（369）
16-5 民政事业基本情况…………（370）
16-6 分地区各类办学类型学校数情况 …………（371）
16-7 分地区各类办学类型在校生情况 …………（372）
16-8 分地区各类办学类型专任教师情况 …………（373）
16-9 分地区各类办学类型毕业、招生学生基本情况 …………（374）
16-10 昆明市辖区高等教育情况 …………（376）
16-11 文化事业基本情况(市属) …………（377）
主要统计指标解释…………（378）

十七、开发区建设

17-1 昆明经济技术开发区建设发展情况…………（383）
17-2 昆明高新技术产业开发区建设发展情况…………（384）
17-3 昆明滇池国家旅游度假区建设发展情况…………（385）
17-4 昆明阳宗海风景名胜区建设发展情况…………（386）

十八、各州市主要经济指标

18-1 各州市年末常住人口及城镇人口比重…………（389）
18-2 各州市生产总值…………（390）
18-3 各州市生产总值指数…………（391）
18-4 各州市固定资产投资…………（392）
18-5 各州市社会消费品零售总额…………（393）
18-6 各州市一般公共预算收支…………（394）
18-7 各州市农村居民收入…………（395）
18-8 各州市城镇居民收入…………（396）

十九、全国省会城市主要经济指标

19-1 地区生产总值…………（399）
19-2 第一产业增加值…………（400）
19-3 第二产业增加值…………（401）
19-4 第三产业增加值…………（402）
19-5 固定资产投资增速…………（403）
19-6 房地产开发投资增速…………（404）
19-7 社会消费品零售总额…………（405）
19-8 一般公共预算收入…………（406）

19-9　一般公共预算支出……………………………………………………………………………………………（407）
19-10　金融机构（含外资）人民币存款、贷款余额……………………………………………………………（408）
19-11　居民消费价格指数…………………………………………………………………………………………（409）
19-12　城镇常住居民人均可支配收入……………………………………………………………………………（410）
19-13　农村常住居民人均可支配收入……………………………………………………………………………（411）

昆明市2020年国民经济和社会发展统计公报[1]

2020年，面对国内外形势深刻复杂变化特别是新冠肺炎的严重冲击，昆明市坚持以习近平新时代中国特色社会主义思想为指导，全面贯彻党的十九大和十九届二中、三中、四中、五中全会精神以及习近平总书记考察云南重要讲话精神，统筹做好疫情常态化防控和经济社会发展各项工作，扎实推进“六稳”工作，全面落实“六保”任务，全年经济运行呈现加快恢复，稳定向好态势，决胜全面建成小康社会取得决定性胜利，高质量建设区域性国际中心城市迈出坚实步伐。

一、综合

初步核算，全年地区生产总值[2]6733.79亿元，按可比价格计算，比上年增长2.3%。其中，第一产业增加值312.35亿元，增长5.6%；第二产业增加值2102.93亿元，增长1.4%；第三产业增加值4318.51亿元，增长2.5%。三次产业结构为4.6:31.2:64.2，三次产业对GDP增长的贡献率分别为9.8%、22.5%和67.7%，分别拉动GDP增长0.2、0.5和1.6个百分点。

全年非公有制经济实现增加值2656.07亿元，比上年增长0.6%，占GDP比重为39.4%。全市新登记市场主体16.24万户，同比增加1.34万户，增长0.8%，其中企业新登记5.67万户，增长4.1%；个体工商户10.53万户，下降0.8%。市场主体总量达89.60万户，增长12.6%。

全年居民消费价格比上年上涨3.1%。其中，食品烟酒类上涨10.1%，衣着类上涨0.8%，居住类下降0.7%，生活用品及服务类下降1.1%，交通和通信类下降3.5%，教育文化和娱乐类上涨4.7%，医疗保健类上涨0.7%，其他用品和服务类上涨4.1%。全年商品零售价格比上年上涨2.3%；工业生产者出厂价格上涨0.1%；工业生产者购进价格下降3.4%。

图 1：2020 年昆明市居民消费价格月度涨跌幅度（%）

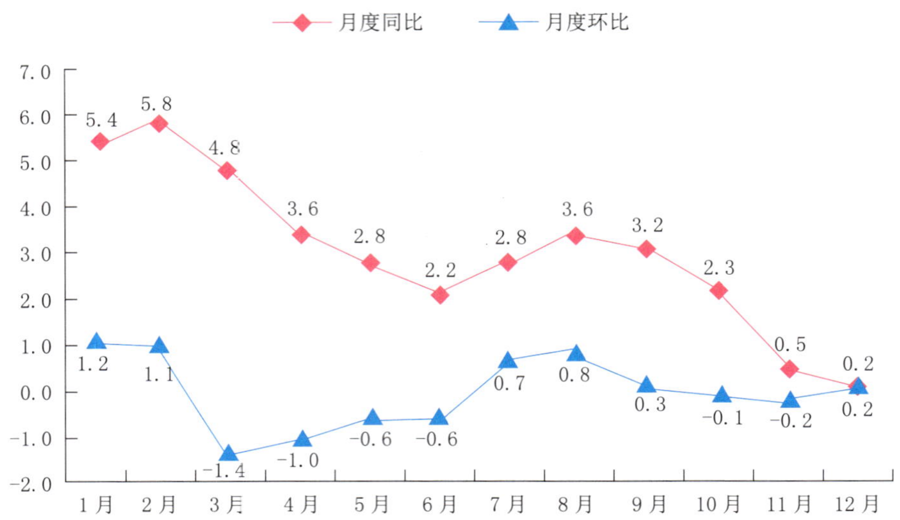

全年一般公共预算收入 650.47 亿元，比上年增长 3.2%。其中，税收收入 515.38 亿元，增长 1.2%，占一般公共预算收入的比重 79.2%。一般公共预算支出 875.05 亿元，增长 6.6%。其中，民生支出 635.82 亿元，占全市一般公共预算支出的比重 72.7%。

全年城镇新增就业 14.68 万人，城镇下岗失业人员再就业 3.61 万人，年末城镇登记失业率为 4.22%。农村劳动力转移就业 16.56 万人次。

二、农业

全年农林牧渔业总产值 519.50 亿元，按可比价计算，比上年增长 5.7%。其中，农业产值 299.58 亿元，增长 8.5%；林业产值 22.54 亿元，增长 0.6%；牧业产值 170.88 亿元，增长 0.2%；渔业产值 8.12 亿元，增长 1.2%；农林牧渔专业及辅助性活动产值 18.39 亿元，增长 7.8%。

图 2：2016-2020 年农林牧渔业总产值（亿元，%）

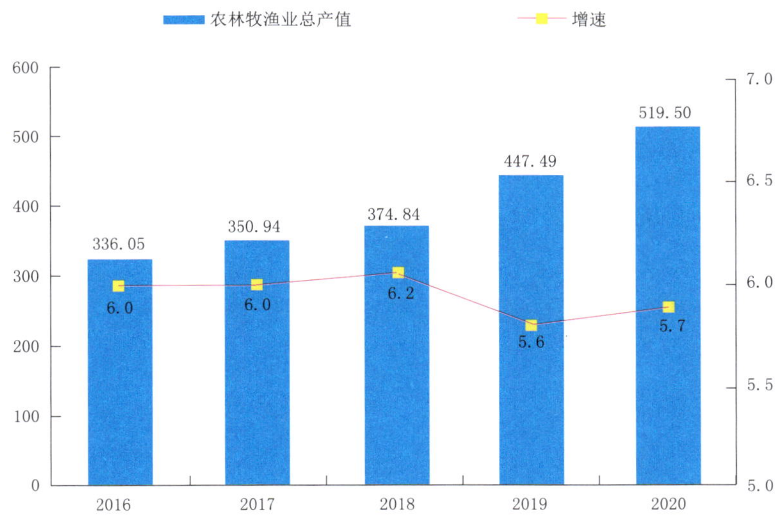

全年粮食种植面积 23.34 万公顷，产量 103.65 万吨；蔬菜种植面积 11.54 万公顷，产量 332.46 万吨；花卉种植面积 1.51 万公顷，鲜切花产量 75.71 亿枝。

表 1　2020 年主要农产品产量及其增长速度

	单位	2020 年	比上年 ±%
粮食	万吨	103.65	1.4
油料作物	万吨	1.47	6.4
烤烟	万吨	6.80	0.3
蔬菜	万吨	332.46	7.8
鲜切花	亿枝	75.71	13.1
水果	万吨	37.20	32.5

全年猪出栏 178.26 万头，增长 0.2%；牛出栏 21.51 万头，增长 0.1%；羊出栏 100.37 万只，增长 4.6%。牛年末存栏 42.89 万头，增长 2.3%；猪年末存栏 145.20 万头，增长 24.7%；羊年末存栏 121.89 万只，增长 3.7%。

全年肉类总产量 30.46 万吨，增长 5.8%；禽蛋产量 5.75 万吨，增长 24.2%；牛奶产量 14.11 万吨，增长 13.1%。

全年农村用电量 12.52 亿千瓦时，增长 3.0%。年末农业机械总动力 24.65 亿瓦特。大中型拖拉机 6451 台。农村自来水普及率 99.84%，农村卫生厕所普及率 91.66%。

三、工业和建筑业

全年全部工业增加值1324.98亿元，比上年增长0.7%。规模以上工业增加值增长0.9%。分经济类型看，国有企业增加值下降3.5%，股份制企业增长1.2%，外商及港澳台商投资企业增长4.3%，集体企业下降7.4%，股份合作企业下降5.4%。分门类看，采矿业增加值下降0.5%，制造业下降0.8%，电力、热力、燃气及水生产和供应业增长12.2%。

图3：2016-2020年昆明市规模以上工业增加值增速（%）

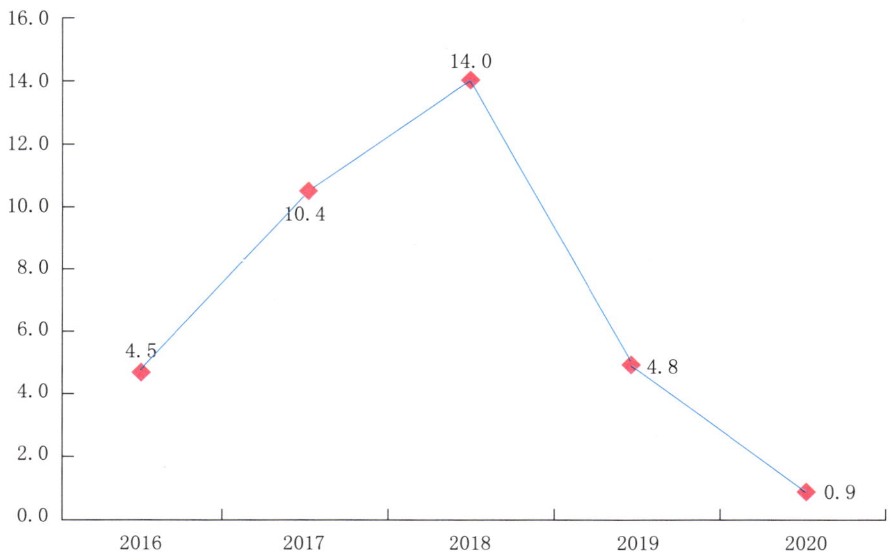

全市38个大类行业中，有25个行业工业增加值保持同比增长。重点行业中，烟草制品业增加值增长1.0%，石油、煤炭及其他燃料加工业下降9.5%，化学原料及化学制品制造业增长11.0%，冶金工业增长2.3%，装备制造业增长8.5%，医药制造业下降15.5%，电力、热力生产和供应业增长21.1%。六大高耗能行业增加值增长2.4%。工业新兴产业发展迅速，增加值同比增长3.9%，其中先进装备制造业增加值增长16.4%，生物医药下降0.8%，电子信息制造业增长2.5%，新材料制造业增长6.7%。

表 2　主要工业产品产量

	单位	2020 年	比上年 ± %
粗钢	万吨	501.48	6.7
钢材	万吨	592.41	1.5
生铁	万吨	469.91	10.0
金属切削机床	台	12509	26.4
汽车	辆	1940	15.3
水泥	万吨	1988.35	3.0
商品混凝土	万立方米	2197.74	-2.7
磷矿石	万吨	1665.16	-9.4
化肥	万吨	58.99	-37.4
卷烟	亿支	796.01	0.6
复烤烟叶	万吨	39.92	0.5
十种有色金属	万吨	86.16	-6.7
饮料	万吨	279.42	-0.1
饮料酒	万吨	34.19	-16.0
饲料	万吨	291.03	28.4
自来水生产量	万立方米	37701.87	-0.3
原盐	万吨	160.30	3.5
乳制品	万吨	20.70	2.7
中成药	万吨	2.43	0.3
光学仪器	万台	824.25	24.7
电力电缆	千米	204879.32	-23.7

全年规模以上工业企业实现营业收入 4719.01 亿元，比上年下降 1.3%。营业收入利润率 5.99%，同比提高 1.4 个百分点；工业企业产品销售率 99.7%，同比提高 1.3 个百分点；每百元营业收入中的成本 80.38 元，同比增加 0.77 元；企业资产负债率 54.5%，同比提高 0.9 个百分点。

全年建筑业总产值 3829.00 亿元，比上年增长 7.6%。其中，建筑工程产值 3463.63 亿元，增长 5.8%；安装工程产值 228.03 亿元，增长 3.5%。全市总承包和专业承包建筑业企业房屋建筑施工面积 10328.22 万平方米，下降 1.3%。其中，本年新开工面积 2393.22 万平方米，下降 31.9%；房屋建筑竣工面积 1987.72 万平方米，下降 17.6%。

四、固定资产投资

全年固定资产投资（不含农户）比上年增长 8.1%。分产业看，第一产业投资增长 35.8%，第二产业投资增长 7.9%，第三产业投资增长 7.8%。从重点领域看，工业投资增长 8.1%，基础设施投资增长 13.3%，房地产投资增长 8.0%。从重点行业看，农业投资增长 20.6%，水利投资增长 27.8%，教育投资增长 1.2%，交通投资增长 1.3%，文化投资下降 9.6%，商贸投资下降 1.1%。

图 4：2016-2020 年固定资产投资（不含农户）增速（%）

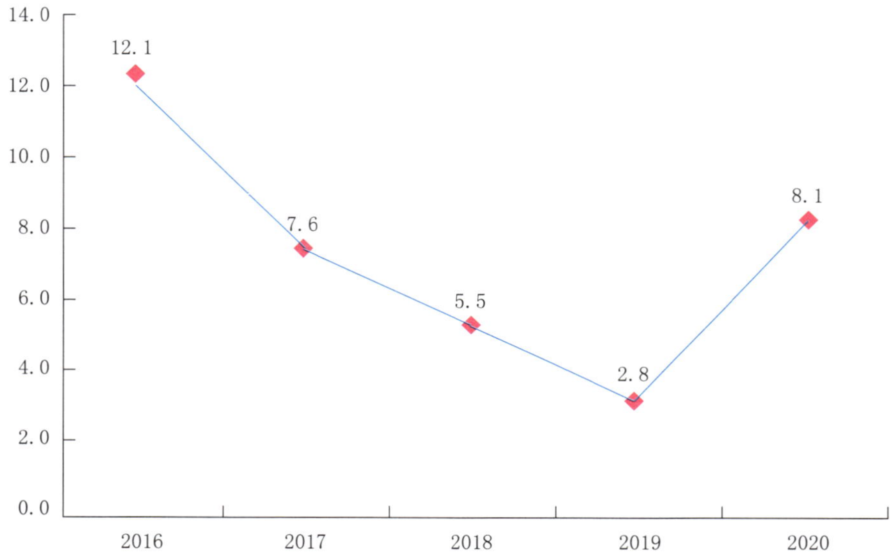

全年民间投资增长 10.5%，增速高于全市投资增速 2.4 个百分点，占全部投资的比重为 53.2%，比上年提高 1.2 个百分点。

全年房地产开发投资中，住宅投资增长 10.1%，办公楼投资下降 1.1%；商业营业用房投资增长 8.6%。

全年房屋施工面积 11359.07 万平方米，比上年下降 7.2%；房屋竣工面积 293.04 万平方米，下降 39.7%；商品房销售面积 1878.80 万平方米，下降 2.0%。

五、国内贸易和对外经济

全年社会消费品零售总额 3070.44 亿元，比上年下降 3.6%。按经营地统计，城镇消费品零售额 2873.78 亿元，下降 3.5%；乡村消费品零售额 196.66 亿元，下降 5.7%。按消费类型统计，商品零售 2547.92 亿元，下降 1.6%；餐饮收入 522.52 亿元，下降 12.4%。

图 5：2016-2020 年社会消费品零售总额及增长速度（亿元，%）

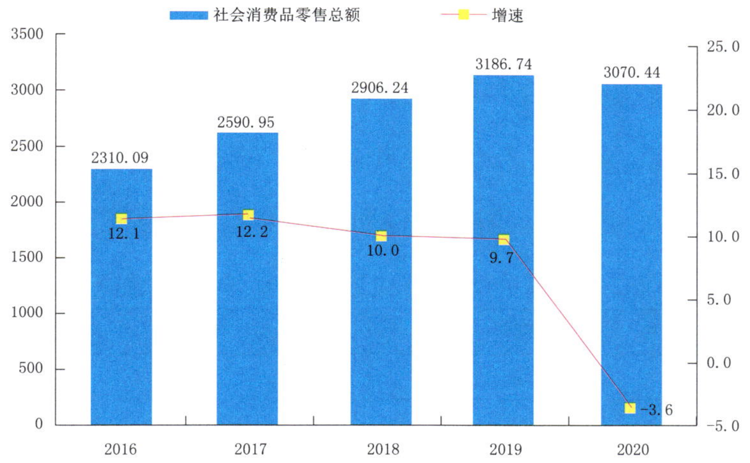

在限额以上企业商品零售额中，粮油、食品类零售额比上年增长 7.4%，饮料类增长 16.0%，烟酒类下降 0.9%，服装、鞋帽、针纺织品类下降 13.6%，化妆品类下降 0.7%，日用品类下降 5.6%，家用电器和音像器材类下降 2.6%，中西药品类增长 6.8%，家具类下降 3.1%，通讯器材类增长 7.7%，建筑及装潢材料类下降 19.0%，石油及制品类下降 17.8%，汽车类下降 2.3%。

全年海关进出口总额 160.59 亿美元，比上年增长 21.8%。其中，出口 77.45 亿美元，增长 114.8%；进口 83.15 亿美元，下降 13.2%。

全年新批外商投资企业 163 户，比上年增加 45 户；实际利用外资 6.62 亿美元，增长 2.0%。

图 6：2016-2020 年海关进出口贸易总额（亿美元）

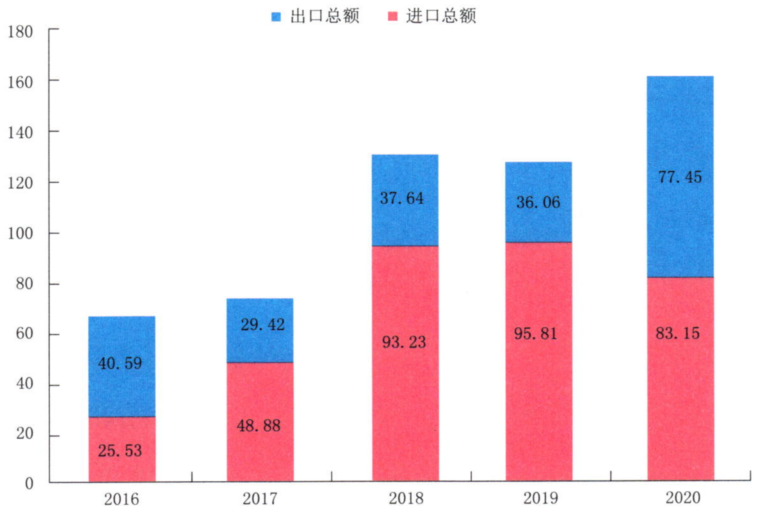

六、交通运输、邮政电信和旅游业

全年货物运输周转量425.12亿吨公里，比上年下降1.5%。其中，铁路货物周转量176.66亿吨公里，公路货物周转量247.48亿吨公里，水运货物周转量43万吨公里。旅客运输周转量213.84亿人公里，下降33.3%，其中铁路游客运输周转量46.59亿人公里，公路游客运输周转量47.75亿人公里，水运游客运输周转量402万人公里。

表3　各种运输方式完成运输量及其增速

	单位	2020年	比上年±%
货物运输总量	万吨	37489	6.5
#铁路	万吨	1723	-3.7
公路	万吨	35743	7.1
水运	万吨	17	44.3
民航	万吨	6	-28.8
旅客运输总量	万人次	7239	-22.6
#铁路	万人次	2082	-35.2
公路	万人次	4172	-8.1
水运	万人次	29	-76.2
民航	万人次	956	-35.0

昆明机场全年运输起降27.3万架次，比上年下降23.4%；旅客吞吐量3298.9万人次，下降31.4%；货邮吞吐量32.5万吨，下降21.8%。全年共开通航线375条，其中国际航线59条。

年末全市机动车保有量297.01万辆，比上年增长5.2%。其中，本年新注册机动车27.27万辆，增长0.9%。汽车保有量263.16万辆，增长5.7%。其中，本年新注册汽车22.16万辆，下降7.3%。年末个人汽车保有量238.32万辆，增长6.0%。

主城五区公交运营线路519条（含定制公交线路），新增公交线路3条；公交日均客运量215.6万人次，公共交通机动化出行分担率60%。年末全市实有出租车10237辆，其中，主城区实有出租车9137辆。拥有公共交通车辆15167.8标台，行政村客运班车通达率100%。

截至年末，昆明地铁运营线路共计5条，分别为地铁1、2号线首期工程、1号线支线、3号线、4号线、6号线。地铁通车总里程139.4公里，运营车站83座。开通运营至2020年底线网累计客运量约9.25亿乘次，2020年全年线网累计客运量约1.59亿乘次，日均客运量约 43.6 万乘次，日均客运周转量 494.51 万人次公里。

全年邮政业累计完成业务收入 54.27 亿元。其中，快递业务收入 42.37 亿元。邮政函件业务 302.79 万件，包裹业务 13.01 万件，快递业务量 4.21 亿件。

全年电信业务收入 101.2 亿元，比上年增长 1.6%。年末拥有固定电话用户 107.3 万户，比上年减少 5.6 万户。拥有移动电话用户 1149.0 万户，比上年减少 11.1 万户。固定互联网宽带接入用户 (3)298.4 万户，比上年增加 23.1 万户。5G 网络用户 185.6 万户，4G 网络用户 955.8 万户，3G 网络用户 12.2 万户。

全年接待国内外游客 13641.36 万人次，比上年下降 26.8%。其中，国内游客 13631.45 万人次，下降 26.3%。

全年旅游总收入 1900.57 亿元，比上年下降 30.5%。其中，国内旅游收入 1896.51 亿元，下降 29.1%。

七、金融

金融市场保持平稳。年末金融机构（含外资）人民币存款余额 16324.65 亿元，比年初增长 9.5%。其中，住户存款余额 5962.79 亿元，比年初增长 11.3%；非金融企业存款余额 5359.12 亿元，比年初增长 5.7%。

图 7：2016-2020 年金融机构（含外资）人民币存款余额（亿元）

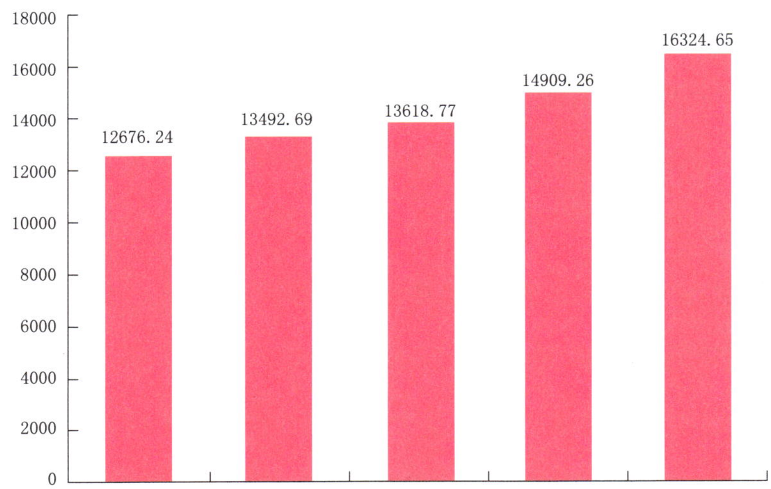

年末金融机构（含外资）人民币贷款余额19740.44亿元，比年初增长10.6%。其中，住户贷款5034.88亿元，比年初增长21.1%；企（事）业单位贷款14647.30亿元，比年初增长7.4%。

图8：2016-2020年金融机构（含外资）人民币贷款余额（亿元）

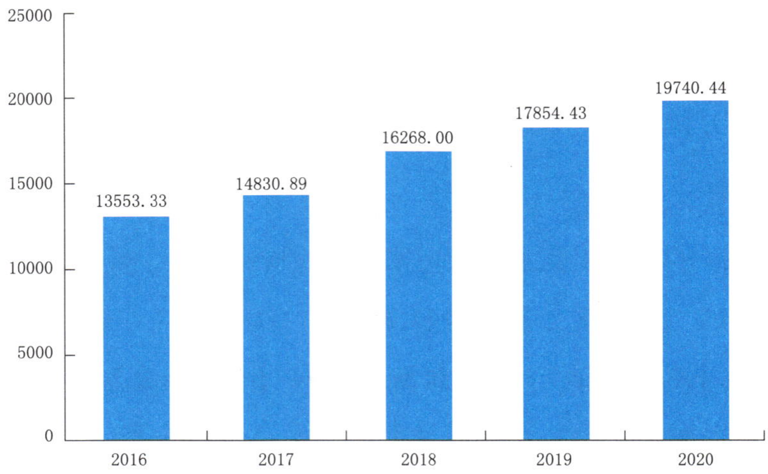

全年保险公司原保险保费收入299.80亿元，比上年下降0.2%。其中，财产险原保险保费收入112.91亿元，下降3.2%；人身险原保险保费收入186.89亿元，增长1.8%。

全年赔款与给付支出107.16亿元，比上年增长6.0%。其中，财产险赔款支出61.18亿元，增长5.3%；人身险赔款支出45.98亿元，增长6.9%。

八、教育、科学技术和文化体育

年末全市共有普通高等院校52所，在校生69.80万人，专任教师4.37万人；中等职业教育学校80所，在校生18.14万人，专任教师4026人；普通中学334所，在校生35.42万人，专任教师2.90万人；普通小学758所，在校生52.43万人，专任教师3.18万人；幼儿园1448所，在园幼儿26.83万人，专任教师1.72万人；特殊教育学校10所，在校学生985人，专任教师274人。

高中阶段毛入学率98.36%，普通初中毛入学率105.8%，小学学龄儿童毛入学率101.38%，学前教育三年毛入园率99.87%，残疾儿童入学率98.95%。

全年实施科技计划项目567项，其中重大科技计划项目41项。获专利授权18372件，有效发明专利拥有量11736件。全年登记技术合同2505项，技术合同成交额35.66亿元。全年共登记科技成果170项，其中基础理论类12项，应用技术类157项，软科学类1项。全市高新技术企业1166家，其中本年新认定140家。各级重点实验室133个，其中国家级6个。各级工程技术研究中心176个，其中国家级4个。

全市注册博物馆37个，公共图书馆15个，文化馆16个，文化站141个。专业文化艺术表演团体2个，年末登记在册的业余文化艺术表演团体3447个。

年末全市有线电视实际用户73.05万户。全市电视综合覆盖率99.94%，广播综合覆盖率99.94%。

全年昆明运动员在国家级比赛中获金牌3枚，银牌1枚，铜牌2枚。

九、人口、人民生活和社会保障

年末全市户籍总人口582.87万人。其中，城镇人口400.55万人，占户籍人口比重为68.7%。

全年城镇常住居民人均可支配收入48018元，比上年增长3.7%；农村常住居民人均可支配收入17719元，增长8.3%。

图9：2016-2020年居民人均可支配收入（元）

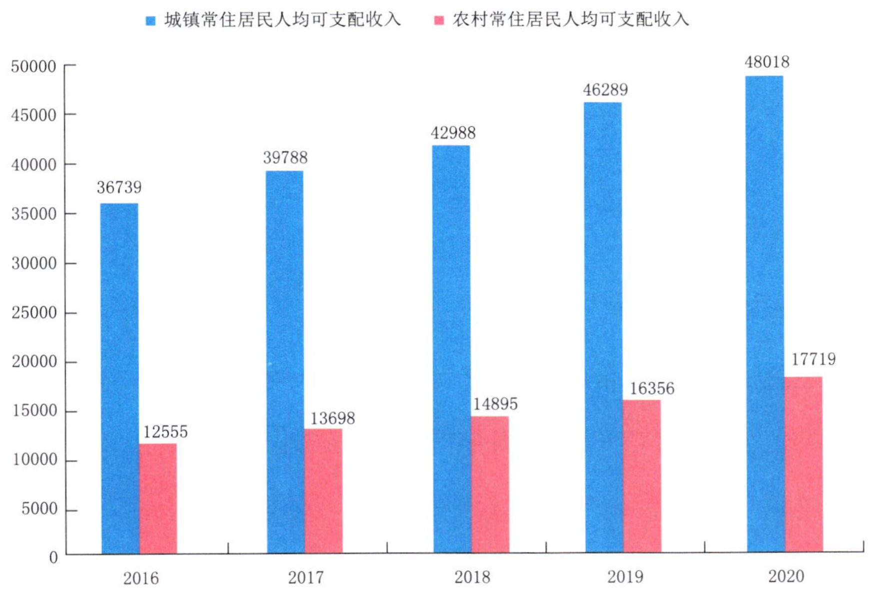

年末全市参加城镇职工基本养老保险人数205.81万人，比上年末增加29.88万人。参加城乡居民基本养老保险人数219.55万人，增加7.07万人。参加城镇职工基本医疗保险人数

208.57 万人，增加 9.66 万人。参加城乡居民基本医疗保险人数 441.48 万人，减少 10.08 万人。城镇参加失业保险人数 125.24 万人，增加 6.22 万人。参加工伤保险的职工人数 152.09 万人，增加 35.63 万人。

年末享受城市居民最低生活保障人数 4.99 万人，农村居民最低生活保障人数 6.42 万人，农村五保供养 5081 人。全年资助城乡居民参加基本医疗保险人数为 77.43 万人。

脱贫攻坚战取得全面胜利。昆明在全省率先完成脱贫攻坚总目标，按照国家统计局每人每年生活水平 2300 元（2010 年不变价）的现行农村贫困标准测算，全市 9.6 万户 35.05 万名建档立卡贫困人口全部脱贫，3 个国家级贫困县全部摘帽，404 个贫困村全部出列。农村地区全面消除 C、D 级危房，建成 57 个易地扶贫搬迁集中安置点，脱贫攻坚成果不断巩固拓展。

十、卫生和社会服务

全市共有卫生机构 5527 个。其中，医院 322 个，乡镇卫生院 95 个，社区卫生服务中心（站）391 个，诊所（卫生所、医务室）3125 个，村卫生室 1263 个。卫生技术人员 9.28 万人。其中，执业医师和执业助理医师 3.35 万人，注册护士 4.55 万人。医疗卫生机构实有病床 6.57 万张。年末共有社区服务站 783 个。

全市拥有农村敬老院 30 个，床位 3658 张。城市公办养老机构 11 所，床位 3271 张；社会力量兴办养老机构 73 个，床位 1.55 万张；城乡社区居家养老服务中心（站）364 个，床位 5031 张。

十一、资源环境和安全生产

全年昆明地区年平均降雨量 1062.8 毫米，较历史平均值偏多 84.1 毫米；年平均气温 16.5℃，较历史平均值偏高 1.3℃；年平均日照时数 3307.6 小时，较历史平均值偏多 1188.9 小时。

全市森林覆盖率 52.62%。全年完成营造林 3.96 万公顷，其中，人工造林 0.99 万公顷，森林抚育及改造提升 2.52 万公顷；义务植树 1182 万株。全市拥有水库 849 座，水库库总量 29.49 亿立方米，库塘蓄水 12.36 万立方米。

全年主城区空气质量优良天数达到 366 天，空气质量优良率达到 100%。主城区区域环境昼间噪声平均值53.9分贝。地表水达标率100%。

各污染物年平均浓度中，二氧化硫9微克/立方米、二氧化氮26微克/立方米、可吸入颗粒物（PM10）42微克/立方米、细颗粒物（PM2.5）24微克/立方米。

全年主城五区取水总量41340.46万立方米。其中，工业取水量4597.29万立方米。万元地区生产总值取水量8.37立方米/万元，万元工业增加值取水量5.71立方米/万元。

初步核算，全市规模以上工业综合能源消费量1255.78万吨标准煤，增长10.9%。其中，焦炭消费量213.23万吨，增长11.1%；天然气消费量9.74亿立方米，增长61.3%；电力消费量216.05亿千瓦时，增长1.6%。规模以上工业增加值能耗同比上升9.9%。全社会用电量376.38亿千瓦时，与上年持平。规模以上工业发电量289.48亿千瓦时，比上年增长44.3%，其中，水力发电量183.95亿千瓦时，增长77.6%；火力发电量69.96亿千瓦时，增长12.8%；风力发电量31.40亿千瓦时，增长2.8%；太阳能发电量4.17亿千瓦时，下降8.0%。

各类生产安全事故死亡人数257人，交通事故死亡人数314人，火灾事故死亡人数20人。全市亿元GDP生产安全事故死亡率0.038。

注释：

(1) 本公报数据为初步统计数，正式统计数据以《昆明统计年鉴》和各部门正式公布数据为准。部分数据因四舍五入的原因，存在总计与分项合计不等的情况。

(2) 地区生产总值（GDP）、分产业增加值、农林牧渔业总产值绝对数按现价计算，增长速度按不变价格计算。

(3) 固定互联网宽带接入用户是指报告期末在电信企业登记注册，通过xDSL、FTTx+LAN、FTTH/0以及其他宽带接入方式和普通专线接入公众互联网的用户。

2021昆明统计

KUNMING STATISTICAL YEARBOOK 2021

年鉴

1 市情概况

1-1 行政区划

（2020年）　　单位：个

地　区	乡镇	镇	乡	民族乡	街道办事处
全市	**58**	**42**	**16**	**4**	**81**
五华区					10
盘龙区					12
官渡区					10
西山区					10
东川区	7	6	1		2
呈贡区					10
晋宁区	5	3	2	2	3
富民县	5	5			2
宜良县	6	4	2	2	3
石林彝族自治县	4	3	1		3
嵩明县	3	3			2
禄劝彝族苗族自治县	15	9	6		2
寻甸回族彝族自治县	13	9	4		3
安宁市					9

注：此部分数据来源于昆明市民政局。

1-1 续表

（2020年）

县(市)区	乡、镇、街道办事处	乡、镇、街道办事处数
五 华 区	护国街道办事处、华山街道办事处、大观街道办事处、龙翔街道办事处、莲华街道办事处、丰宁街道办事处、红云街道办事处、普吉街道办事处、黑林铺街道办事处、西翥街道办事处	10个街道办事处
盘 龙 区	拓东街道办事处、鼓楼街道办事处、东华街道办事处、联盟街道办事处、金辰街道办事处、茨坝街道办事处、龙泉街道办事处、青云街道办事处、双龙街道办事处、松华街道办事处、滇源街道办事处、阿子营街道办事处	12个街道办事处
官 渡 区	吴井街道办事处、太和街道办事处、关上街道办事处、金马街道办事处、官渡街道办事处、小板桥街道办事处、大板桥街道办事处、六甲街道办事处、矣六街道办事处、阿拉街道办事处	10个街道办事处
西 山 区	马街街道办事处、金碧街道办事处、永昌街道办事处、前卫街道办事处、福海街道办事处、棕树营街道办事处、西苑街道办事处、碧鸡街道办事处、海口街道办事处、团结街道办事处	10个街道办事处
东 川 区	铜都街道办事处、碧谷街道办事处、阿旺镇、乌龙镇、红土地镇、汤丹镇、拖布卡镇、因民镇、舍块乡	2个街道办事处 6个镇 1个乡
呈 贡 区	龙城街道办事处、洛羊街道办事处、斗南街道办事处、吴家营街道办事处、马金铺街道办事处、七甸街道办事处、大渔街道办事处、洛龙街道办事处、雨花街道办事处、乌龙街道办事处	10个街道办事处
晋 宁 区	昆阳街道办事处、宝峰街道办事处、晋城街道办事处、二街镇、上蒜镇、六街镇、双河彝族乡、夕阳彝族乡	3个街道办事处 3个镇 2个乡
富 民 县	永定街道办事处、大营街道办事处、东村镇、款庄镇、赤鹫镇、散旦镇、罗免镇	2个街道办事处 5个镇
宜 良 县	匡远街道办事处、汤池街道办事处、南羊街道办事处、狗街镇、北古城镇、马街镇、竹山镇、耿家营彝族苗族乡、九乡彝族回族乡	3个街道办事处 4个镇 2个乡
石林彝族自治县	鹿阜街道办事处、石林街道办事处、板桥街道办事处、西街口镇、长湖镇、圭山镇、大可乡	3个街道办事处 3个镇 1个乡
嵩 明 县	嵩阳街道办事处、杨桥街道办事处、杨林镇、小街镇、牛栏江镇	2个街道办事处 3个镇
禄劝彝族苗族自治县	屏山街道办事处、崇德街道办事处、撒营盘镇、转龙镇、茂山镇、翠华镇、团街镇、皎平渡镇、中屏镇、乌东德镇、九龙镇、云龙乡、则黑乡、乌蒙乡、雪山乡、汤朗乡、马鹿塘乡	2个街道办事处 9个镇 6个乡
寻甸回族彝族自治县	仁德街道办事处、塘子街道办事处、金所街道办事处、羊街镇、倘甸镇、柯渡镇、功山镇、七星镇、河口镇、先锋镇、鸡街镇、凤合镇、甸沙乡、金源乡、六哨乡、联合乡	3个街道办事处 9个镇 4个乡
安 宁 市	连然街道办事处、金方街道办事处、太平新城街道办事处、温泉街道办事处、青龙街道办事处、草铺街道办事处、禄脿街道办事处、八街街道办事处、县街街道办事处	9个街道办事处

1-2 土地面积和人口密度

（2020年）

地　　区	土地面积 (平方公里)	年末常住人口 (万人)	人口密度 (人/平方公里)	户籍人口 (人)
总　计	**21012.53**	**846.30**	**403**	**5828761**
五 华 区	381.60	114.40	2998	672686
盘 龙 区	343.71	98.80	2875	594535
官 渡 区	632.92	160.26	2532	610199
西 山 区	881.32	96.10	1090	576434
东 川 区	1865.70	26.10	140	316369
呈 贡 区	510.22	65.06	1275	239646
晋 宁 区	1336.66	34.63	259	288809
富 民 县	993.76	14.95	150	152906
宜 良 县	1912.77	38.49	201	461101
石林 彝族 自 治 县	1680.09	24.08	143	255171
嵩 明 县	1349.68	41.09	304	313065
禄劝彝族苗族 自 治 县	4233.91	37.89	89	487836
寻甸回族彝族 自 治 县	3588.38	46.07	128	576411
安 宁 市	1301.81	48.38	372	283593

注：1.土地面积数据来源于昆明市自然资源和规划局；
　　2.户籍人口数据来源于昆明市公安局。

1-3 气象概况

（2020年）

月份	平均气温(℃)	日照时数(小时)	降雨量(毫米)	相对湿度(%)
全年	**16.5**	**3307.6**	**1065.8**	**68.6**
一月	9.9	241.0	61.4	63.1
二月	11.0	252.0	24.2	64.4
三月	16.0	324.4	5.3	49.4
四月	16.1	290.4	42.3	58.3
五月	20.6	333.0	22.0	56.1
六月	22.5	352.2	125.5	65.7
七月	20.6	276.1	379.9	80.9
八月	20.8	284.3	258.2	82.8
九月	19.4	246.3	101.8	85.5
十月	16.5	245.0	26.9	77.7
十一月	13.5	252.7	6.6	70.1
十二月	10.7	237.2	8.7	68.7

注：年极端最高气温为：31.2℃，出现日期：6月8日；年极端最低气温为：-1.3℃，出现日期：1月27日；霜日天数为24天。此部分数据来源于昆明市气象局。

1-4 主要年份国民经济主要指标

指　　标	单位	2016年	2017年	2018年	2019年	2020年	2020年比2019年±%
一、年末常住人口	**万人**	**760.40**	**782.10**	**803.10**	**824.94**	**846.30**	**2.6**
城镇人口比重	%	73.14	74.83	76.36	77.97	79.67	—
二、年末劳动者人数							
全社会就业人员	万人	463.30	469.60	480.70	490.00	502.43	**2.5**
#在岗职工人数	万人	110.84	109.01	107.78	96.48	93.68	—
三、生产总值(当年价)	**亿元**	**4757.40**	**5429.70**	**6020.50**	**6492.39**	**6733.79**	**2.3**
第一产业	亿元	197.76	207.77	222.16	270.29	312.35	5.6
第二产业	亿元	1594.97	1784.31	1964.08	2075.83	2102.93	1.4
第三产业	亿元	2964.67	3437.62	3834.26	4146.27	4318.51	2.5
人均生产总值	元	63428	70401	75959	79757	80584	-0.3
四、工业							
规模以上工业增加值增速	%	4.5	10.4	14.0	4.8	0.9	—
五、运输							
货运周转量	万吨公里	3137561	3507691	3813288	4314066	4251229	-1.5
旅客周转量	万人公里	2651523	2631746	2803235	3206547	2138392	-33.3
六、农业							
1.农业总产值(当年价)	亿元	336.05	350.94	374.84	447.46	519.50	5.7
2.主要农产品产量							
粮食	吨	1043722	1001198	997122	1022033	1036452	1.4
肉类	吨	276473	280441	286267	288000	304600	5.8
#猪牛羊肉	吨	202866	205395	206100	184300	186900	1.4
烤烟	吨	71446	69514	69358	67815	68008	0.3
蔬菜(含菜用瓜)	吨	2814363	2881614	3007763	3084837	3324572	7.8
水果	吨	243023	233200	261023	280771	372016	32.5
淡水产品	吨	41521	41401	40972	40794	36022	-11.7
七、固定资产投资							
固定资产投资(不含农户)增速	%	12.1	7.6	5.5	2.8	8.1	—
#房地产开发投资增速	%	5.5	10.0	9.3	13.9	8.0	—

1-4 续表

指　　标	单位	2016年	2017年	2018年	2019年	2020年	2020年比2019年±%
八、国内贸易							
社会消费品零售总额	亿元	2353.09	2641.21	2906.24	3186.74	3070.44	-3.6
九、财政、金融							
一般公共预算收入	亿元	518.39	560.86	595.63	630.03	650.47	3.2
一般公共预算支出	亿元	688.40	775.90	756.80	820.86	875.05	6.6
金融机构人民币存款余额	亿元	12655.68	13466.56	13583.62	14879.34	16295.36	9.5
金融机构人民币贷款余额	亿元	13520.32	14789.35	16224.73	17793.49	19673.62	10.6
十、物价指数							
居民消费价格指数	%	101.7	100.5	101.7	102.3	103.1	—
商品零售价格指数	%	100.8	101.3	101.1	101.5	102.3	—
十一、人民生活							
城镇常住居民人均可支配收入	元	36739	39788	42988	46289	48018	3.7
农村常住居民人均可支配收入	元	12555	13698	14895	16356	17719	8.3
十二、教育							
普通高等院校数	所	45	49	51	52	52	—
普通高等院校专任教师数	人	28698	28808	29496	30596	32237	5.4
普通高等院校在校学生数	人	465464	503538	547277	622583	697961	12.1
普通中学专任教师数	人	24672	25664	26500	27290	28957	6.1
普通中学在校学生数	人	317283	327176	337149	346490	354156	2.2
小学专任教师数	人	27918	28480	29296	30287	31775	4.9
小学在校学生数	人	485598	485697	497971	513029	524322	2.2
十三、卫生							
卫生机构数	个	4755	4823	4892	5068	5526	9.0
卫生技术人员	人	71000	75964	79205	86992	92800	6.7
#执业医师和执业助理医师	人	26049	27317	28606	31763	33487	5.4

注：1.年末常住人口、全社会从业人员为第七次人口普查结果修订的数据；
2.生产总值、规模以上工业增加值、农林牧渔业总产值、固定资产投资增速按可比价或可比口径计算；
3.地区生产总值、社会消费品零售总额为第四次经济普查修订数；
4.金融机构人民币存、贷款余额增长速度是与年初比；
5.普通高等学校在校学生数不含研究生。

1-5 昆明市国民经济主要指标占云南省的比重

（2020年）

指　　标	单位	云南	昆明	昆明占云南的比重(%)
年末总人口	万人	4722.0	846.30	17.9
城镇化率	%	50.05	79.67	—
生产总值	亿元	24521.90	6733.79	27.5
#第一产业	亿元	3598.91	312.35	8.7
第二产业	亿元	8287.54	2102.93	25.4
第三产业	亿元	12635.45	4318.51	34.2
人均生产总值	元/人	51975	80584	—
农林牧渔业总产值	亿元	5920.52	519.50	8.8
主要农产品产量				
#粮食	万吨	1895.86	103.65	5.5
烤烟	万吨	81.60	6.80	8.3
蔬菜	万吨	2507.89	332.46	13.3
猪牛羊肉	万吨	353.28	18.69	5.3
规模以上工业增加值增速	%	2.4	0.9	—
一般公共预算收入	亿元	2116.69	650.47	30.7
一般公共预算支出	亿元	6974.02	875.05	12.5
金融机构人民币存款余额	亿元	35474.99	16295.36	45.9
金融机构人民币贷款余额	亿元	34651.14	19673.62	56.8
固定资产投资(不含农户)增速	%	7.7	8.1	—
社会消费品零售总额	亿元	9792.87	3070.44	31.4
进出口总额	亿美元	389.46	162.33	41.7
#出口总额	亿美元	221.40	77.43	35.0
城镇常住居民人均可支配收入	元	37500	48018	—
农村常住居民人均可支配收入	元	12842	17719	—

主要统计指标解释

行政区划　指国家对行政区域的划分。根据宪法规定，我国的行政区域划分如下：⑴全国分为省、自治区、直辖市；⑵省、自治区分为自治州、县、自治县、市；⑶自治州分为县、自治县、市；⑷县、自治县分为乡、民族乡、镇；⑸直辖市和较大的市分为区、县；⑹国家在必要时设立的特别行政区。

土地面积　指某一国家或某一地区所辖范围内的全部地域面积。土地包括耕地、荒山、荒地、林地、草原、道路、建筑物占地、河流、湖泊、水库等。按照地形的不同，一般可分为山地、高原、盆地、平原、丘陵。地形分类因各地区特点而异。以下地形的地貌特征是：

⑴平原　地面平坦，地面坡度小于5度，地表组织物质以第四纪松散堆积物为主。

⑵丘陵　地面波状起伏，脉络不明显，丘顶多呈浑圆状，间有峰脊，坡度大多在25度以下，相对高度在200米以下，地表多为基岩裸露。

⑶山地　地面起伏大，线状伸延，脉络清楚，相对高度大于200米，坡度大于25度，地表切割深，多为基岩裸露。

人口密度　指一定地理(政治的、行政区域的、自然的、经济的、城乡的)范围内的人口数与相应土地面积的比值，反映一定地理范围内人口集居的稀密状况。计算公式为：

$$人口密度(人/平方公里)=\frac{某地理范围内的总人口}{某地理范围内的土地面积}$$

计算结果表明每一平方公里内有多少人口。

气温　指空气的温度，我国一般以摄氏度（℃）为单位表示。气象观测的温度表是放在离地面约1.5米处通风良好的百叶箱里测量的，因此，通常说的气温指的是离地面1.5米处百叶箱中的温度。其统计计算方法为：月平均气温是将全月各日的平均气温相加，除以该月的天数而得。年平均气温是将12个月的月平均气温累加后除以12而得。

日照时数　指太阳实际照射地面的时间。其统计方法与降水量相同。

降水量　指从天空降落到地面的液态或固态（经融化后）水，未经蒸发、渗透、流失而在地面上积聚的深度。其统计计算方法为：月降水量是将全月各日的降水量累加而得。年降水量是将12个月的月降水量累加而得。

相对湿度　指空气中实际水气压与当时气温下的饱合水气压之比。其统计方法与气温相同。

2021昆明统计年鉴

KUNMING STATISTICAL YEARBOOK 2021

2 国民经济核算

2-1 主要年份地区生产总值

年 份	地区生产总值(万元)	第一产业	第二产业	第三产业	人均GDP(元)
1978	150619	19652	91703	39264	415
1980	191149	22175	117450	51524	510
1985	418477	54426	252627	111424	1055
1990	1152588	128817	609768	414003	2717
1995	3578651	397634	1767652	1413365	7998
1996	4443941	458714	2137559	1847668	9819
1997	5017852	487087	2373937	2156828	10957
1998	5629465	507149	2628500	2493816	12137
1999	5936439	528361	2680956	2727122	12625
2000	6361308	575242	2758071	3027995	13331
2001	6763684	580957	2973665	3209062	13968
2002	7339974	607662	3177541	3554771	14944
2003	8182598	650417	3543658	3988523	16438
2004	9461405	731547	4242190	4487668	18853
2005	10801256	773081	4735334	5292841	17867
2006	12155431	815645	5553729	5786057	19866
2007	14254325	939717	6433352	6881256	23093
2008	16340007	1049392	7354500	7936115	26286
2009	18621246	1114337	7958177	9548732	29749
2010	21659051	1166430	9065828	11426793	34058
2011	25606254	1296396	10535783	13774075	39168
2012	30516207	1541956	12097078	16877173	45374
2013	35080909	1696839	13598444	19785626	50768
2014	39023676	1815602	14387261	22820813	54947
2015	43423847	1880991	15258011	26284845	59501
2016	47574022	1977615	15949664	29646743	63428
2017	54297026	2077742	17843084	34376200	70401
2018	60205031	2221609	19640794	38342628	75959
2019	64923857	2702880	20758333	41462644	79757
2020	67337909	3123523	21029285	43185101	80584

注：1.生产总值按当年价格计算；
2.2009—2018年生产总值是根据第四次全国经济普查结果修订的数据；
3.人均GDP2005年以前按户籍人口计算，2005年起按常住人口计算。

2-2 主要年份地区生产总值指数

单位：%

年 份	地区生产总值指数	第一产业	第二产业	第三产业	人均GDP
1978	130.9	108.2	125.2	183.4	127.6
1980	115.2	110.4	111.0	132.7	113.6
1985	120.0	103.1	119.5	132.0	118.4
1990	109.0	104.7	106.5	114.5	107.7
1995	113.8	121.1	117.6	109.0	112.6
1996	114.1	105.5	114.2	115.7	112.8
1997	113.2	103.7	113.8	114.3	111.9
1998	111.0	102.3	110.4	113.0	109.6
1999	108.2	103.5	106.7	110.3	106.7
2000	108.4	103.5	107.6	109.8	106.8
2001	108.5	104.0	107.2	110.5	106.9
2002	109.2	103.6	109.2	110.2	107.7
2003	110.3	104.3	111.0	110.7	108.8
2004	111.0	104.3	114.6	108.9	110.1
2005	110.2	105.0	111.7	109.6	109.0
2006	111.6	104.5	114.3	110.1	110.3
2007	112.5	105.6	115.0	111.2	111.5
2008	111.0	106.2	113.0	109.7	110.2
2009	112.8	102.4	112.8	114.1	112.0
2010	114.5	104.7	117.1	113.1	112.7
2011	114.1	106.0	116.4	113.2	111.0
2012	113.7	106.1	115.5	112.8	110.5
2013	112.9	106.8	113.3	113.2	109.9
2014	108.1	106.2	107.5	108.8	105.2
2015	108.1	105.8	107.1	109.2	105.2
2016	108.5	105.6	107.5	109.2	105.6
2017	109.7	105.6	111.1	109.2	106.7
2018	108.4	105.9	110.2	107.5	105.5
2019	106.5	105.5	104.5	107.8	103.7
2020	102.3	105.6	101.4	102.5	99.7

注：生产总值指数按可比价计算，以上年为100。

2-3 分产业地区生产总值

指　　标	单位	2020年	2020年比2019年增长(%)
地区生产总值	**万元**	**67337909**	**2.3**
农林牧渔业	万元	3191791	5.7
工业	万元	13249784	0.7
建筑业	万元	7785268	3.0
批发和零售业	万元	6462226	7.7
交通运输、仓储和邮政业	万元	3726402	-5.0
住宿和餐饮业	万元	1256216	-13.9
金融业	万元	7716145	3.4
房地产业	万元	4491486	2.0
其他服务业	万元	19458591	3.2

2-4 各县(市)区地区生产总值

（2020年）

地 区	地区生产总值(万元)				三次产业构成(%)			人均生产总值(元)
		第一产业	第二产业	第三产业	第一产业	第二产业	第三产业	
昆明市	**67337909**	**3123523**	**21029285**	**43185101**	**4.6**	**31.2**	**64.1**	**80584**
五华区	12423509	25941	4918591	7478977	0.2	39.6	60.2	109473
盘龙区	9281633	59484	1887430	7334719	0.6	20.3	79.0	94532
官渡区	13834744	89476	4658114	9087154	0.6	33.7	65.7	88426
西山区	9039819	48125	1522280	7469414	0.5	16.8	82.6	95508
东川区	1231073	113940	312810	804323	9.3	25.4	65.3	47077
呈贡区	5085885	59728	2023161	3002996	1.2	39.8	59.0	81160
晋宁区	1947709	317252	398807	1231650	16.3	20.5	63.2	56751
富民县	1057278	160984	405501	490793	15.2	38.4	46.4	70816
宜良县	2112550	703382	396615	1012553	33.3	18.8	47.9	54814
石林县	1170737	307270	161690	701777	26.2	13.8	59.9	48538
嵩明县	1526704	228550	434598	863556	15.0	28.5	56.6	37874
禄劝县	1464998	416355	220413	828230	28.4	15.0	56.5	38644
寻甸县	1437654	383477	243161	811016	26.7	16.9	56.4	31223
安宁市	5723616	209559	3446114	2067943	3.7	60.2	36.1	119603

2-5 各县(市)区地区生产总值指数

（2020年）

地 区	地区生产总值指数(%)	第一产业	第二产业	第三产业	人均生产总值指数(%)
昆明市	**102.3**	**105.6**	**101.4**	**102.5**	**99.7**
五华区	102.6	95.0	102.4	102.8	100.7
盘龙区	102.6	102.2	94.0	105.5	101.3
官渡区	101.8	98.2	106.4	99.4	96.5
西山区	103.6	103.0	108.5	102.6	101.7
东川区	105.5	106.5	111.1	103.0	105.8
呈贡区	105.1	102.7	103.9	106.1	98.1
晋宁区	102.4	106.5	95.1	104.7	100.1
富民县	102.5	106.1	98.3	106.0	102.1
宜良县	99.5	106.7	88.3	101.0	99.7
石林县	97.8	105.3	79.7	101.3	98.0
嵩明县	101.4	105.8	102.2	99.8	96.0
禄劝县	106.9	105.6	139.5	99.7	107.0
寻甸县	104.0	106.9	121.5	97.7	103.9
安宁市	97.9	102.4	95.5	103.3	94.9

注：生产总值指数按可比价计算，以上年为100。

主要统计指标解释

国内生产总值或地区生产总值（GDP） 是指一个国家或地区所有常住单位在一定时期内(通常为一年)生产活动的最终成果（简称 GDP）。即所有常住机构单位或产业部门一定时期内生产的可供最终使用的产品和劳务的价值。对国家而言，此指标称之为国内生产总值(GDP)；对地区而言，此指标则称之为地区生产总值（GDP），如云南省生产总值，昆明市生产总值，等等。

生产总值有三种表现形态，即价值形态、收入形态和产品形态。从价值形态看，它是所有常住单位在一定时期内所生产的全部货物和服务价值超过同期投入的全部非固定资产货物和服务价值的差额，即所有常住单位的增加值之和；从收入形态看，它是所有常住单位在一定时期内所创造并分配给常住单位和非常住单位的初次分配收入之和；从产品形态来看，它是最终使用的货物和服务减去进口货物和服务。

生产总值能够全面反映全社会经济活动的总规模，是衡量一个国家或地区经济实力，评价经济形势的重要综合指标，世界上大多数国家都采用这一指标。

当年价格 指报告期的实际价格，如工厂的出厂价格，农产品的收购价格，商业的零售价格等。按当年价格计算，是指一些以货币表现的价值量指标，如社会总产值、工农业总产值。国民收入、国民生产总值等，按照当年的实际价格来计算总量。使用当年价格计算的数字，是为了使国民经济各项指标互相衔接，便于考察当年社会经济效益，便于对生产和流通、生产和分配、生产和消费进行经济核算和综合平衡。

按当年价格计算的价值指标，在不同年份之间进行对比时，因为包含有各年间价格变动的因素，不确切地反映实物量的增减变动。必须消除价格变动因素后，才能真实反映经济发展动态。因此，在计算增长速度时都使用按可比价格计算的数字。

可比价格 指在不同时期的价值指标对比时，扣除了价格变动的因素，以确切反映物量的变化。按可比价格计算有两种方法：一种是直接按产品产量乘其不变价格计算；一种是用价格指数换算。

三次产业划分规定 为更好地反映我国三次产业的发展情况，满足国民经济核算、服务业统计及其他统计调查对三次产业划分的需求，根据《国民经济行业分类》（GB/T 4754—2011），制定本规定。

三次产业的范围：

第一产业是指农、林、牧、渔业（不含农、林、牧、渔服务业）。

第二产业是指采矿业（不含开采辅助活动），制造业（不含金属制品、机械和设备修理业），电力、热力、燃气及水生产和供应业，建筑业。

第三产业即服务业，是指除第一产业、第二产业以外的其他行业。第三产业包括：批发和零售业，交通运输、仓储和邮政业，住宿和餐饮业，信息传输、软件和信息技术服务业，金融业，房地产业，租赁和商务服务业，科学研究和技术服务业，水利、环境和公共设施管理业，居民服务、修理和其他服务业，教育，卫生和社会工作，文化、体育和娱乐业，公共管理、社会保障和社会组织，国际组织，以及农、林、牧、渔业中的农、林、牧、渔服务业，采矿业中的开采辅助活动，制造业中的金属制品、机械和设备修理业。

2021昆明统计年鉴

KUNMING STATISTICAL YEARBOOK 2021

3 人口

3-1 主要年份全市年末人口数

单位：万人

年份	总人口	按居住在乡村、城镇的人口分	
		乡村人口	城镇人口
1978	367.10	258.66	108.44
1980	378.05	263.27	114.78
1985	399.23	268.08	131.15
1990	426.72	278.51	148.21
1995	449.94	284.93	165.01
1996	455.26	286.41	168.85
1997	460.65	287.09	173.56
1998	467.01	288.95	178.06
1999	473.39	290.44	182.95
2000	480.94	291.78	189.16
2001	487.52	292.69	194.83
2002	494.81	294.30	200.51
2003	500.79	295.44	205.34
2004	502.92	294.85	208.07
2005	608.57	255.30	353.27
2006	615.20	252.29	362.91
2007	619.33	253.31	366.02
2008	623.90	248.81	375.09
2009	628.00	244.90	383.10
2010	643.92	231.81	412.11
2011	663.61	231.14	432.47
2012	681.49	225.85	455.64
2013	700.50	221.43	479.07
2014	719.91	217.27	502.64
2015	739.72	211.04	528.68
2016	760.40	204.24	556.16
2017	782.10	196.85	585.25
2018	803.10	189.85	613.25
2019	824.94	181.73	643.21
2020	846.30	172.05	674.25

注：1.2005年以前人口数为户籍人口数(居住在乡村和城镇的人口为农业人口和非农业人口口径)；
2.2011—2019年人口数是根据第七次人口普查结果修订后的数据。

3-2 主要年份全市人口出生率、死亡率、自然增长率

单位：万人、‰

年份	年平均人口	出生率	死亡率	自然增长率
1978	363.09	22.09	5.21	16.88
1980	374.94	13.38	5.89	7.49
1985	396.54	11.42	5.54	5.88
1990	424.28	13.34	5.88	7.46
1995	447.43	12.58	5.67	6.91
1996	452.60	12.13	5.55	6.58
1997	457.96	12.78	5.46	7.32
1998	463.83	13.02	5.09	7.93
1999	470.20	12.53	5.12	7.42
2000	477.16	13.45	5.72	7.73
2001	484.23	11.52	4.72	6.80
2002	491.17	11.65	4.80	6.85
2003	497.80	11.55	4.65	6.90
2004	501.86	11.10	4.60	6.50
2005	604.54	12.72	5.29	7.43
2006	611.89	10.90	4.43	6.47
2007	617.27	10.47	4.45	6.02
2008	621.62	10.94	5.35	5.59
2009	625.95	10.93	5.13	5.80
2010	641.98	11.80	6.00	5.80
2011	653.77	11.44	5.78	5.66
2012	672.55	11.40	5.79	5.61
2013	691.00	11.40	5.81	5.59
2014	710.21	11.64	5.93	5.71
2015	729.82	11.93	5.95	5.98
2016	750.06	12.23	6.02	6.21
2017	771.25	12.84	6.16	6.68
2018	792.60	12.59	5.63	6.96
2019	814.02	12.48	5.74	6.74
2020	835.62			

注：从2005年开始，表中统计指标为常住人口统计口径。

3-3 分县(市)区人口数

（2020年） 单位：万人

地区	总人口	城镇人口	乡村人口
昆明市	**846.30**	**674.25**	**172.05**
五华区	114.40	110.70	3.70
盘龙区	98.80	92.71	6.09
官渡区	160.26	158.97	1.29
西山区	96.10	89.39	6.71
东川区	26.10	16.03	10.07
呈贡区	65.06	58.26	6.80
晋宁区	34.63	17.50	17.13
富民县	14.95	7.89	7.06
宜良县	38.49	21.07	17.42
石林县	24.08	10.70	13.38
嵩明县	41.09	22.06	19.03
禄劝县	37.89	15.48	22.41
寻甸县	46.07	13.51	32.56
安宁市	48.38	39.98	8.40

注：城镇人口、乡村人口指按统计上城乡划分的居住在城镇的人口和居住在乡村的人口。

3-4 七次人口普查

指标	1953	1964
全市总人口(万人)	**186.57**	**249.72**
男	93.67	126.96
女	92.90	122.76
性别比	**100.83**	**103.42**
家庭户规模(人/户)	**4.37**	**4.62**
各年龄组人口构成(%)		
0-14岁	33.55	39.17
15-64岁	62.82	57.66
65岁及以上	3.62	3.17
民族人口		
汉族人口数(万人)	163.30	220.48
占总人口比重(%)	87.53	88.29
少数民族人口数(万人)	23.27	29.24
占总人口比重(%)	12.47	11.71
每十万人拥有的各种受教育程度人口(人)		
大专及以上		1197
高中和中专		2487
初中		5410
小学		26061
平均受教育年限(年)		**3.49**
文盲人口数及文盲率		
文盲人口数(万人)		95.78
文盲率(%)		38.35
平均预期寿命(岁)		
男		
女		

全市人口基本情况

1982	1990	2000	2010	2020
383.28	**434.64**	**578.13**	**643.22**	**846.01**
196.70	225.75	303.99	330.62	432.80
186.58	208.89	274.14	312.60	413.21
105.42	**108.07**	**110.89**	**105.76**	**104.74**
4.39	**3.78**	**3.05**	**2.72**	**2.41**
33.40	23.08	19.07	15.50	14.98
61.32	71.12	74.37	76.13	74.53
5.27	5.80	6.56	8.37	10.49
336.65	378.04	502.84	554.24	716.73
87.83	86.98	86.98	86.17	84.72
46.63	56.60	75.29	88.98	129.28
12.17	13.02	13.02	13.83	15.28
1615	3904	6986	15245	24235
6444	9189	13123	14071	14568
16338	21581	28544	31019	28128
34520	36283	34745	29090	23341
5.12	**6.41**	**8.02**	**9.22**	**10.59**
101.39	88.05	35.79	25.38	21.09
26.45	20.26	6.19	3.94	2.49
		73.70	**75.61**	
		71.78	73.36	
		75.89	78.23	

主要统计指标解释

人口总数　　指一定时点，一定地区范围内的有生命的自然人的总和。年度统计的年末人口数是指每年 12 月 31 日 24 时的人口数。

常住人口　　是指居住在本市，且户口登记地在本市的人（含户口登记地在本市、外出不满半年的人）和居住在本市，且户口登记地在外省、地，但离开户口登记地半年以上的人。

城镇人口和乡村人口　　一般是按常住人口划分的，是指居住在城镇和乡村的人口。

出生率（又称粗出生率）　　指一定时期内（通常为一年内）一定地区的出生人数与同期平均人数之比，一般用千分率表示。计算公式：

$$出生率=\frac{年出生人数}{年平均人数}\times 1000‰$$

出生人数是指活产婴儿，即有过呼吸或其他生命现象。

年平均人数是年初、年末人口数的平均数，也可用年中人口数代替。

死亡率　　指在一定时期内（通常为一年内）一定地区的死亡人数与同期平均人数之比，一般用千分率表示。计算公式：

$$死亡率=\frac{年死亡人数}{年平均人数}\times 1000‰$$

人口自然增长率　　在一定时期内（通常为一年内）人口自然增加数与年平均人数之比，一般用千分率表示。计算公式：

$$人口自然增长率=\frac{年出生人数-年死亡人数}{年平均人数}\times 1000‰$$

人口自然增长率=人口出生率－人口死亡率

2021昆明统计

KUNMING STATISTICAL YEARBOOK 2021

年鉴

4 就业和工资

4-1 按三次产业分的就业人员

（年末数）

年　份	从业人员合计(万人)				构成(%)		
		第一产业	第二产业	第三产业	第一产业	第二产业	第三产业
1978	175.59	109.00	43.52	23.07	62.1	24.8	13.1
1980	193.80	121.11	46.68	26.01	62.5	24.1	13.4
1985	223.04	137.43	49.08	36.53	61.6	22.0	16.4
1990	250.89	137.99	58.06	54.84	55.0	23.1	21.9
1995	281.74	145.00	67.46	69.28	51.5	23.9	24.6
1996	286.34	145.11	68.16	73.07	50.7	23.8	25.5
1997	294.94	146.03	67.40	81.51	49.5	22.9	27.6
1998	295.30	145.88	64.27	85.15	49.4	21.8	28.8
1999	289.08	141.16	62.23	85.69	48.8	21.5	29.7
2000	294.62	141.40	56.59	96.63	48.0	19.2	32.8
2001	295.36	142.44	53.51	99.41	48.2	18.1	33.7
2002	305.07	143.32	65.49	96.26	47.0	21.5	31.5
2003	309.28	143.44	57.62	108.22	46.4	18.6	35.0
2004	320.35	142.78	56.95	120.62	44.6	17.8	37.6
2005	345.44	141.43	74.70	129.31	41.0	21.6	37.4
2006	342.49	139.64	78.08	124.77	40.8	22.8	36.4
2007	383.75	136.72	92.04	154.99	35.6	24.0	40.4
2008	395.27	137.40	94.62	163.25	34.8	23.9	41.3
2009	391.17	135.91	82.47	172.79	34.0	21.8	44.2
2010	392.15	135.88	79.37	176.90	34.7	20.2	45.1
2011	410.40	131.29	89.75	189.36	32.0	21.9	46.1
2012	415.90	128.51	91.92	195.47	30.9	22.1	47.0
2013	431.30	127.66	94.89	208.75	29.6	22.0	48.4
2014	450.50	132.00	94.60	223.90	29.3	21.0	49.7
2015	451.10	131.27	93.83	226.00	29.1	20.8	50.1
2016	463.30	134.82	94.98	233.50	29.1	20.5	50.4
2017	469.60	126.32	90.63	252.65	26.9	19.3	53.8
2018	480.70	122.10	88.93	269.67	25.4	18.5	56.1
2019	490.00	121.03	90.65	278.32	24.7	18.5	56.8
2020	502.43	93.60	105.01	303.82	18.6	20.9	60.5

注：2011-2019年为按第七次人口普查结果修订的数据。

4-2 城镇非私营单位就业人员年末人数

单位：人

指　　标	2020年
全市合计	**1126367**
按国民经济行业分	
1.农、林、牧、渔业	4897
2.采矿业	7879
3.制造业	134604
4.电力、热力、燃气及水生产和供应业	75787
5.建筑业	144925
6.批发和零售业	62768
7.交通运输、仓储和邮政业	70638
8.住宿和餐饮业	25562
9.信息传输、软件和信息技术服务业	25816
10.金融业	40842
11.房地产业	42709
12.租赁和商务服务业	50456
13.科学研究和技术服务业	46192
14.水利、环境和公共设施管理业	19196
15.居民服务、修理和其他服务业	7376
16.教育	146842
17.卫生和社会工作	78185
18.文化、体育和娱乐业	14993
19.公共管理、社会保障和社会组织	126701
20.国际组织	

4-3 主要年份城镇非私营单位就业人员工资总额

单位：千元

年 份	合计	国有经济单位	集体经济单位	其他经济单位
1978	422018	375536	46482	
1980	567371	498420	68951	
1985	968052	832973	132307	2772
1990	2085278	1816292	262449	6537
1995	5910589	4901696	796537	212356
1996	7067305	5884630	873619	309056
1997	7909571	6642148	835442	431981
1998	8236287	6751079	739256	745952
1999	8675716	6647893	701349	1326474
2000	9187062	6848382	662125	1676555
2001	9607725	6728038	524708	2354979
2002	10519895	7408899	491777	2619219
2003	11055680	7379166	440728	3235786
2004	12214482	8112309	351157	3751016
2005	13429298	8706306	276453	4446539
2006	16454389	10342637	581342	5530410
2007	19229001	11681457	561287	6986257
2008	23199740	13605210	631792	8962738
2009	27252106	16416763	744582	10090761
2010	31650252	19107732	778197	11764323
2011	43076241	22881847	1061747	19132647
2012	51609566	27062894	1505585	23041087
2013	66382860	24789070	2025186	39568604
2014	70830818	28932502	2054973	39843343
2015	76882999	30649963	2208485	44024551
2016	85375029	35434728	1815651	48124650
2017	95285362	38622079	1825782	54837501
2018	99643659	33852248	1408624	64382787
2019	113470388	41092884	1992787	70384717
2020	115459353			

注：由于国家劳动工资统计制度改革，2020年年报开始市级数据由省级下返，下返数据不再按登记注册类型分国有、集体和其他单位。

4-4 主要年份城镇非私营单位就业人员年平均工资

单位：元/人

年 份	全市平均	国有经济单位	集体经济单位	其他经济单位
1978	656	686	486	
1980	802	833	629	
1985	1213	1250	1022	1252
1990	2413	2497	1955	2570
1995	6014	6204	4972	6534
1996	7263	7491	5880	7931
1997	8118	8372	6205	9308
1998	8554	8770	6757	8914
1999	9077	9149	7161	10104
2000	9891	9941	7555	11013
2001	10914	11049	7414	11741
2002	12287	12476	8084	12996
2003	13369	13526	8595	14063
2004	15464	16161	9066	15055
2005	17887	18805	9588	17171
2006	19683	21783	10967	17946
2007	21504	24502	11248	19009
2008	25261	28492	13626	22718
2009	28993	33408	16830	24957
2010	33487	40788	19784	26900
2011	39731	49726	24543	32943
2012	43702	56843	30388	35161
2013	49207	60138	36103	44926
2014	55603	67792	41681	49942
2015	59092	74021	45109	52533
2016	65334	85193	50613	56290
2017	71746	100774	54235	60183
2018	75459	102687	51425	66825
2019	90107	111972	66071	80620
2020	98751			

注：由于国家劳动工资统计制度改革，2020年年报开始市级数据由省级下返，下返数据不再按登记注册类型分国有、集体和其他单位。

4-5 城镇非私营单位在岗职工年末人数

单位：人

指　　　　标	2020年
全市合计	**936827**
按国民经济行业分	
1.农、林、牧、渔业	4407
2.采矿业	7508
3.制造业	122231
4.电力、热力、燃气及水生产和供应业	72406
5.建筑业	99409
6.批发和零售业	57339
7.交通运输、仓储和邮政业	62774
8.住宿和餐饮业	22406
9.信息传输、软件和信息技术服务业	24202
10.金融业	37242
11.房地产业	36844
12.租赁和商务服务业	39822
13.科学研究和技术服务业	39956
14.水利、环境和公共设施管理业	15817
15.居民服务、修理和其他服务业	6931
16.教育	126593
17.卫生和社会工作	57806
18.文化、体育和娱乐业	13533
19.公共管理、社会保障和社会组织	89601
20.国际组织	

注：由于国家劳动工资统计制度改革，2020年年报开始市级数据由省级下返，下返数据不再按登记注册类型和执行会计标准类别分类

4-6 城镇非私营单位在岗职工平均工资

单位：元/人

指　　　标	2020年
全市合计	**102304**
按国民经济行业分	
1.农、林、牧、渔业	60211
2.采矿业	79273
3.制造业	98116
4.电力、热力、燃气及水生产和供应业	117920
5.建筑业	93102
6.批发和零售业	82448
7.交通运输、仓储和邮政业	102493
8.住宿和餐饮业	43673
9.信息传输、软件和信息技术服务业	99266
10.金融业	188663
11.房地产业	86150
12.租赁和商务服务业	68652
13.科学研究和技术服务业	133720
14.水利、环境和公共设施管理业	64893
15.居民服务、修理和其他服务业	42117
16.教育	116691
17.卫生和社会工作	125930
18.文化、体育和娱乐业	106321
19.公共管理、社会保障和社会组织	121451
20.国际组织	

注：由于国家劳动工资统计制度改革，2020年年报开始市级数据由省级下返，下返数据不再按登记注册类型和执行会计标准类别分类。

主要统计指标解释

一、就业人员

单位就业人员 指报告期末最后一日在本单位工作，并取得工资或其他形式劳动报酬的人员数。该指标为时点指标，不包括最后一日当天及以前已经与单位解除劳动合同关系的人员，是在岗职工、劳务派遣人员及其他就业人员之和。就业人员不包括：

(1)离开本单位仍保留劳动关系，并定期领取生活费的人员；

(2)在本单位实习的各类在校学生；

(3)本单位以劳务外包形式使用的人员，如：建筑业整建制使用的人员。

在岗职工 指在本单位工作且与本单位签订劳动合同，并由单位支付各项工资和社会保险、住房公积金的人员，以及上述人员中由于学习、病伤、产假等原因暂未工作仍由单位支付工资的人员。

在岗职工包括：

1.应订立劳动合同而未订立劳动合同人员(如使用的农村户籍人员)；

2.处于试用期人员；

3.编制外招用的人员；

4.派往外单位工作，但工资仍由本单位发放的人员(如挂职锻炼、外派工作等情况)。

在岗职工不包括：

1.本单位使用的且由本单位直接支付工资的劳务派遣人员，应统计在本单位“劳务派遣人员”指标中；

2.本单位因劳务外包而使用的人员，由承包劳务的单位统计为在岗职工。

劳务派遣人员 根据《中华人民共和国劳动合同法》规定，指与劳务派遣单位签订劳动合同，并被劳务派遣单位派遣到实际用工单位工作，且劳务派遣单位与实际用工单位签订《劳务派遣协议》的人员。

其他就业人员 指本单位中不能归到在岗职工、劳务派遣人员中的人员。此类人员是实际参加本单位生产或工作并从本单位取得劳动报酬的人员。具体包括：非全日制人员、聘用的正式离退休人员、兼职人员和第二职业者等，以及在本单位中工作的外籍和港澳台方人员。

二、工资

就业人员工资总额 指根据《关于工资总额组成的规定》(1990 年 1 月 1 日国家统计局发布的一号令)进行修订，本单位在报告期内(季度或年度)直接支付给本单位全部就业人员的劳动报酬总额。包括计时工资、计件工资、奖金、津贴和补贴、加班加点工资、特殊情况下支付的工资，是在岗职工工资总额、劳务派遣人员工资总额和其他就业人员工资总额之和。

工资总额是税前工资，包括单位从个人工资中直接为其代扣或代缴的房费、水费、电费、住房公积金和社会保险基金个人缴纳部分等。

工资总额不论是计入成本的还是不计入成本的，不论是以货币形式支付的还是以实物形式支付的，均应列入工资总额的计算范围。

基本工资　　也可称为标准工资、合同工资、谈判工资。指本单位在报告期内(季度或年度)支付给本单位在岗职工的按照法定工作时间提供正常工作的劳动报酬。各单位给个人确定的底薪可作为基本工资。包括工龄工资(年功工资)。

基础工资不含定时、定额发放的各种奖金、各种津贴和补贴、加班工资，也不包括补发的上一季度或上一年度的基础工资。

绩效工资和奖金　　指根据本单位利润增长和工作业绩定期支付给本单位在岗职工的奖金；支付给本单位从业人员的超额劳动报酬和增收节支的劳动报酬。具体包括：值加班工资、绩效奖金(如年度、季度、月度等)、全勤奖、生产奖、节约奖、劳动竞赛奖和其他名目的奖金；以及某工作事项完成后的提成工资、年底双薪等。但不包括入股分红、股权激励兑现的钱和各种资本性收益。

工资性津贴和补贴　　指本单位制定的员工相关工资政策中，为补偿本单位在岗职工特殊或额外的劳动消耗和因其他特殊原因支付的津贴，以及为保证其工资水平不受物价影响而支付的物价补贴。具体包括：补偿特殊或额外劳动消耗的津贴及岗位性津贴、保健性津贴、技术性津贴、地区津贴和其他津贴。如：过节费、通讯补贴、交通补贴、不休假补贴、无食堂补贴、单位发的可自行支配的住房补贴以及上的各种商业性保险等。上述各种项目均包括货币性质的，也包括实物性质的和各种形式的充值卡、购物卡(券)等。

其他工资　　指上述基本工资、绩效工资、工资性津贴和补贴三类工资均不能包括的发给在岗职工的工资，如补发上一年度的工资等。

在岗职工工资总额　　指本单位在报告期内直接支付给本单位全部在岗职工的劳动报酬总额。在岗职工工资总额由基本工资、绩效工资和奖金、工资性津贴和补贴、其他工资四部分组成。工资总额不包括病假、事假等情况的扣款。

劳务派遣人员工资总额　　指实际用工单位(派遣人员的使用方)在一定时期内为使用劳务派遣人员而付出的劳动报酬总额，包括用工单位负担的基本工资、加班工资、绩效工资以及各种津贴、补贴等，但不包含因使用派遣人员而支付的管理费用和其他用工成本。

其他就业人员工资总额：指本单位在报告期内直接支付给本单位其他就业人员的全部劳动报酬。

平均工资　　指单位就业人员在一定时期内平均每人所得的工资额。它表明一定时期工资收入的高低程度，是反映就业人员工资水平的主要指标。计算公式为：

$$平均工资 = \frac{报告期就业人员工资总额}{报告期就业人员平均人数}$$

2021昆明统计年鉴

KUNMING STATISTICAL YEARBOOK 2021

5 固定资产投资

5-1 主要年份固定资产投资增长情况及构成

年　份	固定资产投资增长速度(%)	非房地产开发	房地产开发	固定资产投资比重构成(%)	非房地产开发	房地产开发
1978	37.2	37.2		100.0	100.0	
1980	38.6	38.6		100.0	100.0	
1985	56.2	56.2		100.0	100.0	
1990	5.4	-1.1	-	100.0	93.8	6.2
1995	28.1	29.0	24.9	100.0	78.2	21.8
1996	18.2	23.7	-1.6	100.0	81.9	18.1
1997	18.6	20.1	11.4	100.0	83.0	17.0
1998	22.8	14.6	62.9	100.0	77.4	22.6
1999	5.7	-4.7	41.6	100.0	69.8	30.2
2000	0.1	5.1	-11.5	100.0	73.3	26.7
2001	10.4	12.9	3.5	100.0	74.9	25.1
2002	10.6	13.0	3.3	100.0	76.6	23.4
2003	23.9	30.4	2.5	100.0	80.6	19.4
2004	20.3	12.3	53.7	100.0	75.3	24.7
2005	20.2	14.1	38.7	100.0	71.4	28.6
2006	25.0	26.0	22.7	100.0	72.0	28.0
2007	25.0	26.5	21.1	100.0	72.8	27.2
2008	28.8	33.3	16.8	100.0	75.4	24.6
2009	52.0	55.1	42.5	100.0	76.9	23.1
2010	35.0	39.7	19.3	100.0	79.6	20.4
2011	25.0	20.6	42.0	100.0	76.8	23.2
2012	25.1	14.3	46.8	100.0	66.6	33.4
2013	25.0	14.9	40.5	100.0	55.9	44.1
2014	7.0	0.4	15.6	100.0	52.4	47.6
2015	11.5	24.4	-2.8	100.0	58.5	41.5
2016	12.1	16.8	5.5	100.0	61.0	39.0
2017	7.6	6.1	10.0	100.0	60.1	39.9
2018	5.5	1.5	9.3	100.0	47.4	52.6
2019	2.8	-9.6	13.9	100.0	41.6	58.4
2020	8.1	8.2	8.0	100.0	41.7	58.3

注：2012年起不含500万元以下投资数据；

5-2 固定资产投资主要指标增长情况

（2020年）　　单位：%

指标	固定资产投资	非房地产开发	房地产开发
一、投资额	**8.1**	**8.2**	**8.0**
计划总投资	8.8	2.9	12.0
本年完成投资	8.1	8.2	8.0
#国有控股	8.4	11.8	-0.8
民间投资	10.5	-3.3	13.4
二、新增固定资产	**-58.8**	**-59.9**	**-57.2**
三、资金来源			
(一)本年资金来源合计	11.9	-12.4	20.1
1.上年末结余资金	47.0	-32.8	57.4
2.本年资金来源小计	1.9	-10.1	6.9
(1)国家预算内资金	290.8	290.8	
(2)国内贷款	4.2	-2.2	7.3
(3)债券			
(4)利用外资	13.0	-46.8	21.4
(5)自筹资金	-27.6	-30.6	-24.5
(6)其他资金	19.8	-13.8	21.6
四、各项应付款合计	**15.8**	**31.1**	**7.3**
#工程款	22.2	27.1	19.2
五、本年施工项目个数(个)	**36.4**	**44.0**	**15.4**
#本年新开工	54.3	73.1	-6.6
六、投产(竣工)项目个数(个)	**73.0**	**78.0**	**12.9**
七、房屋施工面积(平方米)	**-7.2**		**-7.2**
#住宅	-7.3		-7.3
八、房屋竣工面积(平方米)	**-39.7**		**-39.7**
#住宅	-25.7		-25.7

注：此表不含500万元以下投资数据；除本年完成投资外，其它数据均不含跨地区数据。

5-3 固定资产投资按构成类型分组增长情况

（2020年）　　单位：%

指标	固定资产投资	非房地产开发	房地产开发
投资总额	**8.1**	**8.2**	**8.0**
一、**按登记注册类型分**			
内资	**9.7**	**11.5**	**8.6**
国有	14.8	40.7	-100.0
集体	9.3	9.3	
其他	9.2	4.0	11.8
港澳台商投资	**-37.2**	**-41.2**	**-36.8**
合资经营	-15.6	-51.1	-5.8
合作经营			
独资	24.1	-19.6	31.2
股份有限	-73.3	-73.3	
其他港、澳、台商投资企业	-80.5		-80.5
外商投资	**52.4**	**-26.5**	**103.3**
合资经营	73.7	-82.5	149.2
合作经营	304.7	304.7	
独资	129.1	-13.5	
股份有限	-57.3		-57.3
其他外商投资企业			
个体经营	**-87.2**	**-87.2**	
二、**按投资额构成分**			
建筑安装工程	12.7	16.2	10.4
设备、工具器具购置	-19.1	-18.5	-43.4
其它费用	3.9	5.5	3.4
#建设用地费(土地购置费)	0.2	5.4	-0.7
三、**按建设性质分**			
新建	9.6	12.9	8.0
扩建	24.4	24.4	
改建和技术改造	11.7	11.7	
其它	-27.4	-27.4	

注：此表不含500万元以下投资数据；除投资总额外，其它数据均不含跨地区数据。

5-4 固定资产投资按国民经济行业分组增长情况

（2020年）　　单位：%

指　　标	固定资产投资	非房地产开发	房地产开发
一、投资总额	**8.1**	**8.2**	**8.0**
按国民经济主要行业分			
1.农、林、牧、渔业	26.8	26.8	
2.采矿业	84.1	84.1	
3.制造业	11.2	11.2	
4.电力、热力、燃气及水的生产和供应业	-9.0	-9.0	
5.建筑业	-95.8	-95.8	
6.批发和零售业	-8.7	-8.7	
7.交通运输、仓储和邮政业	7.4	7.4	
8.住宿和餐饮业	-41.6	-41.6	
9.信息传输、软件和信息技术服务业	26.1	26.1	
10.金融业	236.2	236.2	
11.房地产业	6.9	-26.0	8.0
12.租赁和商务服务业	186.7	186.7	
13.科学研究和技术服务业	2.0	2.0	
14.水利、环境和公共设施管理业	36.3	36.3	
15.居民服务、修理和其他服务业	363.5	363.5	
16.教育	1.2	1.2	
17.卫生和社会工作	22.1	22.1	
18.文化、体育和娱乐业	-23.5	-23.5	
19.公共管理、社会保障和社会组织	71.8	71.8	
20.国际组织			

注：此表不含500万元以下投资数据；除投资总额外，其它数据均不含跨地区数据。

5-5 分县(市)区固定资产投资增长情况

（2020年）　　单位：%

地　区	固定资产投资	非房地产开发	房地产开发
合计	**8.1**	**8.2**	**8.0**
五华区	-2.3	0.4	-3.5
盘龙区	22.3	-11.1	35.4
官渡区	14.6	3.0	23.0
西山区	10.4	48.5	0.7
东川区	27.0	31.4	-57.8
呈贡区	5.9	27.9	-5.4
晋宁区	8.5	64.4	-20.7
富民县	6.7	5.7	11.4
宜良县	36.5	29.3	72.3
石林县	-30.2	-2.1	-54.5
嵩明县	7.8	-28.5	32.2
禄劝县	-6.1	-7.4	9.9
寻甸县	-15.1	-9.6	-73.1
安宁市	22.5	44.6	6.8

注：此表不含500万元以下投资数据。

5-6 房地产施工、

（2020年）

指　　标	单位	合计		
			住宅	户型
				90平方米及以下
房屋施工面积	平方米	113590674	72017253	15681301
其中：本年新开工面积	平方米	28146456	18211557	3526029
本年房屋竣工面积	平方米	2930383	1950400	128341
其中：不可销售面积	平方米	174231	40026	5317
本年房屋竣工价值	万元	1189023	817558	50626
本年商品房销售面积	平方米	18788049	15270971	2621618
现房销售面积	平方米	1538690	972179	156479
期房销售面积	平方米	17249359	14298792	2465139
本年商品房销售额	万元	21278152	18649522	2671077
现房销售额	万元	1461599	925866	139798
期房销售额	万元	19816553	17723656	2531279
待售面积	平方米	4018653	1126505	255418
其中：待售1-3年(含1年)	平方米	904599	208381	21848
待售3年以上(含3年)	平方米	1641547	205113	65603

销售和待售情况

结构				
144平方米以上	别墅、高档公寓	办公楼	商业营业用房	其他
13455021		7155195	11997457	22420769
2941880		1802447	2351870	5780582
592772		210780	147240	621963
333		4991	15608	113606
260904		117637	77191	176637
2702989		584192	959893	1972993
386807		191042	144435	231034
2316182		393150	815458	1741959
4184041		643202	1166693	818735
414997		236523	185115	114095
3769044		406679	981578	704640
401764		347225	1087019	1457904
61145		123857	174530	397831
65456		94681	720176	621577

主要统计指标解释

固定资产投资 固定资产投资是建造和购置固定资产经济活动，即固定资产再生产活动。固定资产再生产过程包括固定资产更新(局部更新和全部更新)、改建、扩建、新建等活动。新的企业财务会计制度规定，固定资产局部更新的大修理作为日常生产活动的一部分，发生的大修理费用直接在成本费用中列支。按照现行投资管理体制及有关部门的规定，凡属于大修理、养护、维护性质的工程(如设备大修、建筑物的翻修和加固、农田水利工程和堤防、水库的大修、铁路大修等)都不纳入固定资产投资管理，也不作为固定资产投资统计。

固定资产投资属于实物投资的一部分，这一点区别于金融投资。固定资产投资的目的是建造和购置固定资产，它的承担物表现为机器、设备、建筑物等固定资产。而金融投资(如股票和债券投资)则表现为金融资产的增加。

固定资产投资是国民经济再生产活动的一个重要部分。通过固定资产投资，可以扩大社会再生产的规模，提高社会生产的技术水平，调整经济结构，改变生产力的地区分布，增强国家的经济实力，提高和改善人民物质和文化生活水平。

固定资产投资额（又称固定资产投资完成额） 是以货币形式表现的在一定时期内建造和购置固定资产的工作量以及与此有关的费用的总称。没有形成工程实体的建筑材料和没有开始安装的设备，都不计算投资完成额。它是反映固定资产投资规模、结构和发展速度的综合性指标，又是观察工程进度和考核投资效果的重要依据。

房地产开发 是指各种登记注册类型的房地产开发公司、商品房建设公司及其他房地产开发单位统一开发的包括统代建、拆迁还建的住宅、厂房、仓库、饭店、宾馆、度假村、写字楼、办公楼等房屋建筑物和配套的服务设施、土地开发工程，如道路、给水、排水、供电、供热、通讯、平整场地等基础设施工程。包括实际从事房地产开发或经营活动的附营房地产开发单位。

施工项目 指报告期内曾进行建筑安装施工活动的建设项目，包括报告期内新开工项目，报告期以前开工跨报告期继续施工的项目，报告期施过工并在报告期内全部建成投产或停缓建的项目。

新增固定资产（又称交付使用的固定资产） 是指已经完成和购置过程结束，并已交付生产或使用单位的固定资产价值。

新增固定资产是反映固定资产投资成果的价值量指标，也是反映建设进度，计算固定资产投资效果的必要数据。

房屋建筑面积 是房屋建筑勒脚以上外墙外围的水平截面面积，包括房屋建筑的有效面积和结构面积。房屋建筑面积统计指标是从实物形态上反映建设规模和建设成果的重要指标，也是检查工程形象进度、计算工程造价、分析投资效果、研究施工任务与施工力量和建筑材料之间平衡情况的重要依据。

房屋施工面积 是指报告期内施工的全部房屋建筑面积，包括本期新开工的面积和上期开工跨入本期继续施工的房屋面积，以及上期已停建在本期恢复施工的房屋面积、本期竣工和本期施工后又停缓建的房屋，其建筑面积仍计入本期房屋施工面积中。

2021昆明统计年鉴

KUNMING STATISTICAL YEARBOOK 2021

6 财政和金融

6-1 一般公共预算收入

单位：万元

指　　标	2020年
一、一般公共预算收入	**6504738**
1.税收收入	**5153796**
增值税	2017265
企业所得税	450623
个人所得税(款)	113144
资源税	55189
城市维护建设税	431298
房产税	306976
印花税	158748
城镇土地使用税	220942
土地增值税	560280
车船税(款)	94825
耕地占用税(款)	36858
契税(款)	642858
烟叶税(款)	48849
环境保护税(款)	8610
2.非税收入	**1350942**
专项收入	625756
行政事业性收费收入	207546
罚没收入	191863
国有资本经营收入	77
国有资源(资产)有偿使用收入	210947
捐赠收入	1155
政府住房基金收入	99889
其他收入(款)	13709
二、政府性基金收入	**7371085**

注：此表数据来源于昆明市财政局。

6-2 一般公共预算支出

单位：万元

指　　　标	2020年
一、一般公共预算支出	**8750545**
# 一般公共服务支出	1039803
国防支出	7954
公共安全支出	678665
教育支出	1433931
科学技术支出	168752
文化旅游体育与传媒支出	104647
社会保障和就业支出	1050479
卫生健康支出	774356
节能环保支出	296914
城乡社区支出	1126344
农林水支出	714341
交通运输支出	388173
资源勘探信息等支出	186165
住房保障支出	280436
二、政府性基金支出	**9037129**

注：此表数据来源于昆明市财政局。

6-3 分县(市)区一般公共预算收入

单位：万元

地　　区	2020年
昆明市	**6504738**
市级	**3176251**
县(市)区小计	**3328487**
五华区	458161
盘龙区	449856
官渡区	496540
西山区	467249
东川区	62340
呈贡区	273738
晋宁区	157553
富民县	60163
宜良县	88138
石林县	62215
嵩明县	131093
禄劝县	50095
寻甸县	70335
安宁市	501011

注：此表数据来源于昆明市财政局。

6-4 分县(市)区一般公共预算支出

单位：万元

地　　区	2020年
昆明市	**8750545**
市级	**3180472**
县(市)区小计	**5570073**
五华区	517460
盘龙区	523745
官渡区	629801
西山区	524950
东川区	375649
呈贡区	383608
晋宁区	314692
富民县	146074
宜良县	281845
石林县	239268
嵩明县	244469
禄劝县	382655
寻甸县	389373
安宁市	616484

注：此表数据来源于昆明市财政局。

6-5 金融机构(含外资)本外币信贷运行情况

单位：万元

项目名称	2020年	比年初	
		增减	增减(±%)
资金来源总计	**217515519**	**21136146**	**10.76**
一、各项存款	**164594727**	**14006276**	**9.30**
(一)境内存款	164164017	14004362	9.33
1.住户存款	60182991	6089167	11.26
(1)活期存款	25315455	2047876	8.80
(2)定期及其他存款	34867536	4041291	13.11
2.非金融企业存款	54123497	2743539	5.34
(1)活期存款	28364622	-312375	-1.09
(2)定期及其他存款	25758875	3055914	13.46
3.机关团体存款	34887006	1222006	3.63
4.财政性存款	7570760	1568085	26.12
5.非银行业金融机构存款	7399763	2381565	47.46
(二)境外存款	430710	1913	0.45
二、金融债券	**1649611**	**150094**	**10.01**
三、借款及非银行业金融机构拆入	**1251738**	**237184**	**23.38**
四、联行往来(净)	**36216867**	**9609430**	**36.12**
五、应付及暂收款	**3872689**	**88513**	**2.34**
六、各项准备	**6649269**	**30733**	**0.46**
七、所有者权益	**6645561**	**234641**	**3.66**
#实收资本	2409585	-110903	-4.40
八、其他	**-3364943**	**-2768969**	**464.61**

注：此表数据来源于人民银行昆明中心支行。

6-5 续表

单位：万元

项目名称	2020年	比年初	
		增减	增减(±%)
资金运用总计	**217515519**	**21136146**	**10.76**
一、各项贷款	**200722583**	**18553609**	**10.18**
(一)境内贷款	197702178	18669468	10.43
1.住户贷款	50349876	8772456	21.10
(1)短期贷款	5186401	670058	14.83
消费贷款	2533940	563796	28.62
经营贷款	2655461	106262	4.17
(2)中长期贷款	45160475	8102398	21.86
消费贷款	41741776	7651944	22.45
经营贷款	3418699	450455	15.18
2.企(事)业单位贷款	147352302	9897012	7.20
(1)短期贷款	23927709	1591225	7.12
(2)中长期贷款	102742174	7638718	8.03
(3)票据融资	9184283	-922595	-9.13
(4)融资租赁	11456343	1667558	17.04
(5)各项垫款	41792	-77894	-65.08
(二)境外贷款	3020405	-115859	-3.69
二、债券投资	**10641180**	**1813437**	**20.54**
三、股权及其他投资	**2876614**	**941177**	**48.63**
四、买入返售资产	**265444**	**-337957**	**-56.01**
五、存放非银行业金融机构款项	**24611**	**-19292**	**-43.94**
六、应收及预付款	**1562581**	**438862**	**39.05**
七、投资性房地产	**19410**	**16519**	**571.41**
八、固定资产	**1403094**	**-270209**	**-16.15**

6-6 金融机构(不含外资、证券)人民币信贷运行情况

单位：万元

项目名称	2020年	比年初	
		增减	增减(±%)
资金来源总计	**213473202**	**21394934**	**11.14**
一、各项存款	**162953645**	**14160211**	**9.52**
(一)境内存款	162762036	14149618	9.52
1.住户存款	59626312	6073781	11.34
(1)活期存款	25005436	2013623	8.76
(2)定期及其他存款	34620876	4060158	13.29
2.非金融企业存款	53316356	2868242	5.69
(1)活期存款	27792946	-243552	-0.87
(2)定期及其他存款	25523409	3111794	13.88
3.机关团体存款	34852355	1238451	3.68
4.财政性存款	7570760	1568085	26.12
5.非银行业金融机构存款	7396254	2401059	48.07
(二)境外存款	191609	10594	5.85
二、金融债券	**1649611**	**150094**	**10.01**
三、借款及非银行业金融机构拆入	**1192713**	**245399**	**25.90**
四、联行往来(净)	**34444044**	**9735434**	**39.40**
五、应付及暂收款	**3862367**	**101194**	**2.69**
六、各项准备	**6048753**	**-73217**	**-1.20**
七、所有者权益	**6685341**	**338475**	**5.33**
#实收资本	2380834	-109606	-4.40
八、其他	**-3363272**	**-2810902**	**508.88**

注：此表数据来源于人民银行昆明中心支行。

6-6 续表

单位：万元

项目名称	2020年	比年初	
		增减	增减(±%)
资金运用总计	**213473202**	**21394934**	**11.14**
一、各项贷款	**196736211**	**18801262**	**10.57**
(一)境内贷款	196153586	18745464	10.57
1.住户贷款	50348590	8774163	21.10
(1)短期贷款	5188367	671700	14.87
消费贷款	2532906	565438	28.74
经营贷款	2655461	106262	4.17
(2)中长期贷款	45160223	8102463	21.86
消费贷款	41741524	7652008	22.45
经营贷款	3248699	450455	15.18
2.企(事)业单位贷款	145804996	9971301	7.34
(1)短期贷款	23571700	1635681	7.46
(2)中长期贷款	101551760	7662218	8.16
(3)票据融资	9183401	-916262	-9.07
(4)融资租赁	11456343	1667558	17.04
(5)各项垫款	41792	-77894	-65.08
(二)境外贷款	592625	55797	10.59
二、债券投资	**10641180**	**1813437**	**20.54**
三、股权及其他投资	**2876614**	**941177**	**48.63**
四、买入返售资产	**265444**	**-337957**	**-56.01**
五、存放非银行业金融机构款项	**3990**	**-5133**	**-56.27**
六、应收及预付款	**1527428**	**435786**	**39.92**
七、投资性房地产	**19410**	**16519**	**571.41**
八、固定资产	**1402923**	**-270157**	**-16.15**

主要统计指标解释

一般公共预算收入 指国家财政参与社会产品分配所取得的收入，是实现国家职能的财力保证。主要包括：（1）各项税收：包括国内增值税、国内消费税、进口货物增值税和消费税、出口货物退增值税和消费税、企业所得税、个人所得税、资源税、城市维护建设税、房产税、印花税、城镇土地使用税、土地增值税、车船税、船舶吨税、车辆购置税、关税、耕地占用税、契税、烟叶税、环境保护税等。（2）非税收入：包括专项收入、行政事业性收费、罚没收入、国有资本经营收入、国有资源（资产）有偿使用收入和其他收入。财政收入按现行分税制财政体制划分为中央本级收入和地方本级收入。

一般公共预算支出 指国家财政将筹集起来的资金进行分配使用，以满足经济建设和各项事业的需要。主要包括：一般公共服务、外交、国防、公共安全、教育、科学技术、文化体育与传媒、社会保障和就业、医疗卫生与计划生育、节能环保、城乡社区、农林水、交通运输、资源勘探信息等、商业服务业等、金融、援助其他地区、国土海洋气象等、住房保障、粮油物资储备、债务付息、债务发行费用等方面的支出。财政支出根据政府在经济和社会活动中的不同职权，划分为中央财政支出和地方财政支出。

2021昆明统计年鉴

KUNMING STATISTICAL YEARBOOK 2021

7 物　价

7-1 主要年份价格指数

（以上年为100）

年 份	居民消费价格总指数	商品零售价格总指数
1980	105.6	105.6
1985	112.1	113.1
1990	103.5	102.6
1995	119.1	115.0
1996	108.2	104.8
1997	104.9	101.4
1998	102.6	99.1
1999	98.9	97.2
2000	97.5	97.0
2001	100.6	98.1
2002	99.2	97.3
2003	101.6	100.7
2004	106.5	104.6
2005	102.0	100.5
2006	101.6	99.7
2007	105.8	103.4
2008	105.8	105.4
2009	100.8	100.0
2010	104.2	103.6
2011	104.9	104.9
2012	103.1	102.0
2013	103.9	102.5
2014	103.1	101.8
2015	102.4	100.7
2016	101.7	100.8
2017	100.5	101.3
2018	101.7	101.1
2019	102.3	101.5
2020	103.1	102.3

7-2 居民消费价格指数

（以上年为100）

项 目	2020年	项 目	2020年
居民消费价格总指数	**103.1**	5.鞋类	98.7
一、食品烟酒	**110.1**	**三、居住**	**99.3**
1.食品	114.1	1.租赁房房租	99.2
(1)粮食	99.9	2.住房保养维修及管理	99.6
(2)薯类	99.6	3.水电燃料	99.5
(3)豆类	105.9	4.自有住房	99.1
(4)食用油	108.5	**四、生活用品及服务**	**98.9**
(5)菜	108.6	1.家具及室内装饰品	99.9
(6)畜肉类	150.0	2.家用器具	94.8
(7)禽肉类	109.1	3.家用纺织品	93.6
(8)水产品	99.3	4.家庭日用杂品	99.8
(9)蛋类	94.7	5.个人护理用品	102.9
(10)奶类	100.3	6. 家庭服务	101.3
(11)干鲜瓜果类	87.9	**五、交通和通信**	**96.5**
(12)糖果糕点类	101.3	1.交通	94.2
(13)调味品	100.3	2.通信	100.4
(14)其他食品类	109.9	**六、教育文化和娱乐**	**104.7**
2.茶及饮料	94.4	1.教育	100.5
3.烟酒	100.8	2.文化娱乐	108.5
4.在外餐饮	104.3	**七、医疗保健**	**100.7**
二、衣着	**100.8**	1.药品及医疗器具	101.5
1.服装	101.6	2.医疗服务	100.0
2.服装材料	100.8	**八、其他用品和服务**	**104.1**
3.其他衣着及配件	99.8	1.其他用品类	106.9
4.衣着加工服务费	100.3	2.其他服务类	101.0

7–3　商品零售价格指数

（以上年为100）

项　　目	2020年	项　　目	2020年
商品零售价格指数	**102.3**	3.专业音像器材	95.2
一、食品	**113.1**	**六、文化办公用品**	**98.9**
1.粮食	100.0	**七、日用品**	**98.3**
2.薯类	99.6	1.日用百货	98.9
3.豆类	105.9	2.厨具餐具茶具	100.0
4.食用油	108.5	3.清洗用品	97.4
5.菜	108.6	4.其他日用品	98.6
6.畜肉类	153.6	**八、体育娱乐用品**	**98.9**
7.禽肉类	109.1	1.体育户外用品	100.0
8.水产品	99.3	2.娱乐用品	98.7
9.蛋类	94.7	**九、交通、通信用品**	**99.6**
10.奶类	100.3	1.交通运输机械	99.5
11.干鲜瓜果类	88.0	2.通信器材	103.9
12.糖果糕点类	101.4	**十、家具**	**100.0**
13.调味品	100.1	**十一、化妆品**	**103.3**
14.其他食品类	110.3	**十二、金银饰品**	**108.7**
15.在外餐饮	103.7	**十三、中西药品及医疗保健用品**	**101.2**
二、饮料、烟酒	**98.4**	1.医疗卫生器具	100.0
1.茶及饮料	94.4	2.中药	102.9
2.烟草	100.8	3.西药	101.5
3.酒类	100.8	4.保健器具及用品	100.0
三、服装、鞋帽	**100.2**	**十四、书报杂志及电子出版物**	**101.8**
1.服装	101.2	1.教材及参考书	100.1
2.鞋帽袜	98.1	2.书报杂志	105.3
3.其它衣着配件	98.7	3.计算机办公软件	100.0
四、纺织品	**93.6**	**十五、燃料**	**90.5**
1.服装材料	100.8	1.煤炭及制品	95.1
2.床上用品	91.9	2.石油及制品	90.5
五、家用电器及音像器材	**98.3**	**十六、建筑材料及五金电料**	**98.6**
1.家庭设备	94.8	1.建筑装潢材料	98.4
2.文娱用耐用消费品	101.7	2.五金水暖	100.0

7-4 工业生产者出厂价格指数

（以上年为100）

项　目	2016年	2017年	2018年	2019年	2020年
工业生产者出厂价格指数	**97.8**	**107.8**	**103.8**	**100.6**	**100.1**
#轻工业	100.0	100.8	101.6	101.6	100.5
以农产品为原料	100.2	100.4	101.3	101.9	100.9
以非农产品为原料	98.5	103.1	103.5	99.8	97.0
重工业	97.1	110.2	104.5	100.3	100.0
采掘	96.0	98.1	99.5	106.8	102.3
原料	97.0	112.5	104.0	98.6	101.2
加工	97.3	109.7	105.5	100.9	98.7
#生产资料	97.0	109.9	104.6	100.2	100.0
采掘	96.0	98.1	99.5	106.8	102.3
原料	97.2	112.5	104.1	98.6	101.0
加工	97.1	109.2	105.6	100.9	98.9
生活资料	100.1	101.6	101.5	101.8	100.3
食品	100.6	101.9	101.2	102.1	100.4
衣着	99.3	99.6	100.7	100.8	100.8
一般日用品	96.7	99.8	103.4	99.8	100.1
耐用消费品	100.0	102.0	101.5	104.2	104.8

7-5 工业生产者购进价格指数

（以上年为100）

项　目	2016年	2017年	2018年	2019年	2020年
工业生产者购进价格指数	**97.6**	**109.4**	**102.6**	**98.7**	**96.6**
(一)燃料、动力类	98.4	104.0	100.2	98.3	91.0
(二)黑色金属材料类	97.1	123.2	103.9	106.9	96.8
#钢材	99.4	115.8	108.0	101.4	98.3
其它	96.8	124.1	103.4	107.6	96.6
(三)有色金属材料和电线类	96.0	122.7	104.8	98.3	104.4
(四)化工原料类	91.9	109.9	116.6	92.2	85.7
(五)木材及纸浆类	97.2	105.1	107.8	98.5	96.3
(六)建筑材料及非金属类	96.7	100.6	105.6	103.4	101.3
(七)其它工业原材料及半成品类	102.1	104.9	101.0	101.8	100.1
(八)农副产品类	98.5	103.0	95.6	94.1	100.7
(九)纺织原料类	101.1	99.1	102.1	99.7	99.4

7-6 住宅销售价格指数

（以上年同月价格为100）

项　目	新建商品住宅价格指数	90m2及以下	90-144m2	144m2以上	二手住宅价格指数	90m2及以下	90-144m2	144m2以上
2020年1月	110.5	110.3	111.4	109.1	105.7	105.1	105.8	106.6
2020年2月	109.5	109.6	110.7	107.1	105.3	104.8	105.4	106.0
2020年3月	108.6	108.9	109.1	107.4	105.5	104.5	106.0	106.0
2020年4月	108.4	108.8	109.0	106.8	106.0	104.0	106.5	108.1
2020年5月	108.3	108.3	109.1	106.7	105.5	103.1	105.7	108.6
2020年6月	108.3	108.4	108.4	107.9	105.2	103.0	105.5	108.1
2020年7月	107.5	107.4	107.9	106.9	104.8	102.3	105.3	107.6
2020年8月	107.3	107.3	107.0	108.0	103.3	101.3	103.5	106.1
2020年9月	106.1	106.3	105.9	106.5	103.1	101.6	102.9	105.5
2020年10月	105.4	106.8	105.1	104.7	103.3	101.7	103.2	105.8
2020年11月	105.0	105.0	105.1	104.8	102.9	101.4	102.5	105.8
2020年12月	105.6	106.9	105.1	105.4	103.0	101.7	102.6	105.5

主要统计指标解释

居民消费价格指数　是度量居民生活消费品和服务价格水平随着时间变动的相对数，综合反映居民购买的生活消费品和服务价格水平的变动情况。它是宏观经济分析和调控、价格总水平监测以及国民经济核算的重要指标，其变动率在一定程度上反映了通货膨胀（或紧缩）的程度。按用途划分为 8 个大类，39 个中类，262 个基本分类，包括食品、烟酒、衣着、家庭设备用品及维修服务、医疗保健和个人用品、交通和通信、娱乐教育文化用品及服务、居住。

商品零售价格指数　是指反映一定时期内商品零售价格变动趋势和变动程度的相对数。商品的零售价格是商品在流通过程中最后一个环节的价格，是工业、商业、餐饮业和其他零售企业向城乡居民、机关团体出售生活消费品和办公用品的价格。商品零售价格调查的任务是系统地调查、搜集和整理市场商品零售价格资料，编制商品零售价格指数，以此反映市场商品零售价格的变动趋势和变动程度。其目的在于掌握商品价格的变动趋势，为国家宏观调控和国民经济核算提供参考依据。调查内容包括食品、饮料烟酒、服装鞋帽、纺织品、家用电器及音像器材、文化办公用品、日用品、体育娱乐用品、交通通信用品、家具、化妆品、金银珠宝、中西药品及医疗保健用品、书报杂志及电子出版物、燃料、建筑材料及五金电料等 16 个大类，229 个基本分类的商品零售价格。

工业生产者价格指数　包括工业生产者出厂价格指数（PPI）和工业生产者购进价格指数。工业生产者出厂价格指数是反映一定时期内全部工业产品出厂价格总水平的变动趋势和程度的相对数，包括工业企业售给本企业以外所有单位的各种产品和直接售给居民用于生活消费的产品。工业生产者购进价格指数是反映工业企业作为生产投入，而从物资交易市场和能源、原材料生产企业购买原材料、燃料和动力产品时，所支付的价格水平变动趋势和程度的统计指标，是扣除工业企业物质消耗成本中的价格变动影响的重要依据。

2021昆明统计年鉴

KUNMING STATISTICAL YEARBOOK 2021

8 人民生活

8-1 居民收支情况

（2020年）

指　　　标	单位	居民	城镇居民	农村居民
一、可支配收入	**元**	**38762**	**48018**	**17719**
(一)工资性收入	元	21361	26919	8724
(二)经营净收入	元	4403	3434	6605
(三)财产净收入	元	6358	8624	1206
(四)转移净收入	元	6641	9041	1183
二、消费支出	**元**	**29955**	**37057**	**13810**
(一)食品烟酒	元	8696	10587	4396
(二)衣着	元	2047	2631	721
(三)居住	元	6066	7345	3159
(四)生活用品及服务	元	2074	2674	708
(五)交通通信	元	3850	4539	2284
(六)教育文化娱乐	元	3316	4207	1291
(七)医疗保健	元	2870	3648	1102
(八)其他用品和服务	元	1036	1427	149

8-2 调查户构成情况

（2020年）

指　　标	单位	城镇居民	农村居民
一、按家庭规模分的住户类型		**0.3**	**0.3**
(一)一人户	%	5.2	8.5
(二)二人户	%	19.8	23.5
(三)三人户	%	34.7	22.1
(四)四人户	%	21.6	26.3
(五)五人户	%	15.3	10.0
(六)六人及以上户	%	3.4	9.5
二、按世代分的住户类型		**0.3**	**0.3**
(一)一代户	%	21.4	18.7
(二)二代户	%	53.2	52.4
(三)三代户	%	25.2	27.0
(四)四代及以上户	%	0.1	1.9
三、住户特征		**0.16**	**0.15**
(一)纯老人户	%	9.7	9.8
(二)家中有未成年子女户	%	42.2	40.6
(三)年轻夫妻无子女户	%	0.4	0.1
(四)无劳动力户	%	1.1	2.5

8-3 调查户人口和就业结构

（2020年）

指　　标	单位	城镇居民	农村居民
一、调查人口基本情况			
期内住户成员数	人	1.03	1.14
二、常住成员情况			
(一)年龄			
1.5岁及以下	%	3.57	4.19
2.6-15岁	%	12.80	12.85
3.16-19岁	%	3.97	5.74
4.20-24岁	%	5.01	5.69
5.25-29岁	%	3.57	5.29
6.30-34岁	%	9.84	4.69
7.35-40岁	%	9.63	6.24
8.41-50岁	%	16.60	20.80
9.51-60岁	%	16.37	20.02
10.61-65岁	%	9.24	4.84
11.66岁及以上	%	9.41	9.66
(二)参加医疗保险情况			
1.新型农村合作医疗	%	12.00	53.89
2.城镇职工基本医疗保险	%	30.21	2.95
3.(城镇)居民基本医疗保险	%	51.63	42.04
4.公费医疗	%	0.12	
5.商业医疗保险	%	2.66	0.31
6.其他医疗保险	%	1.09	0.29
7.没有参加任何医疗保险	%	2.67	0.94
(三)6周岁及以上住户成员受教育程度			
1.未上过学	%	3.90	6.85
2.小学	%	16.39	36.33
3.初中	%	28.32	36.99
4.高中	%	17.36	12.67
5.大学专科	%	17.63	4.71
6.大学本科	%	13.85	2.45
7.研究生	%	2.55	
(四)15周岁及以上住户成员婚姻状况			
1.未婚	%	15.36	20.05
2.有配偶	%	79.21	72.63
3.离婚	%	1.39	1.18
4.丧偶	%	4.04	6.14

8–3 续表

（2020年）

指　　标	单位	城镇居民	农村居民
三、常住从业人员情况(16周岁及以上非在校学生)			
(一)就业类型			
1.雇主	%	0.10	0.37
2.公职人员	%	0.80	0.19
3.事业单位人员	%	7.65	0.78
4.国有企业雇员	%	4.97	0.26
5.其他雇员	%	74.14	34.74
6.农业自营	%	5.81	58.17
7.非农自营	%	6.54	5.50
(二)从事主要行业			
1.第一产业	%	8.7	61.3
2.第二产业	%	13.8	13.0
(1)采矿业	%	0.5	0.5
(2)制造业	%	2.0	2.4
(3)电力、热力、燃气及水生产供应业	%	0.4	0.2
(4)建筑业	%	10.8	9.9
3.第三产业	%	77.5	25.7
(1)批发和零售业	%	7.2	4.7
(2)交通运输、仓储和邮政业	%	6.2	3.1
(3)住宿和餐饮业	%	5.1	3.4
(4)信息传输、软件业和信息技术服务业	%	9.4	0.2
(5)金融业	%	1.1	0.2
(6)房地产业	%	1.6	
(7)租赁和商务服务业	%	5.9	0.3
(8)科学研究和技术服务业	%	2.4	0.2
(9)水利、环境和公共设施管理业	%	3.0	0.1
(10)居民服务、修理和其他服务业	%	15.1	7.2
(11)教育	%	5.4	1.0
(12)卫生和社会工作	%	2.4	2.1
(13)文化、体育和娱乐业	%	0.7	0.6
(14)公共管理、社会保障和社会组织	%	12.0	2.6
(15)国际组织	%		
(三)从事主要职业			
1.国家机关、党群组织、企业、事业单位负责人	%	1.2	2.4
2.专业技术人员	%	21.8	3.6
3.办事人员和有关人员	%	19.6	4.6
4.商业、服务业人员	%	40.9	17.9
5.农、林、牧、渔、水利业生产人员	%	10.6	62.2
6.生产、运输设备操作人员及有关人员	%	4.6	4.6
7.军人	%		
8.不便分类的其他从业人员	%	1.4	4.7

8-4 居民可支配收入情况

（2020年）

指　　标	单位	城镇居民	农村居民
可支配收入	**元**	**48017.85**	**17718.72**
一、工资性收入	**元**	**26918.64**	**8724.32**
(一)工资	**元**	**25894.25**	**8410.76**
1.按月发放的工资	元	23457.49	5099.06
2.补发工资	元	105.84	89.85
3.不按月发放的奖金、津贴、过节费等	元	2330.92	3221.85
(二)实物福利	**元**	**235.24**	**18.55**
1.从单位或雇主得到的实物产品折价	元	229.84	8.19
(1)食品	元	227.19	5.51
①谷物、薯类及豆类	元	222.41	1.12
②食用油(植物油)	元	1.06	2.59
③蔬菜及制品	元	0.29	0.27
④肉、禽、蛋、奶及制品	元	0.95	0.45
⑤水产品及制品	元	0.06	0.07
⑥糖、烟、酒、饮料类	元	0.53	0.44
⑦干鲜瓜果类	元	0.74	0.54
⑧其他类食品	元	1.16	0.02
(2)衣着	元	0.02	0.12
(3)居住	元		0.25
(4)家庭设备和日用品	元	0.57	1.94
(5)交通、通信工具及用品	元	0.56	
(6)教育文化娱乐用品	元		
(7)医疗保健用品	元	1.32	0.12
(8)其他用品	元	0.17	0.25
2.从单位或雇主得到的服务折价	元	5.39	10.36
(1)免费或低价提供的工作餐	元	4.51	10.24
(2)免费或低价提供的住宿	元		
(3)单位缴纳的水电费、取暖费、物业费等	元		0.13
(4)免费或低价提供的交通和通信服务	元	0.81	
(5)单位缴纳的教育入学赞助费	元		
(6)免费或低价提供的旅游服务	元		
(7)其他服务	元	0.08	
3.单位或雇主实物福利报销所得	元		
(三)其他	**元**	**789.15**	**295.01**
1.住房公积金	元	611.60	16.05
2.辞退金	元		0.54
3.自由职业劳动所得(如稿费、翻译费)	元	110.50	5.10
4.安家费	元		
5.股票期权	元	0.31	
6.其他劳动所得	元	66.74	273.32
二、经营净收入	**元**	**3434.03**	**6605.38**
(一)第一产业经营净收入	**元**	**-543.44**	**5436.05**
1.农业	元	1081.17	3979.10
2.林业	元	-3.60	107.37
3.牧业	元	-1633.56	1327.82
4.渔业	元	12.55	21.76

8-4 续表 1

（2020年）

指　　　　标	单位	城镇居民	农村居民
(二)第二产业经营净收入	**元**	**2011.46**	**275.87**
1.采矿业	元	162.67	
2.制造业	元	134.24	191.02
3.电力、热力、燃气及水生产和供应业	元		
4.建筑业	元	1714.54	84.85
(三)第三产业经营净收入	**元**	**1966.02**	**893.46**
1.批发和零售业	元	910.12	621.01
2.交通运输、仓储和邮政业	元	58.07	297.12
3.住宿和餐饮业	元	880.32	-32.59
4.房地产业	元	0.29	-0.34
5.租赁和商务服务业	元	44.53	-10.07
6.居民服务、修理和其他服务业	元	73.19	15.69
7.其他	元	0.77	-0.99
8.农林牧渔服务业	元	-1.27	3.62
三、财产净收入	**元**	**8623.70**	**1206.33**
(一)利息净收入	**元**	**587.47**	**6.46**
(二)红利收入	**元**	**858.88**	**588.89**
1.集体分配的红利	元	456.29	300.38
2.其他红利收入	元	402.59	288.51
(三)储蓄性保险净收益	**元**	**225.41**	**0.85**
(四)转让承包土地经营权租金净收入	**元**	**85.79**	**362.53**
(五)出租房屋财产性收入	**元**	**3375.83**	**101.41**
(六)出租机械、专利、版权等资产的收入	**元**	**330.96**	**113.77**
(七)其他财产净收入	**元**	**3.69**	**32.41**
(八)房屋虚拟租金	**元**	**3155.67**	
四、转移净收入	**元**	**9041.49**	**1182.69**
(一)转移性收入	**元**	**11052.16**	**1631.36**
1.养老金或离退休金	元	8883.37	556.86
(1)离退休金	元	8730.66	307.84
(2)(城镇)居民社会养老保险	元	86.07	56.63
(3)新型农村养老保险	元	38.01	131.65
(4)其他养老金	元	28.64	60.74
2.社会救济和补助	元	98.62	98.16
(1)最低生活保障费	元	54.15	44.99
(2)五保户救助金	元		
(3)扶贫款	元		0.25
(4)救灾款	元		0.03
(5)抚恤金	元	16.90	9.92
(6)医疗救助专项补贴	元	0.54	10.61
(7)教育救助专项补贴	元	2.04	8.44
(8)其他社会救济收入	元	24.99	23.92
3.政策性生活补贴	元	385.61	52.06
(1)家电补贴	元		

8-4 续表 2

（2020年）

指　　标	单位	城镇居民	农村居民
(2)能源补贴	元		1.85
(3)免费或低价提供的住宿(廉租房)	元		
(4)居住专项补贴	元	1.56	0.43
(5)建房改造专项补贴	元	1.97	
(6)其他生活补贴	元	382.08	49.78
4.报销医疗费	元	1521.17	215.70
5.家庭外出从业人员寄回带回收入	元	40.35	465.38
6.赡养收入	元	65.53	93.47
7.其他经常转移收入	元	45.53	50.88
(1)失业保险金	元	27.55	4.60
(2)经常性捐赠收入	元	0.00	5.54
(3)经常性赔偿收入	元		
(4)社保支出专项补贴	元		3.27
(5)扶贫补助金孳息收入	元		0.09
(6)扶贫贷款利息补助收入	元		
(7)其他转移性收入	元	17.97	37.38
8.从政府和组织得到的实物产品和服务折价	元	8.50	15.75
(1)食品	元	0.94	4.41
①.谷物、薯类及豆类	元	0.53	2.60
②.食用油(植物油)	元	0.36	1.59
③.蔬菜及制品	元		0.03
④.肉、禽、蛋、奶及制品	元	0.01	0.09
⑤.水产品及制品	元		
⑥.糖、烟、酒、饮料类	元	0.00	0.01
⑦.干鲜瓜果类	元	0.01	0.02
⑧.其他类食品	元	0.02	0.06
(2)衣着	元		0.09
(3)居住	元		0.12
(4)家庭设备和日用品	元	7.08	7.93
(5)交通、通信工具及用品	元		0.02
(6)教育文化娱乐用品	元		
(7)医疗保健用品	元	0.34	0.01
(8)其他用品	元	0.04	1.76
(9)其他服务折价(不含廉租房)	元	0.10	1.42
9.现金政策性惠农补贴	元	3.49	83.10
(二)转移性支出	**元**	**2010.67**	**448.67**
1.个人所得税	元	66.57	19.40
2.社会保障支出	元	1476.21	344.83
(1)个人缴纳的养老保险	元	1048.39	211.85
(2)个人缴纳的医疗保险	元	295.13	120.41
(3)个人缴纳的失业保险	元	112.26	4.90
(4)其他社会保障支出	元	20.42	7.67
3.外来从业人员寄给家人的支出	元		0.15
4.赡养支出	元	239.14	43.85
5.其他转移性支出	元	228.76	40.43
(1)经常性捐赠支出	元	2.44	0.47
(2)经常性赔偿支出	元		
(3)其他经常转移支出	元	226.31	39.97

8-5 居民消费支出情况

（2020年）

指　　标	单位	城镇居民	农村居民
一、消费支出	**元**	**37056.62**	**13810.23**
(一)食品烟酒	**元**	**10586.89**	**4395.66**
1.食品	元	5635.26	3041.15
(1)谷物	元	759.27	435.26
(2)薯类	元	61.42	97.57
(3)豆类	元	103.60	60.77
(4)食用油	元	160.70	139.95
(5)蔬菜和食用菌	元	778.54	331.60
(6)肉类	元	1430.76	1011.30
(7)禽类	元	305.22	193.26
(8)水产品	元	290.31	113.21
(9)蛋类	元	86.83	66.43
(10)奶类	元	325.37	85.85
(11)干鲜瓜果类	元	712.93	247.85
(12)糖果糕点类	元	322.67	129.64
(13)其他食品	元	297.63	128.46
2.烟酒	元	832.07	737.60
(1)烟草	元	761.64	655.88
(2)酒类	元	70.43	81.71
3.饮料	元	313.30	115.55
4.饮食服务	元	3806.27	501.37
(1)食堂用餐	元	142.00	56.74
(2)其他在外饮食	元	3651.20	440.08
(3)食品加工服务费	元	13.06	4.54
(二)衣着	**元**	**2630.57**	**721.12**
1.衣类	元	2078.50	537.49
2.鞋类	元	552.07	183.63
(三)居住	**元**	**7344.76**	**3159.33**
1.租赁房房租	元	411.71	69.95
2.住房维修及管理	元	979.81	244.54
3.水电燃料及其他	元	551.03	300.16
4.自有住房折算租金	元	5402.20	2544.68
(四)生活用品及服务	**元**	**2674.36**	**708.25**
1.家具及室内装饰品	元	849.48	80.56
2.家用器具	元	479.84	155.09

8-5 续表

（2020年）

指　　标	单位	城镇居民	农村居民
3.家用纺织品	元	148.35	75.94
4.家庭日用杂品	元	478.68	227.24
5.个人用品	元	658.70	149.55
6.家庭服务	元	59.31	19.86
(五)交通通信	**元**	**4539.32**	**2283.63**
1.交通	元	3437.82	1756.86
(1)交通工具	元	849.10	715.74
(2)交通费	元	331.76	78.71
(3)交通工具用燃料	元	967.87	532.20
(4)交通工具使用及维修	元	1289.09	430.22
其中：车辆保险支出	元	420.88	174.93
2.通信	元	1101.50	526.77
(1)通信工具	元	415.05	142.12
(2)通信服务	元	686.44	384.65
(六)教育文化娱乐	**元**	**4206.53**	**1291.20**
1.教育	元	2291.19	1084.50
(1)学前教育	元	516.62	91.01
(2)小学教育	元	316.44	138.96
(3)初中教育	元	448.16	105.59
(4)高中教育	元	654.46	314.24
(5)中专职高教育	元	6.34	37.96
(6)大专及以上教育	元	294.04	334.13
(7)成人教育	元	55.12	62.60
2.文化娱乐	元	1915.34	206.70
(1)文娱耐用消费品	元	402.80	48.80
(2)其他文娱用品	元	505.04	109.71
(3)文化娱乐服务	元	1007.49	48.19
(七)医疗保健	**元**	**3647.57**	**1101.99**
1.医疗器具及药品	元	805.34	334.64
2.医疗服务	元	2842.23	767.35
(1)门诊总费用	元	1639.43	313.40
(2)住院总费用	元	1202.80	453.95
(八)其他用品和服务	**元**	**1426.62**	**149.05**
1.其他用品	元	966.99	83.45
2.其他服务	元	459.63	65.60

8-6 居民住房、生活设施和耐用消费品拥有情况

（2020年）

指　　标	单位	城镇居民	农村居民
一、本住户居住空间样式			
1.单栋楼房	%	31.8	69.9
2.单栋平房	%	0.7	21.5
3.四居室及以上单元房	%	12.7	0.2
4.三居室单元房	%	25.3	1.8
5.二居室单元房	%	24.9	3.1
6.一居室单元房	%	1.9	
7.筒子楼或连片平房	%	2.7	0.1
8.其他	%		3.5
二、主要建筑材料			
1.钢筋混凝土	%	67.4	21.9
2.砖混材料	%	32.1	58.1
3.砖瓦砖木	%	0.5	12.1
4.竹草土坯	%		3.6
5.其他	%	0.1	4.3
三、现住房房屋来源			
1.租赁公房	%	1.0	
2.租赁私房	%	1.5	0.1
3.自建住房	%	34.6	94.0
4.购买商品房	%	43.8	2.3
5.购买房改住房	%	8.3	2.2
6.购买保障性住房	%	4.0	
7.拆迁安置房	%	5.9	0.7
8.继承或获赠住房	%	0.8	0.5
9.免费借用房	%	0.1	
10.雇主提供免费住房	%		
11.其他来源	%		0.3
四、现住房建筑面积	**平方米**	**47.42**	**52.67**
1.10平方米以内	%		
2.10-20平方米	%		
3.20-30平方米	%	0.1	
4.30-60平方米	%	15.7	7.4
5.60-90平方米	%	17.0	12.1
6.90-120平方米	%	21.6	23.3
7.120-200平方米	%	22.0	22.0
8.200平方米以上	%	23.5	35.2

8-6 续表

（2020年）

指　　标	单位	城镇居民	农村居民
五、住户主要饮用水来源情况			
1.经过净化处理的自来水	%	77.55	46.82
2.受保护的井水和泉水	%	2.01	36.40
3.不受保护的井水和泉水	%		3.40
4.江河湖泊水	%		0.99
5.收集雨水	%	0.02	0.78
6.桶装水	%	20.42	9.17
7.其他水源	%		2.44
六、住户厕所类型			
1.水冲式卫生厕所	%	92.28	56.63
2.水冲式非卫生厕所	%	4.47	16.23
3.卫生旱厕	%	0.13	11.29
4.普通旱厕	%	2.92	11.33
5.无厕所	%	0.20	4.52
七、住户洗澡设施情况			
1.统一供热水	%	3.52	0.86
2.家庭自装热水器	%	93.31	82.25
3.其他	%	2.81	3.16
4.无洗澡设施	%	0.36	13.74
八、主要炊用能源状况			
1.柴草	%	0.43	20.88
2.煤炭	%	0.05	0.13
3.罐装液化石油气	%	18.20	3.71
4.管道液化石油气	%	0.40	0.20
5.管道煤气	%	0.98	
6.管道天然气	%	37.91	0.06
7.电	%	41.80	74.33
8.燃料用油	%		
9.沼气	%	0.11	0.53
10.其他	%	0.12	0.14
11.无炊用行为	%		0.01

8-7 居民每百户耐用消费品拥有情况

（2020年）

指　　标	单位	城镇居民	农村居民
家用汽车	辆	88.3	51.8
摩托车	辆	13.6	43.4
助力车	台	42.6	50.4
洗衣机	台	114.8	96.6
电冰箱(柜)	台	108.7	91.0
微波炉	台	90.3	31.9
彩色电视机	台	126.3	106.9
空调	台	2.8	1.6
热水器	台	115.7	91.3
洗碗机	台	0.6	0.6
排油烟机	台	91.6	29.9
固定电话	线	6.7	1.3
移动电话	部	284.3	287.8
#接入互联网	部	255.8	225.5
计算机	台	87.7	18.5
#接入互联网	台	79.9	14.1
照相机	台	38.0	2.7
中高档乐器	架	12.9	3.5
健身器材	台	14.2	1.2

8-8 住户年末粮食结存情况

（2020年）

指　　标	单位	城镇居民	农村居民
小麦	公斤	0.56	7.99
面粉	公斤	0.16	1.16
稻谷	公斤	1.27	19.48
大米	公斤	4.00	14.94
玉米	公斤	7.32	345.23
玉米面	公斤	1.09	12.87
其他原粮	公斤	1.43	13.91
其他加工粮	公斤	0.30	2.36

8-9 居民土地经营和主要农产品产量情况

（2020年）

指　　标	单位	城镇居民	农村居民
一、家庭实际经营土地情况			
(一)期末实际经营土地面积	**亩**	**0.1249**	**2.9124**
1.耕地面积	亩	0.1030	2.0511
其中：有效灌溉面积	亩	0.0935	0.4852
2.林地面积	亩	0.0053	0.6650
3.园地面积	亩	0.0116	0.1272
4.牧草地面积	亩	0.0003	0.0681
5.养殖水面面积	亩	0.0048	0.0010
二、期内土地种植情况			
(一)期内主要粮食播种面积	**亩**	**0.0114**	**1.2637**
1.小麦播种面积	亩	0.0003	0.1177
2.水稻播种面积	亩	0.0009	0.0411
3.玉米播种面积	亩	0.0095	0.9305
4.大豆播种面积	亩	0.0001	0.0656
5.薯类播种面积	亩	0.0008	0.1088
(二)期内主要经济作物播种面积	**亩**	**0.0709**	**0.5141**
1.棉花播种面积	亩		
2.油料作物播种面积	亩	0.0001	0.0022
3.糖料作物播种面积	亩		0.0036
4.蔬菜播种面积	亩	0.0675	0.3697
其中:设施蔬菜播种面积	亩	0.0642	0.1234
5.水果播种面积	亩	0.0033	0.1386
其中:设施水果播种面积	亩	0.0025	0.0382
(三)农业生产技术应用情况	**亩**	**0.0504**	**1.6798**
1.机耕面积	亩	0.0225	1.2866
2.机播面积	亩	0.0006	0.1096
3.机收面积	亩		0.0727
4.机电灌溉面积	亩	0.0273	0.2109
三、主要农产品产量			
(一)谷物产量	**公斤**	**4.0546**	**336.8155**
面积	亩	0.0117	1.9843
1.小麦产量	公斤	0.0631	30.1983
面积	亩	0.0003	0.1292
2.稻谷产量	公斤	0.2738	20.0785
面积	亩	0.0009	0.0390
3.玉米产量	公斤	3.7178	279.6062
面积	亩	0.0105	1.7810

8-9 续表

（2020年）

指　　标	单位	城镇居民	农村居民
4.高粱产量	公斤		
面积	亩		
5.谷子产量	公斤		0.3037
面积	亩		0.0018
6.青稞产量	公斤		0.2202
面积	亩		0.0009
7.其他谷物产量	公斤		6.4086
面积	亩		0.0323
(二)薯类产量	**公斤**	**0.0511**	**37.1889**
面积	亩	0.0008	0.1280
1.红薯产量	公斤	0.0013	3.3928
面积	亩	0.0000	0.0134
2.马铃薯产量	公斤	0.0321	33.1465
面积	亩	0.0005	0.1110
3.其他薯类产量	公斤	0.0177	0.6497
面积	亩	0.0003	0.0037
(三)豆类产量	**公斤**	**0.0353**	**15.4491**
面积	亩	0.0002	0.0712
1.大豆产量	公斤	0.0353	4.7245
面积	亩	0.0002	0.0313
2.其他豆类产量	公斤		10.7246
面积	亩		0.0399
(四)棉花产量	**公斤**		
面积	亩		
(五)油料产量	**公斤**	**0.0040**	**46.6114**
面积	亩	0.0001	0.0776
1.花生产量	公斤	0.0040	0.2735
面积	亩	0.0001	0.0009
2.芝麻产量	公斤		
面积	亩		
3.油菜籽产量	公斤		0.6725
面积	亩		0.0051
4.葵花籽产量	公斤		
面积	亩		
5.其他油料产量	公斤		45.6655
面积	亩		0.0715

8-10 居民食品消费情况(含自产自用)

(2020年)

指　　标	单位	城镇居民	农村居民
一、粮食消费量	**公斤**	**126.91**	**126.93**
(一)谷物消费量	公斤	104.85	111.67
1.小麦	公斤	19.67	13.33
2.稻谷	公斤	56.35	83.11
3.玉米	公斤	5.44	9.37
4.其他谷物	公斤	23.40	5.86
(二)薯类消费量	公斤	3.27	4.74
1.红薯	公斤	0.35	0.20
2.马铃薯	公斤	2.72	4.37
3.其他薯类	公斤	0.21	0.17
(三)豆类消费量	公斤	18.78	10.51
1.大豆	公斤	0.17	0.63
2.其他豆类	公斤	18.61	9.88
二、油脂类消费量	**公斤**	**7.77**	**8.17**
(一)植物油	公斤	6.67	6.04
(二)动物油	公斤	1.10	2.13
三、蔬菜及菜制品消费量	**公斤**	**81.91**	**73.70**
(一)鲜菜	公斤	77.61	71.89
(二)干菜及菜制品	公斤	2.18	1.15
(三)鲜菌	公斤	1.91	0.65
(四)干菌及菌制品	公斤	0.22	0.06
四、肉类	**公斤**	**22.38**	**23.44**
(一)猪肉	公斤	14.74	20.06
(二)牛肉	公斤	3.11	1.20
(三)羊肉	公斤	0.31	0.53
(四)其他肉类及制品	公斤	4.22	1.64
五、禽类	**公斤**	**8.36**	**8.60**
(一)鸡	公斤	5.72	7.13
(二)鸭	公斤	0.40	0.47
(三)鹅	公斤	0.08	0.08
(四)其他禽类及制品	公斤	2.16	0.92

8-10 续表

（2020年）

指　　　　标	单位	城镇居民	农村居民
六、水产品	**公斤**	**10.28**	**5.56**
(一)鱼类	公斤	5.92	5.12
(二)虾、贝、蟹类	公斤	3.42	0.23
(三)藻类	公斤	0.08	0.05
(四)其他	公斤	0.86	0.16
七、蛋类及蛋制品	**公斤**	**5.80**	**4.95**
(一)鲜蛋	公斤	5.36	4.88
(二)蛋制品	公斤	0.44	0.07
八、奶和奶制品	**公斤**	**15.18**	**5.76**
(一)鲜奶	公斤	9.64	4.35
(二)酸奶	公斤	4.23	1.03
(三)奶粉	公斤	0.40	0.15
(四)其他奶制品	公斤	0.90	0.23
九、干鲜瓜果类	**公斤**	**63.70**	**30.79**
(一)鲜瓜果	公斤	56.65	27.38
(二)瓜果制品	公斤	1.25	0.32
(三)坚果类	公斤	5.79	3.09
十、糖果糕点类	**公斤**	**10.99**	**7.45**
(一)食糖	公斤	1.01	1.12
(二)糖果	公斤	1.24	0.71
(三)糕点	公斤	7.94	5.16
(四)其他糖果糕点	公斤	0.80	0.46
十一、饮料	**公斤**	**0.36**	**0.45**
(一)茶叶	公斤	0.36	0.45
十二、烟叶消费量	**公斤**	**43.77**	**53.67**
十三、酒	**公斤**	**2.93**	**6.69**
(一)白酒	公斤	1.80	5.56
(二)啤酒	公斤	0.94	1.10
(三)果酒	公斤	0.20	0.03

8-11 住户能源消耗情况

（2020年）

指　　标	单位	城镇居民	农村居民
天然气	立方米	16.67	0.32
金额	元	48.65	1.06
煤气	立方米	0.83	0.11
金额	元	2.20	0.34
液化石油气	公斤	5.09	1.83
金额	元	33.10	14.16
汽油	升	153.02	83.71
金额	元	966.27	511.03
柴油	升	0.50	2.76
金额	元	2.84	16.67
电	度	628.16	400.03
金额	元	320.90	178.46
沼气	立方米	0.06	0.005
金额	元	0.17	0.05
煤炭	公斤	0.12	30.35
金额	元	0.31	30.36
柴	公担	0.12	3.83
金额	元	1.48	31.96
草	公担	0.02	0.01
金额	元	0.21	0.09

主要统计指标解释

住户　指居住在一个住宅内，共同分享生活开支或收入的一群人。居住在同一房间内、不共同分享生活开支的人群，每个人都视为一个住户。住家保姆、住家家庭帮工视为单独的住户。

根据居住的状态，可将住户分为家庭居住户和集体居住户。

家庭居住户指的是以家庭成员关系为主，居住在同一住宅内共同生活的住户。注意：同一住宅内有住家保姆或住家家庭帮工的，仍被视为家庭居住。

集体居住户指的是相互没有家庭成员关系，居住在同一房间内，不共同分享生活开支，独立生活的住户。如在工棚、工厂的集体宿舍以及在工作地的集体居住户，每个人都视为一个住户。

可支配收入　指调查户在调查期内获得的、可用于最终消费支出和储蓄的总和，即调查户可以用来自由支配的收入。可支配收入既包括现金，也包括实物收入。按照收入的来源，可支配收入包含四项，分别为：工资性收入、经营净收入、财产净收入和转移净收入。计算公式为：

可支配收入 = 工资性收入 + 经营净收入 + 财产净收入　+ 转移净收入

其中：经营净收入 = 经营收入 - 经营费用 - 生产性固定资产折旧　　生产税

财产净收入 = 财产性收入 - 财产性支出

转移净收入 = 转移性收入 - 转移性支出

消费支出　指住户用于满足家庭日常生活消费需要的全部支出，包括用于消费品的支出和用于服务性消费的支出。根据用途不同，消费支出可划分为食品烟酒、衣着、居住、生活用品及服务、交通通信、教育文化娱乐、医疗保健、其他用品及服务八大类。根据来源不同，消费支出可划分为现金消费支出、实物消费支出（含自产自用、来自单位、来自政府和其他社会组织）。

居民生活状况资料来源　住户收支与生活状况调查的数据是以住户为单位，在常住地参加调查。调查内容主要包括居民现金和实物收支情况、住户成员及劳动力从业情况、居民家庭食品和能源消费情况、住房和耐用消费品拥有情况、家庭经营和生产投资情况、社区基本情况以及其他民生状况等。

调查组织　从 2013 年起，住户调查由两部分组成。一是分省住户调查，以省为总体进行抽样，主要目的是准确反映全国及分省居民收支水平、结构、增长速度，收入分配格局以及政策对居民生活状况的影响。二是分市县住户调查，以市、县为总体进行抽样，主要目的是准确反映分市县居民收支水平和增长速度，满足政府对市县管理的需要。 国家统计局统一领导住户调查，负责制定调查方案，组织调查实施，监督调查过程，审核、处理、汇总调查数据，发布全国和分省城乡居民收入、消费和生活状况数据。 国家统计局各调查总队按照国家调整方案规定，负责组织分省住户调查工作，牵头并会同各省级统计局组织分市县住户调查。分市县住户调查具体实施方案必须按照《国家统计局关于加强和改进分市县住户调查工作的通知》和国家调查方案的要求，由各调查总队会同省级统计局制定后上报国家统计局审批。 各级统计调查部门应按照方案规定，认真组织实施调查，确保调查数据质量。

城乡一体化住户调查概况 为满足政府统筹城乡发展、改善收入分配格局、让全体居民共享发展成果等战略需要，国家统计局对城乡住户调查进行了一体化改革，统一了城镇和农村居民收入和支出调查的分类标准、指标名称与口径，并按照统一的抽样方法和程序，在我市抽选了约 2270 户城乡居民家庭，从 2012 年四季度起正式开展城乡一体化的住户收支与生活状况调查。

至 2013 年底，按照国家新制度规定，昆明调查队收集了调查户 12 个月的记账数据，并于 2014 年 1 月底根据全国统一的计算要求，初步汇总计算出 2013 年城乡可比的全市居民可支配收入，经云南省评估认定后，得到最终的全市居民人均可支配收入。

启用城乡可比的居民可支配收入，一方面可以更加准确地反映全体居民收入分配全貌，为国家制定统筹城乡发展和调整收入分配格局政策提供全面可靠的信息；另一方面，也可以用统一标准监测城乡居民收入增长和差距变化，更加准确地反映不同群体居民对经济发展成果的分享情况；同时，也填补了我国缺少全体居民收入数据的空白。

变动情况 城乡住户调查一体化改革后，新口径的城乡居民收入与老口径的城乡居民收入主要有四点不同：一是指标名称不同，新口径的农村居民收入是农村人均可支配收入，老口径是农民人均纯收入，城镇居民不变；二是抽样方法不同，新口径是城乡统一抽样，老口径是城乡各自抽样，同时，具体的抽样过程也有较大差异；三是调查范围不同，新口径是区域内的所有常住居民户，不包括外籍住户，老口径由于城乡分别抽样，调查范围互有重合和遗漏的区域；四是指标口径不同，主要的区别是新口径的城乡居民可支配收入包括实物收入和自有住房折算净租金，老口径城镇居民可支配收入不包括实物收入部分，老口径农民纯收入不包括自有住房折算净租金，另外，收入分项指标的口径也有一些变动。

2021昆明统计年鉴

KUNMING STATISTICAL YEARBOOK 2021

9 农　业

9-1 主要年份农林牧渔业总产值

(以当年价计算)　　单位：万元

年份	农林牧渔业总产值	农业	林业	牧业	渔业	农林牧渔服务业
1985	90369	60990	5376	22997	1006	
1990	199206	126792	6633	60788	4993	
1995	598986	371930	18102	190520	18434	
1996	685790	428855	23397	211851	21687	
1997	731469	451736	23889	228797	27047	
1998	759626	455260	26395	250185	27786	
1999	793356	476336	29769	260329	26922	
2000	815767	503074	32815	254534	25344	
2001	858558	523477	32131	273058	29892	
2002	901499	546843	33202	290106	31348	
2003	957332	548692	32410	307249	31698	37283
2004	1090013	619616	33607	367556	31532	37702
2005	1172285	658345	36988	405871	29997	41084
2006	1251672	705597	41152	428942	30335	45646
2007	1504193	786403	45862	589042	32801	50085
2008	1757375	879010	59335	722735	39539	56756
2009	1909556	1018509	63405	718545	44930	64167
2010	2007273	1070573	74359	750349	43320	68672
2011	2250655	1203203	67117	856599	47682	76054
2012	2688441	1461199	75000	997642	62649	91951
2013	2986610	1652354	88689	1066268	75786	103513
2014	3167696	1764545	100440	1106586	81590	114535
2015	3285796	1814899	116046	1152453	79141	123257
2016	3360530	1837725	117789	1198095	83020	123901
2017	3509383	1906789	152588	1236287	89100	124619
2018	3748443	2094427	170246	1259854	91078	132838
2019	4474629	2808302	228016	1197723	80906	159682
2020	5195010	2995765	225429	1708763	81174	183879

注：2016年、2017年为农普修订数据,2018年为农普衔接数据，2019年分行业数据省级重新核定。

9-2 主要年份农林牧渔业总产值指数

(上年为100)　　单位：%

年份	农林牧渔业总产值	农业	林业	牧业	渔业	农林牧渔服务业
1985	104.1	97.9	130.0	117.8	93.5	
1990	107.1	106.1	94.6	112.1	93.6	
1995	110.5	110.6	105.7	110.6	117.3	
1996	109.5	107.5	115.8	111.4	118.5	
1997	107.7	107.7	99.0	108.4	113.0	
1998	104.2	98.9	112.6	110.9	122.0	
1999	108.5	107.6	109.9	110.8	99.9	
2000	108.2	110.6	102.5	106.5	95.1	
2001	103.2	102.0	99.1	105.7	103.5	
2002	105.8	104.4	107.1	107.4	110.6	
2003	106.0	104.9	94.0	108.6	116.9	102.0
2004	107.1	110.0	103.1	104.7	100.7	101.0
2005	105.9	103.0	104.0	112.5	90.0	106.8
2006	106.2	106.4	106.0	105.9	104.1	107.4
2007	107.0	105.7	101.9	110.5	97.1	106.4
2008	107.6	106.9	121.1	107.2	112.8	108.1
2009	107.2	107.5	100.7	107.2	107.1	111.2
2010	105.5	104.9	92.7	107.6	101.7	105.5
2011	106.8	108.2	109.8	104.6	109.9	102.7
2012	106.8	106.2	97.5	107.6	112.4	112.9
2013	107.2	108.5	113.7	104.8	105.3	108.2
2014	106.0	106.5	114.2	104.2	107.1	110.1
2015	105.9	106.5	121.1	104.1	98.4	106.3
2016	106.0	106.3	113.1	105.1	107.2	103.6
2017	106.0	105.6	124.4	105.1	105.0	103.4
2018	106.2	107.6	108.0	104.3	99.4	106.4
2019	105.6	109.3	102.7	99.8	110.1	103.8
2020	105.7	108.5	100.6	100.2	101.2	107.8

9-3 主要年份农林牧渔业总产值构成

单位：%

年份	农林牧渔业总产值构成	农业	林业	牧业	渔业	农林牧渔服务业
1985	100	67.49	5.95	25.45	1.11	
1990	100	63.65	3.33	30.52	2.50	
1995	100	62.10	3.02	31.80	3.08	
1996	100	62.54	3.41	30.89	3.16	
1997	100	61.76	3.26	31.28	3.70	
1998	100	59.93	3.47	32.94	3.66	
1999	100	60.04	3.75	32.82	3.39	
2000	100	61.78	3.85	31.40	2.97	
2001	100	60.98	3.74	31.80	3.48	
2002	100	60.66	3.68	32.18	3.48	
2003	100	57.31	3.39	32.09	3.32	3.89
2004	100	56.85	3.08	33.72	2.89	3.46
2005	100	56.20	3.20	34.50	2.60	3.50
2006	100	56.40	3.30	34.30	2.40	3.60
2007	100	52.28	3.05	39.16	2.19	3.32
2008	100	50.02	3.38	41.13	2.25	3.22
2009	100	53.33	3.33	37.63	2.35	3.36
2010	100	53.30	3.70	37.38	2.22	3.40
2011	100	53.50	3.00	38.00	2.10	3.40
2012	100	54.40	2.80	37.10	2.30	3.40
2013	100	55.30	3.00	35.70	2.50	3.50
2014	100	55.70	3.17	34.93	2.58	3.62
2015	100	55.24	3.53	35.07	2.41	3.75
2016	100	54.69	3.51	35.65	2.47	3.69
2017	100	54.33	4.35	35.23	2.54	3.55
2018	100	55.87	4.54	33.61	2.43	3.54
2019	100	62.76	5.10	26.77	1.81	3.57
2020	100	57.67	4.34	32.89	1.56	3.54

注：1.构成按当年价计算；
2.2016年、2017年为农普修订数据，2018年为农普衔接数据，2019年分行业数据省级重新核定。

9-4 分县(市)区农林牧渔

（2020年）

指　　标	单位	全市	五华区	盘龙区	官渡区	西山区
一、农林牧渔业总产值	**万元**	**5195010**	**40558**	**95080**	**147398**	**77158**
农业产值	万元	2995765	22962	72232	117777	44536
林业产值	万元	225429	2895	7861	2103	5683
牧业产值	万元	1708763	10356	11717	18752	20717
渔业产值	万元	81174	2342	620	849	2226
农林牧渔服务业产值	万元	183879	2003	2650	7917	3996
二、中间消耗	**万元**	**2003219**	**13798**	**34703**	**54378**	**27490**
农业中间消耗	万元	1059584	6297	25313	41051	13539
林业中间消耗	万元	68740	883	2397	641	1733
牧业中间消耗	万元	722742	4380	4956	7931	8763
渔业中间消耗	万元	36542	1054	280	382	1002
农林牧渔服务业中间消耗	万元	115611	1184	1757	4373	2453

业产值及中间消耗

东川区	呈贡区	晋宁区	富民县	宜良县	石林县	嵩明县	禄劝县	寻甸县	安宁市
211856	**98346**	**511653**	**255015**	**1152410**	**553218**	**377565**	**657351**	**657044**	**360358**
105896	86573	434898	136328	580078	299089	288499	312075	307560	187262
12078	8117	3936	17630	51880	38930	2997	50642	10879	9798
83134		64736	85405	394721	188982	75683	287210	314490	152860
2065	1597	2577	1116	40429	5589	995	1635	17226	1908
8683	2059	5506	14536	85302	20628	9391	5789	6889	8530
95412	**37852**	**192463**	**88573**	**417641**	**236991**	**145725**	**238845**	**271081**	**148267**
49457	33365	159154	37494	162756	131000	106251	97550	122589	73768
3683	2475	1200	5376	15820	11871	914	15442	3317	2988
35163		27381	36123	166952	79932	32011	121479	133017	64654
930	719	1160	502	18198	2517	448	736	7755	859
6179	1293	3568	9078	53915	11671	6101	3638	4403	5998

9-5 分县(市)区农林

（2020年）

指标	单位	全市	五华区	盘龙区	官渡区	西山区
农林牧渔业总产值	**万元**	**5195010**	**40558**	**95080**	**147398**	**77158**
一、农业产值	**万元**	**2995765**	**22962**	**72232**	**117777**	**44536**
1.谷物及其他作物	万元	760667	6699	20509	40581	4355
#谷物	万元	318046	4834	8864	9708	3513
油料	万元	9173	56		13	199
甘蔗	万元	218				
烟叶	万元	214325	810	7021		
2.蔬菜园艺作物	万元	1866419	13238	49282	72383	27605
#蔬菜(含菜用瓜)	万元	958538	12396	30963	23621	15386
花卉	万元	529864	842	6143	9700	398
盆景园艺	万元	374798		12176	39062	10612
3.水果、坚果、饮料和香料	万元	237247	1506	2441	4813	12576
4.中药材	万元	131432	1519			
二、林业产值	**万元**	**225429**	**2895**	**7861**	**2103**	**5683**
#林木的培育和种植	万元	119542	2895	4800	1120	
林产品	万元	23192			678	
竹木采运	万元	82695		3061	305	5683
三、牧业产值	**万元**	**1708763**	**10356**	**11717**	**18752**	**20717**
#牲畜饲养	万元	466042	889	3227	1977	6075
猪的饲养	万元	853543	4598	6203	4740	10881
家禽饲养	万元	375339	4805	2275	11989	3141
四、渔业产值	**万元**	**81174**	**2342**	**620**	**849**	**2226**
五、农林牧渔服务业产值	**万元**	**183879**	**2003**	**2650**	**7917**	**3996**

牧渔业总产值

东川区	呈贡区	晋宁区	富民县	宜良县	石林县	嵩明县	禄劝县	寻甸县	安宁市
211856	**98346**	**511653**	**255015**	**1152410**	**553218**	**377565**	**657351**	**657044**	**360358**
105896	**86573**	**434898**	**136328**	**580078**	**299089**	**288499**	**312075**	**307560**	**187262**
47056	423	12290	41801	91686	119605	32058	156772	172896	13936
12767	420	4720	26197	46843	63846	12227	83574	32839	7694
1081		645	1081	334	431	21	1882	1909	1521
108							110		
		3519	4808	33629	49793	10193	40418	60667	3467
32690	83521	418777	51489	465721	89137	244111	77137	102434	138894
32551	41075	168834	38188	170018	78171	135119	59181	100873	52162
135	25168	241438	12270	81269	9823	46983	10048	1191	84456
	17278	8481	75	214399	771	61977	7908	30	2029
17530	2629	1831	41375	21837	77265	12298	12881	10303	17962
8620		2000	1663	834	13082	32	65285	21927	16470
12078	**8117**	**3936**	**17630**	**51880**	**38930**	**2997**	**50642**	**10879**	**9798**
10090	7415	3601	3329	4993	20557	1027	49990	4410	5315
1988		150	175	3613	16401	173	11		3
	702	185	14126	43274	1972	1797	641	6469	4480
83134		**64736**	**85405**	**394721**	**188982**	**75683**	**287210**	**314490**	**152860**
21295		7794	30566	66642	48104	26808	118159	116641	17865
50739		33613	37872	214014	56287	38684	153214	168968	73730
10459		23224	12156	112773	84293	10137	12454	26883	60750
2065	**1597**	**2577**	**1116**	**40429**	**5589**	**995**	**1635**	**17226**	**1908**
8683	**2059**	**5506**	**14536**	**85302**	**20628**	**9391**	**5789**	**6889**	**8530**

9-6 分县(市)区

(2020年)

指　　标	单位	全市	五华区	盘龙区	官渡区	西山区
农村社会基础设施						
自来水受益村数	个	1126	11	32		107
通有线电视村数	个	952	11	32		107
通宽带的村数	个	1122	11	32		107
农村用电量	**万千瓦时**	**125177.78**	**1273**	**2104**	**2413**	**4538**
农用化肥施用量(折纯)	**吨**	**170154.7**	**4602**	**4894**	**1890**	**2751**
#氮肥	吨	80328.8	2658	2474	586	1588
磷肥	吨	28446.4	954	815	273	368
钾肥	吨	12205	197	232	388	129
复合肥	吨	49174.5	793	1373	643	666
农用塑料薄膜使用量	**吨**	**13866.6**	**117**	**513**	**307**	**201**
#地膜使用量	吨	9280.1	84	509	88	121
地膜覆盖面积	**公顷**	**89674.9**	**1490**	**4867**	**1122**	**2079**
农药使用量	**吨**	**3654.39**	**19**	**89**	**61**	**132**

农村基本情况

东川区	呈贡区	晋宁区	富民县	宜良县	石林县	嵩明县	禄劝县	寻甸县	安宁市
130		125	73	101	92	39	180	173	63
82		125	65	100	92	39	139	97	63
130		125	73	98	91	39	180	173	63
5005.58	**7611**	**11359**	**6919.2**	**13031**	**9698**	**20704**	**12726.6**	**20789**	**7006.4**
7141.4	**4616**	**16214**	**7689**	**24085**	**11037**	**15256**	**27832**	**34832**	**7315.3**
4384.8	1850	5171	4473	11258	5272	7749	14775	14788	3302
846.1	531	2731	1778	5048	1636	2805	4080	5404	1177.3
304.7	508	2051	427	1787	1376	1102	1008	1726	969.3
1605.8	1727	6261	1011	5992	2753	3600	7969	12914	1866.7
164	**458**	**2909**	**336.4**	**1574**	**906**	**1363**	**1485**	**2565.2**	**968**
158.4	298	971	311.9	1159	874	672	1461.8	1932.8	639.2
2783.9	**1797**	**7170**	**2339.4**	**9953**	**9773**	**6183**	**14154.3**	**20559.5**	**5403.8**
47.19	**234**	**495**	**114**	**823**	**458**	**336**	**145.8**	**460**	**240.4**

9-7 分县(市)区农

(2020年)

指　　标	全市	五华区	盘龙区	官渡区	西山区	东川区
农作物总计						
一、粮食作物	**233354**	**1818.4**	**7499.3**	**4078.3**	**2345.4**	**13581.4**
夏粮	82931.1	555.7	3246.1	1321.7	709	2577.8
秋粮	150422.8	1262.7	4253.1	2756.7	1636.4	11003.6
(一)谷物	156510.2	1280.7	5411.8	3328.3	1864.8	8602.8
#稻谷	14558.8	14.4			38.3	1123.7
小麦	23682.7	158.1	816.7	592.7	309.5	908.8
玉米	85758.7	987.3	3069.1	2321.2	1401	5499.2
其它谷物	32510	120.9	1526	414.4	116	1071.1
(二)豆类	39319.4	438.8	1249.4	549.9	409	988.5
#蚕豆	34039.6	433.2	1164.5	504.6	106.5	871.4
(三)薯类(折粮)	37524.4	98.9	838.1	200.1	71.6	3990.1
#马铃薯	35036.1	98.6	838.1	200.1	71.6	2852.2
二、油料	**7862**	**49**		**11**	**63**	**703.6**
#油菜籽	6771.3	18		7	49	349.2
三、甘蔗	**47**					**6**
四、生麻	**42**					
五、烟叶	**34416.8**	**137**	**1415**			
#烤烟	34294.8	137	1415			
六、蔬菜、瓜果类	**122307.9**	**1083**	**3995**	**1575**	**2269.9**	**3964.5**
#蔬菜(含菜用瓜)	115426.8	1042	3995	1575	2180.9	3895.7
瓜果类	6881.1	41			89	68.8

作物播种面积

单位：公顷

呈贡区	晋宁区	富民县	宜良县	石林县	嵩明县	禄劝县	寻甸县	安宁市
258.8	**5216.3**	**13309.4**	**30153**	**30612**	**12395.3**	**49930**	**57519.1**	**4637.3**
	1292.1	5728.2	12156.5	11275.8	6262.3	18333.2	18643.3	829.4
258.8	3924.1	7581.2	17996.5	19336.2	6133	31596.8	38875.7	3808
253.4	3632	8412.3	21524.1	22904.7	8350.6	35966.9	31035.6	3942.2
	204.2	1026.7	3002.2	2619.3	634.3	2481.4	3243.9	170.4
	404	1876.2	3904.3	3642.2	2050.5	6508.8	2289.4	221.5
253.4	3008.4	4990.6	13277.8	12904.2	4674.2	18319.3	11756.3	3296.7
	15.4	518.8	1339.8	3739	991.6	8657.4	13746	253.6
5.4	1056.2	4176.3	7530.1	5361.9	3280.4	6493.4	7222.7	557.4
5.4	895.2	3160.3	6980.3	4496.4	3086.2	5794.9	6048.8	491.9
	528.1	720.8	1098.8	2345.4	764.3	7469.7	19260.8	137.7
	228.2	491.7	999.4	2318.1	764.3	6966.8	19075.9	131.1
	456	**353**	**314**	**438**	**9**	**2098**	**2394**	**973.4**
	365	284	127	334	4	1882	2394	958.1
						41		
						42		
	1056	**1213**	**4873**	**7487**	**1586.7**	**6866**	**9250.1**	**533**
	1035	1213	4873	7487	1586.7	6765	9250.1	533
6583	**17925**	**4169**	**14688.7**	**16265**	**16807**	**7588**	**15655.8**	**9739**
6573	17923	4077	14657.7	10166	16595	7563	15530.7	9652.8
10	2	92	31	6099	212	25	125.1	86.2

9-8 分县(市)区

(2020年)

指　　标	全市	五华区	盘龙区	官渡区	西山区	东川区
农作物总计						
一、粮食作物	**1036452.0**	**8752.1**	**30983.5**	**16559.6**	**11715.4**	**48957.5**
夏粮	200706.6	2186.1	7220.2	2386.2	2599.9	2923.4
秋粮	835745.4	6566.0	23763.3	14173.4	9115.5	46034.2
(一)谷物	770330.6	6950.8	23545.0	14778.6	10001.3	32535.0
#稻谷	105148.1	50.7			186.3	7344.5
小麦	61195.5	656.8	1211.9	968.5	1287.9	984.1
玉米	535652.1	5767.6	19433.0	13171.1	8099.9	22565.9
其它谷物	68334.9	475.7	2900.1	639.0	427.2	1640.5
(二)豆类	87522.5	1555.2	2971.1	1280.3	1418.6	1117.7
#蚕豆	73561.5	1541.8	2661.7	1167.0	358.0	923.6
(三)薯类(折粮)	178598.9	246.1	4467.4	500.7	295.5	15304.8
#马铃薯	167521.1	245.2	4467.4	500.7	295.5	10301.8
二、油料	**14670.4**	**114**		**12.6**	**154.5**	**1069.8**
#油菜籽	12605.9	44.2		8	129.5	509.5
三、甘蔗	**1008.2**					**270**
四、生麻	**147.6**					
五、烟叶	**68290.9**	**248.2**	**3016**			
#烤烟	68008.2	248.2	3016			
六、蔬菜、瓜果类	**3502224.9**	**22403.5**	**98277.1**	**44532.6**	**78289.7**	**113294.2**
#蔬菜(含菜用瓜)	3324571.8	21317.3	98277.1	44532.6	76064.4	111329.8
瓜果类	177653.1	1086.2			2225.3	1964.4
七、其它作物						
#鲜切花	757106.6	500	2952	15285	2704	135

农作物产量

单位：吨、万枝

呈贡区	晋宁区	富民县	宜良县	石林县	嵩明县	禄劝县	寻甸县	安宁市
1466.1	**21693.4**	**60937.4**	**146152.2**	**142345.8**	**51726.3**	**229147**	**235361.42**	**30654.2**
	3165.9	16025.7	28435.1	26765.2	14085.0	41018	51483.92	2412.08
1466.1	18527.5	44911.7	117717.2	115580.6	37641.3	188129	183877.5	28242.12
1457.8	16188.3	48278.6	127609.1	124273.3	40568.1	168579.8	127097.8	28467.1
	1210.4	8483.5	26325.1	17252.2	4594.0	18855.9	19434	1411.5
	1186.1	6704.7	11353.2	11511.8	3509.9	15637	5571.9	611.7
1457.8	13748.6	31532.9	86551.6	90535.3	30245.5	115422.8	71444	25676.1
	43.2	1557.5	3379.2	4974.0	2218.7	18664.1	30647.9	767.8
8.3	2896.4	9648.2	14937.6	9483.7	8653.0	16351.7	15728	1472.7
8.3	2353.4	6794.2	13153.0	8412.7	8062.4	14029.3	12816.9	1279.2
	2608.7	3010.6	3605.5	8588.8	2505.2	44215.5	92535.62	714.4
	963.4	1888.5	3497.1	8491.4	2505.2	42001.4	91679.36	684.18
	1089	**969**	**612**	**799**	**15.3**	**4137.1**	**3181.5**	**2516.6**
	905	761	249	644	5	3681.1	3181.5	2488.1
						738.2		
						147.6		
	1992.7	**2266**	**10038**	**14300**	**3485**	**11909.8**	**20000.2**	**1035**
	1956	2266	10038	14300	3485	11663.8	20000.2	1035
173731	**531802.1**	**80748.1**	**451766**	**470512.8**	**498518**	**192697.6**	**432056.1**	**313596.1**
173551.7	531652.1	79329.1	451291	317454.2	492305.7	192165.8	426125.4	309175.6
179.3	150	1419	475	153058.6	6212.3	531.8	5930.7	4420.5
22974	421561	7896	57831	39293	40410	55947	5055	84563.6

9-9 分县(市)区油、

(2020年)

指　　标	单位	全市	五华区	盘龙区	官渡区	西山区
一、油菜籽						
播种面积	公顷	6771.3	18		7	49
总产量	吨	12605.9	44.2		8.0	129.5
二、蔬菜						
播种面积	公顷	115426.8	1042.0	3995.0	1575.0	2180.9
总产量	吨	3324571.8	21317.3	98277.1	44532.6	76064.4
三、鲜切花						
总产量	万枝	757106.6	500.0	2952.0	15285.0	2704.0
四、茶叶						
播种面积	公顷	934				
总产量	吨	79				
五、水果						
播种面积	公顷	33096	954	838.6	855	1287
#苹果园	公顷	2784.9	51	247	77	592
柑橘园	公顷	505.9				
梨园	公顷	6095.6	366	385	138	410.8
葡萄园	公顷	1347.6	30	4	174	1.2
水果产量	吨	372015.6	3850	2431.7	3994.3	12139
#苹果	吨	18558.1	96.3	450.4	174.4	4728.6
柑橘	吨	4112.3				
梨	吨	55646.6	1299.8	863.6	656.8	3584.9
葡萄	吨	24555.5	198	16.9	1799	29.6

注：水果包含园林水果和瓜果类水果。

菜、茶、果生产情况

东川区	呈贡区	晋宁区	富民县	宜良县	石林县	嵩明县	禄劝县	寻甸县	安宁市
349.2		365	284	127	334	4	1882	2394	958.1
509.5		905.0	761.0	249.0	644.0	5.0	3681.1	3181.5	2488.1
3895.7	6573.0	17923.0	4077.0	14657.7	10166.0	16595.0	7563.0	15530.7	9652.8
111329.8	173551.7	531652.1	79329.1	451291.0	317454.2	492305.7	192165.8	426125.4	309175.6
135.0	22974.0	421561.0	7896.0	57831.0	39293.0	40410.0	55947	5055.0	84563.6
				682	140		45		67
				57.6	9.2				12.2
2113.1	518	1257	6622	1863	10389	985	2036	877.1	2501.2
103.9		46	364	17	511	41	415	226	94
92.9			164	131	8		106		4
119.8	262	453	462	265	1187	86	506	174	1281
169.4	11	50	109	188	233	40	8	25	305
20742.9	4248.1	5463.1	32731	11742	201222.9	13164.7	13819	11172.5	35294.4
351.4		102.6	6139	85	3306.4	439.3	1080.8	1227.4	376.5
338.7			1261.5	2024	56		418.8	0.3	13
804.3	3604.9	2383.1	1656	1916	13170.1	980.6	4629.9	1303.5	18793.1
4487.2	50.1	401	2845	2627	4244	558.2	38.3	867.1	6394.1

9-10 分县(市)区畜牧

(2020年)

指　　标	单位	全市	五华区	盘龙区	官渡区	西山区
一、生猪						
年末存栏头数	万头	145.20	0.84	1.03	0.32	2.10
年内出栏头数	万头	178.26	1.09	1.36	0.51	2.39
二、牛						
年末存栏头数	万头	42.89	0.18	0.38	0.12	0.26
年内出栏头数	万头	21.51	0.07	0.19	0.06	0.11
三、羊						
年末存栏只数	万只	121.89	0.77	1.25	0.90	2.47
年内出栏只数	万只	100.37	0.44	0.54	0.59	1.33
四、马						
年末存栏头数	头	17462	47	176	153	18
年内出栏头数	头	3683	22	15	42	5
五、骡						
年末存栏头数	头	22083	171		16	56
年内出栏头数	头	7714	38	3		
六、驴						
年末存栏头数	头	10091	104	5		132
年内出栏头数	头	5110	19			26
七、家禽						
年末家禽存栏	万只	2686.31	26.00	31.95	59.47	20.35
年内家禽出栏	万只	7079.38	17.32	41.34	85.23	50.73

注：因省核定反馈的生猪、牛、羊、家禽数据以万为单位，故提供数据为万头/只。

业、渔业生产情况

东川区	呈贡区	晋宁区	富民县	宜良县	石林县	嵩明县	禄劝县	寻甸县	安宁市
6.58		4.21	5.96	27.66	8.97	4.87	27.37	43.60	11.69
7.15		6.19	10.61	41.96	11.97	5.75	30.57	43.09	15.62
2.26		0.72	1.58	3.52	3.09	1.56	9.48	19.06	0.68
1.14		0.28	0.74	1.34	1.49	0.68	4.25	10.72	0.44
20.02		2.85	5.25	10.03	14.75	2.56	33.45	24.05	3.54
12.66		1.69	1.96	7.23	11.21	2.68	31.80	24.11	4.13
719		30	1139	1751	1107	729	2513	8973	107
62			252	404	120	40	2469	146	106
2764		9	2346	2203		219	7716	6546	37
		2	193	128		10	7156	150	34
2257		90	2032	725		8	4522	142	74
94		50	303	122		1	4427		68
103.96		199.80	114.32	534.50	692.62	96.56	112.09	228.06	466.63
227.87		362.88	159.18	2321.13	2067.47	144.51	222.81	257.34	1121.57

9-10 续表

(2020年)

指　　标	单位	全市	五华区	盘龙区	官渡区	西山区	东川区
八、畜牧产品产量							
(一)肉类总产量	万吨	36.21	0.36	0.54	0.44	0.35	1.38
#1.猪肉	万吨	14.66	0.12	0.11	0.04	0.20	0.52
2.牛肉	万吨	2.34	0.01	0.02	0.01	0.01	0.09
3.羊肉	万吨	1.69	0.01	0.01	0.01	0.02	0.19
4.禽肉	万吨	11.77	0.03	0.12	0.13	0.11	0.41
(二)禽蛋产量	万吨	5.75	0.19	0.28	0.25	0.01	0.17
(三)奶类产量	万吨	14.11	0.01				0.01
#牛奶	万吨	14.11	0.01				0.01
九、渔业生产							
(一)淡水养殖面积	公顷	5993.0	9.4	40.0	2.3	41.4	152.7
(二)淡水产品产量	吨	36022	120	230	35	250	1702
#鱼类	吨	36022	120	230	35	250	1702

呈贡区	晋宁区	富民县	宜良县	石林县	嵩明县	禄劝县	寻甸县	安宁市
	2.51	1.72	8.09	4.87	1.20	3.89	6.13	4.73
	0.51	0.87	3.64	0.88	0.47	2.32	3.70	1.28
	0.03	0.08	0.14	0.16	0.11	0.53	1.09	0.06
	0.03	0.04	0.14	0.21	0.05	0.51	0.39	0.08
	0.66	0.29	3.69	3.33	0.28	0.36	0.42	1.94
	1.28	0.44	0.48	0.29	0.29	0.17	0.53	1.37
	0.55		5.27	1.37	2.67		4.16	0.07
	0.55		5.27	1.37	2.67		4.16	0.07
205.2	47.8	93.3	2000.0	638.5	285.3	317.3	1510.0	649.8
326	351	453	16295	2000	964	840	10487	1969
326	351	453	16295	2000	964	840	10487	1969

主要统计指标解释

农林牧渔业总产值　指以货币表现的农林牧渔业全部产品总量和对农林牧渔业生产活动进行的各种支持性服务活动的价值。它用价值量形式综合反映一定时期内农林牧渔业生产的总成果和总规模。

农、林、牧、渔业总产值的核算范围是：

(1)农业产值：包括种植业和其他农业。种植业包括谷物、豆类、油料、棉花、麻类、糖料、烟叶、药材、薯类、蔬菜、瓜类、花卉、盆景、园艺、饲料作物等种植业，茶、桑、果、中草药种植业。

其他农业包括野生植物的果实、纤维、油料和野生药材、菌类、柴草等的采集。

(2)林业产值：包括人工植树造林、森林抚育、迹地更新，村及村以下竹、木材采伐。油桐籽、油茶籽等林产品的采集。

(3)牧业产值：包括猪、牛、羊等的饲养和放牧业，鸡、鸭、鹅等的家畜养殖业以及兔、蚕、蜂多种小动物饲养，野生动物的狩猎、诱捕、猎物饲养，野生动物产品的采集。

(4)渔业产值：包括利用海水进行鱼、虾、贝、藻类等水生动、植物的养殖和对海洋水生动、植物的捕捞；还包括在内陆水域进行鱼、虾、蟹、贝类、珍珠等水生动物的养殖和捕捞。

(5)农林牧渔服务业产值：农林牧渔服务业现价产值等于农林牧渔服务业营业收入。

农业林牧渔业总产值的计算方法，一般采用“产品法”进行计算，即凡是有产品产量的，都按产品产量乘以其产品单价求得每一种农产品的产值。

粮食产量　指全社会的产量。粮食包括稻谷、小麦、玉米、高粱、谷子、薯类和豆类。其产量计算方法，豆类按去豆荚后的干豆计算，薯类按5公斤鲜薯折1公斤粮食计算，其他粮食一律按脱粒后的原粮计算。

猪、牛、羊肉产量　指当年出栏并已屠宰的猪、牛、羊的肉产量。即屠宰后除去头蹄下水后带骨的(即胴体重)重量。

水产品产量　指本年度内捕捞的水产品产量(包括人工养殖和天然生长)。它可分为海水产品和淡水产品两大类。海水产品包括海水的鱼类、虾蟹类、贝类和藻类；淡水产品包括淡水的鱼类、虾蟹类和贝类，不包括淡水水生植物。

农用化肥施用量　指在本年度内实际用于农业生产的化肥数量。包括氮肥、磷肥、钾肥及复合肥。施用量按标准量及折纯量两种方法计算。按折纯量计算化肥数量，即把氮肥、磷肥、钾肥分别按含氮、含五氧化二磷、含氧化钾百分之百计算。

农村用电量　指本年度内扣除在农村中的全民所有制工业、交通、基建单位的用电量以后的农村生产上和生活上的全年用电总度数(全年累计数)，包括国家电网的供电量，也包括农村自办电站的供电量。

2021昆明统计年鉴

KUNMING STATISTICAL YEARBOOK 2021

10 工业和能源

10-1 年主营业务收入2000万元及以上独立核算工业企业工业增加值增长情况

指　　标	2020年比2019年增长(%)
合计	**0.9**
一、按登记注册类型分	
国有企业	-3.5
集体企业	-7.4
股份合作企业	-5.4
股份制企业	1.2
外商及港澳台商投资企业	4.3
其他经济类型企业	-51.9
二、在总计中：	
国有控股企业	0.9
大中型工业企业	-0.4
其中：国有企业	-3.3
三、按国民经济工业行业分	
采矿业	**-0.5**
煤炭开采和洗选业	32.6
黑色金属矿采选业	-52.6
有色金属矿采选业	78.6
非金属矿采选业	-13.5

10–1 续表 1

指　　标	2020年比2019年增长(%)
制造业	**-0.8**
农副食品加工业	-5.9
食品制造业	7.4
酒、饮料和精制茶制造业	-11.4
烟草制品业	1.0
纺织业	-24.3
纺织服装、服饰业	-8.0
皮革、毛皮、羽毛及其制品和制鞋业	1.0
木材加工和木、竹、藤、棕、草制品业	-9.3
家具制造业	3.3
造纸和纸制品业	-8.2
印刷和记录媒介复制业	9.6
文教、工美、体育和娱乐用品制造业	6.2
石油、煤炭及其他燃料加工业	-9.5
化学原料和化学制品制造业	11.0
医药制造业	-15.5
化学纤维制造业	0.5
橡胶和塑料制品业	5.1

10-1 续表 2

指　　标	2020年比2019年增长(%)
非金属矿物制品业	1.4
黑色金属冶炼和压延加工业	3.0
有色金属冶炼和压延加工业	2.1
金属制品业	9.7
通用设备制造业	8.9
专用设备制造业	-5.5
汽车制造业	40.7
铁路、船舶、航空航天和其他运输设备制造业	-10.2
电气机械和器材制造业	0.1
计算机、通信和其他电子设备制造业	4.7
仪器仪表制造业	18.0
其他制造业	55.8
废弃资源综合利用业	3.9
金属制品、机械和设备修理业	125.7
电力、热力、燃气及水生产和供应业	**12.2**
电力、热力生产和供应业	21.1
燃气生产和供应业	0.1
水的生产和供应业	-8.0

10-2 年主营业务收入2000万元及

（2020年）

指　　标	企业单位数（个）	亏损企业	工业总产值（当年价格）	年初存货
总　计	**997**	**219**	**433477324**	**77316855**
一、按登记注册类型分				
内资企业	**929**	**212**	**408432470**	**73325200**
国有企业	21	5	13281103	6094642
中央企业	6	1	11044922	5733853
地方企业	15	4	2236181	360789
集体企业	2	1	106863	19658
股份合作企业	1		20084	485
有限责任公司	275	66	209699540	38950914
国有独资公司	22	5	36895409	1345619
其他有限责任公司	253	61	172804131	37605295
股份有限公司	41	9	112402691	19132358
私营企业	589	131	72922189	9127143
私营独资企业	18	4	828777	246631
私营合伙企业	1		91586	4799
私营有限责任公司	534	117	64732687	7797121
私营股份有限公司	36	10	7269139	1078592
港、澳、台商投资企业	**31**	**4**	**10742781**	**2110034**
合资经营企业(港或澳、台资)	17	2	7170463	801078
合作经营企业(港或澳、台资)	1		57338	48167
港澳台商独资经营企业	10	1	1268722	142393
港澳台商投资股份有限公司	3	1	2246258	1118396
外商投资企业	**37**	**3**	**14302073**	**1881621**
中外合资经营企业	19	3	5491691	849583
中外合作经营企业	3		2983489	442910
外资企业	14		3688117	389894
外商投资股份有限公司	1		2138776	199234

以上独立核算工业企业主要经济指标

单位：千元

产成品	资产总计	流动资产合计	应收账款	存货	存货：产成品	长期股权投资
19417322	**751537800**	**325661560**	**59704387**	**76596230**	**20482251**	**71377215**
18247524	**711915660**	**305093813**	**55043606**	**72483505**	**19362016**	**70062877**
4661341	27667761	17929716	2567056	6340276	4792799	1217519
4631002	14519867	11628870	1231247	5794944	4762983	164474
30339	13147894	6300846	1335809	545332	29816	1053045
4944	92985	77121	31827	17482	3448	
485	98768	48219	1455	200	200	
6763684	424925246	128157942	25646172	36700769	6742042	27263354
428885	66583642	11004282	2430305	1384362	442635	974017
6334799	358341604	117153660	23215867	35316407	6299407	26289337
3006355	190970372	113182115	13438142	19754331	3858612	38461706
3810715	68160528	45698700	13358954	9670447	3964915	3120298
137378	1578120	1208986	167629	230113	74018	88654
4317	80744	79471	37236	7696	3768	
3120912	56197124	38524579	11656305	8206673	3293813	933623
548108	10304540	5885664	1497784	1225965	593316	2098021
525536	**23468976**	**12659104**	**3226977**	**2249564**	**512929**	**907805**
231008	11986353	5169135	718942	683376	190613	284612
30861	254402	174464	87485	46178	28758	48880
81680	2007889	892634	249570	157242	89312	
181987	9220332	6422871	2170980	1362768	204246	574313
644262	**16153164**	**7908643**	**1433804**	**1863161**	**607306**	**406533**
247075	7998606	3460155	533497	747919	195669	386440
75076	2653101	1321239	529209	472378	51022	
164123	4191277	2008697	298183	394300	162348	
157988	1310180	1118552	72915	248564	198267	20093

10-2 续表 1

（2020年）

指　　标	企业单位数（个）	亏损企业	工业总产值（当年价格）	年初存货
二、在总计中:				
亏损企业	219	219	92435487	16468622
国有控股企业	195	44	286133367	56886289
三、按企业规模分				
大型企业	31	4	163130058	40587152
中型企业	95	24	126464823	20425877
小型企业	801	180	121450251	14337719
微型企业	70	11	22432192	1966107
四、按国民经济工业行业分				
煤炭开采和洗选业	7	2	699169	25547
有色金属矿采选业	9	3	1968382	88848
非金属矿采选业	19	4	6126053	2473041
农副食品加工业	85	20	18614908	1557292
食品制造业	32	4	9004448	1182158
酒、饮料和精制茶制造业	25	5	5297512	1232149
烟草制品业	4		44163100	24565999
纺织业	6	2	230637	62543
纺织服装、服饰业	5	4	220663	74288
皮革、毛皮、羽毛及其制品和制鞋业	1		47371	1802
木材加工和木、竹、藤、棕、草制品业	6	3	509630	187456
家具制造业	2		55601	12678
造纸和纸制品业	21	10	1508215	207128
印刷和记录媒介复制业	35	9	3578173	623226
文教、工美、体育和娱乐用品制造业	2		124249	13892
石油、煤炭及其他燃料加工业	7	3	47296647	5769196
化学原料和化学制品制造业	111	27	42800172	6040813
医药制造业	51	12	18322030	4327259
化学纤维制造业	2		1479474	184254
橡胶和塑料制品业	54	12	3700881	578387
非金属矿物制品业	135	21	18574415	1426292
黑色金属冶炼和压延加工业	15	5	25909856	4447200

单位：千元

产成品	资产总计	流动资产合计	应收账款	存货	产成品	长期股权投资
4249439	107888130	45189115	8556013	14599156	3739029	6928249
11664087	557893978	190892712	27471583	53629811	12104101	60352238
4414935	307770471	162666263	18939643	40078535	4591590	56842151
8263391	160772896	73393260	11375659	19332321	8770779	8672542
6063634	262810434	76269258	22406173	15255241	6379449	4947702
675362	20183999	13332779	6982912	1930133	740433	914820
3502	1563002	1132240	56128	33977	6256	1000
36433	3262235	1085799	73111	129829	55390	56609
408022	14910288	7121247	1970087	2233914	345719	359321
466891	9975743	5870071	848706	1942110	645335	1384357
358434	9618207	4979674	618052	949749	375696	871185
446147	7648002	3671820	383402	1084230	423185	120299
5628473	64676393	38048670	1374521	23591848	5440249	17709969
52201	327725	161174	53150	63146	30849	39674
37579	3289157	2848000	56598	90763	47975	18013
	14871	13755	9044	1802		
123925	548364	335591	34345	193026	131123	837
3702	90939	40446	3828	9162	3985	
85778	1488420	886999	145360	223654	95105	10200
250009	4888232	2760371	600044	773888	350763	53529
2179	181827	159714	43549	21823	4628	11702
583993	24940916	5754814	351823	3160160	529672	2642
2418957	51019417	31203050	6181830	5476810	2028380	1649477
1532256	70917720	55699985	7926026	5060894	1520289	4962429
51533	1084883	934756	80044	192922	50439	
226169	3122206	2226232	751741	647091	276070	7343
583515	23720641	14340663	5350608	1547604	728969	1216714
866445	33717297	16719157	1510856	5675886	985789	4940549

10-2 续表 2

（2020年）

指　　标	企业单位数（个）	亏损企业	工业总产值（当年价格）	年初存货
有色金属冶炼和压延加工业	39	10	79991467	9067585
金属制品业	61	8	7237294	1753945
通用设备制造业	27	9	2960816	891937
专用设备制造业	39	9	5051087	1270068
汽车制造业	18	11	13927229	2077717
铁路、船舶、航空航天和其他运输设备制造业	4		1776480	953518
电气机械和器材制造业	66	15	10429169	1554791
计算机、通信和其他电子设备制造业	19	4	21115832	3044719
仪器仪表制造业	20		2263583	826349
其他制造业	1		188845	56370
废弃资源综合利用业	6	1	807756	23273
电力、热力生产和供应业	38	4	26218260	136655
燃气生产和供应业	16		8864113	539364
水的生产和供应业	9	2	2413807	39116
五、按企业所在地分				
五华区	72	9	99918361	29520241
盘龙区	33	7	20609309	2759041
官渡区	129	23	65612399	10981748
西山区	62	17	16508256	2230091
东川区	36	11	8131893	705884
呈贡区	162	22	71566890	8801913
晋宁区	101	23	15222024	3619778
富民县	55	10	7012916	713586
宜良县	68	23	10091012	964563
石林县	37	8	2913717	338735
嵩明县	99	29	14891901	2798011
禄劝县	13	4	2558359	36489
寻甸县	33	9	5155958	1002161
安宁市	97	24	93284329	12844614

单位：千元

产成品	资产总计	流动资产合计	应收账款	存货	产成品	长期股权投资
1551494	70202107	35148630	3363798	8728178	1896150	25901828
425481	9258914	7203059	3781697	1324636	431964	165847
312665	4391684	3161635	1181453	899185	273338	131232
330904	9213719	6337126	1614985	1959627	341981	158707
790369	23080794	13342736	2937379	2451022	1287262	1569558
158500	7511492	5391766	1764724	1181868	178792	397402
832554	10322134	7795587	3413669	2009208	1066346	174996
729533	20835225	15309723	6074554	3295801	772191	1095591
74747	4326846	3274578	1196605	761813	115879	288924
2440	149634	133812	20437	33576		
10160	567567	434786	344958	22236	14640	
1547	189383548	12456480	3941496	131136	1545	809507
22820	50288267	13836520	547896	648142	16123	6282899
7965	20999384	5840894	1097883	45514	10174	984875
2814079	122676568	69892224	8028998	28467881	2679306	31381855
696462	81165193	20546130	2021633	3317282	1139488	3642457
6165886	102901944	51680870	11303681	12265198	6957057	5445860
762773	30169370	14940383	3866037	2268061	818214	1539686
290738	9251489	4416006	810887	745947	291021	188049
3924567	144205434	79457346	17533516	9081582	3891603	15483532
951589	18947963	9695555	2881265	3334752	826938	230734
323117	8920861	4370216	1253374	890459	401314	190464
316119	10769322	4535020	910024	1063267	326941	1074924
121263	5765344	2360996	676721	327298	100933	31099
624564	17886499	10747364	4068139	2307111	688972	737871
17438	85216490	3144202	345473	54870	40855	
330566	10959418	4063952	882920	1050659	324380	108717
2078161	102701905	45811296	5121719	11421863	1995229	11321967

10-2 续表 3

（2020年）

指　　标	资产			
	固定资产原价	房屋和构筑物	机器设备	累计折旧
总　计	**342114700**	**70786434**	**130957603**	**128686127**
一、按登记注册类型分				
内资企业	**319755804**	**64970542**	**120730851**	**117010164**
国有企业	9020872	4639737	3400481	3995562
中央企业	4287468	1885530	1786864	2072429
地方企业	4733404	2754207	1613617	1923133
集体企业	41392	7393	13777	22388
股份合作企业	38564	22717	15004	21932
有限责任公司	239321043	39438073	84322671	80346249
国有独资公司	80627405	6945757	40295500	30648061
其他有限责任公司	158693638	32492316	44027171	49698188
股份有限公司	47465239	12466869	23169292	22455378
私营企业	23868694	8395753	9809626	10168655
私营独资企业	601513	198305	333103	395615
私营合伙企业	4273			3195
私营有限责任公司	20652231	6980812	8688768	8605709
私营股份有限公司	2610677	1216636	787755	1164136
港、澳、台商投资企业	**12052323**	**3119649**	**3600350**	**5653720**
合资经营企业(港或澳、台资)	8478888	1647808	2599548	4022705
合作经营企业(港或澳、台资)	68746			40607
港澳台商独资经营企业	1218795	502299	360785	456337
港澳台商投资股份有限公司	2285894	969542	640017	1134071
外商投资企业	**10306573**	**2696243**	**6626402**	**6022243**
中外合资经营企业	5574546	1143460	3904878	3708758
中外合作经营企业	1521532	530139	953999	903421
外资企业	3139952	988841	1739171	1389968
外商投资股份有限公司	70543	33803	28354	20096

单位：千元

总计						
本年折旧	固定资产净额	在建工程	无形资产	土地使用权	负债合计	流动负债合计
14245192	**208673216**	**99423731**	**18727422**	**11942023**	**437401063**	**268681118**
13233068	**198086580**	**97475023**	**15913600**	**10429769**	**419441017**	**254158104**
442384	5020331	489098	709390	666365	15140914	13173365
200319	2215039	183798	157186	151206	7600302	7019896
242065	2805292	305300	552204	515159	7540612	6153469
2340	19004	544	1695		49740	38617
1415	16632	13417	10500	10500	62719	56619
9613838	155496208	92130699	9544405	6155620	263083393	121181021
3550785	49818373	2597541	1141771	484289	40375716	16095191
6063053	105677835	89533158	8402634	5671331	222707677	105085830
1813191	24663860	2988434	2516211	1563486	104820207	85553481
1359900	12870545	1852831	3131399	2033798	36284044	34155001
14209	154872	35360	42709	41855	968433	903393
404	1078		3		73679	68888
1187500	11278486	1687365	2586040	1742000	31930172	30184371
157787	1436109	130106	502647	249943	3311760	2998349
433209	**6360446**	**1239834**	**1329244**	**673220**	**10986185**	**8486789**
302325	4426400	972574	673164	280621	6625501	4569355
2689	28138		2920	2853	53155	53155
50375	755151	15409	272915	57980	975664	674196
77820	1150757	251851	380245	331766	3331865	3190083
578915	**4226190**	**708874**	**1484578**	**839034**	**6973861**	**6036225**
254880	1811454	391982	627143	377499	3480985	2665799
110668	618111	196131	485758	110079	1716311	1706119
206223	1746178	78671	318224	312423	1507024	1402179
7144	50447	42090	53453	39033	269541	262128

10-2 续表 4

（2020年）

指　标	资产			
	固定资产原价	房屋和构筑物	机器设备	累计折旧
二、在总计中:				
亏损企业	75034474	14973685	22990677	27186726
国有控股企业	285991187	50807665	104826661	103378455
三、按企业规模分				
大型企业	129695420	28945061	82907826	67203390
中型企业	100679404	15720201	19771616	33438524
小型企业	104564108	24633977	25433292	26237770
微型企业	7175768	1487195	2844869	1806443
四、按国民经济工业行业分				
煤炭开采和洗选业	697920	239367	264237	479032
有色金属矿采选业	2815900	1839138	655732	1502778
非金属矿采选业	7977350	3752066	3841300	3916866
农副食品加工业	3402470	1626315	1192215	1496135
食品制造业	5110231	1934693	2517011	2361532
酒、饮料和精制茶制造业	5376056	2020512	2668551	2176974
烟草制品业	15836186	5608725	9035057	10655002
纺织业	105559	80877	17736	21293
纺织服装、服饰业	549937	423221	57088	164299
皮革、毛皮、羽毛及其制品和制鞋业	1501			861
木材加工和木、竹、藤、棕、草制品业	322273	27687	71797	134657
家具制造业	37335	28257	8701	6063
造纸和纸制品业	818066	160734	398680	325305
印刷和记录媒介复制业	2940267	538714	1798627	1567378
文教、工美、体育和娱乐用品制造业	14229	7861	4910	7094
石油、煤炭及其他燃料加工业	25375446	1291749	499752	6292222
化学原料和化学制品制造业	27158036	7186751	17447466	14853603
医药制造业	9922093	5265427	4056710	3680269
化学纤维制造业	636693	134709	370437	519220
橡胶和塑料制品业	1026480	234271	467668	404360
非金属矿物制品业	10961541	3370857	5153370	4789697
黑色金属冶炼和压延加工业	17903641	885337	11715243	8100681

单位：千元

总计						
本年折旧	固定资产净额	在建工程	无形资产	土地使用权	负债合计	流动负债合计
3523286	44382456	4677192	3650525	1682540	89882789	76524769
11209801	178978243	94860190	11159324	7259911	339978343	177841391
5717970	62296459	6899155	7145398	5609148	146388574	112639344
4774691	63819493	4914418	4336562	2190421	91518686	68430531
3454969	77816142	87326051	7120425	4076713	184845551	75904354
297562	4741122	284107	125037	65741	14648252	11706889
16543	148133	14764	203643	177849	528394	457643
158983	1126043	339378	578785	18073	2082714	1810283
392253	4054109	178374	1657787	885725	8361874	7320862
198708	1829328	166122	580444	490465	5204803	4785016
303738	2735049	467686	338829	247274	4212495	3377826
321442	3191512	101597	467275	454684	4596684	4430606
803325	5181183	1132996	1390044	1347128	10832186	10757839
6822	65591	13662	42408	22287	204044	189537
25257	385638	25681	535		2465379	2447886
					12280	12280
22301	187616		31851	12859	306780	302956
1797	31272	1294	20123	1835	53542	53542
52413	481936	21541	71948	61706	843433	827760
137786	1311624	131839	255137	144733	1990881	1872192
737	7135	31	3239	3239	94143	91083
1603334	16806196	1194146	882839	216708	13608721	12987283
1420354	11923757	1680560	2395544	1796999	29977100	26720592
501891	6164018	677786	967515	778784	26249159	24106467
12900	117473	16511	6361		152022	145706
66779	600252	45338	214990	149978	1611226	1475263
536096	5430404	732601	1164021	658918	15004829	14248703
546008	9794574	851452	351759	262863	27776387	26227237

10-2 续表 5

（2020年）

指　　标	资产			
	固定资产原价	房屋和构筑物	机器设备	累计折旧
有色金属冶炼和压延加工业	13125109	3914849	6258487	7534755
金属制品业	1707267	826812	604974	713541
通用设备制造业	1569568	445286	856939	877662
专用设备制造业	2638765	1009774	1220684	1221657
汽车制造业	6654822	1933301	2916783	2619083
铁路、船舶、航空航天和其他运输设备制造业	1556818	678433	264983	699942
电气机械和器材制造业	2213431	1052222	785709	971256
计算机、通信和其他电子设备制造业	3070052	799318	1607514	1320926
仪器仪表制造业	836850	461135	309129	318737
其他制造业	46252	13527	28834	30430
废弃资源综合利用业	134272	61138	61252	53005
电力、热力生产和供应业	120448352	18195244	51204214	35951297
燃气生产和供应业	35311746	1516519	669114	8434880
水的生产和供应业	13812186	3221608	1926699	4483635
五、按企业所在地分				
五华区	33972859	12279876	17097676	21167234
盘龙区	24031377	1675239	1386615	3504867
官渡区	66328271	12877273	46168829	32042163
西山区	15319936	5469565	7640955	7658366
东川区	6206807	2729203	2755129	2787247
呈贡区	57051660	9317976	10398642	16778069
晋宁区	9552776	4428583	4699694	4071185
富民县	5868315	1698657	2822775	2446073
宜良县	7738187	2155093	3919230	3593653
石林县	4368941	579727	1534940	1334366
嵩明县	5895301	2119826	2493462	2393798
禄劝县	33158204	5672935	1785812	2448772
寻甸县	10415522	2451994	1881059	3425234
安宁市	62206544	7330487	26372785	25035100

单位：千元

总计						
本年折旧	固定资产净额	在建工程	无形资产	土地使用权	负债合计	流动负债合计
479264	5510210	422805	507205	422656	39834243	26706109
96461	951618	102669	284310	252097	5911283	5438892
55554	689768	164963	211040	142181	3294024	3121108
92732	1285818	141908	651426	226387	5847976	5485050
329250	4031414	1787316	950433	485049	16342381	14135461
54930	856875	167197	295351	287305	1795274	1789652
137657	1236853	361355	499090	322995	5169161	4929628
131112	1731987	14323	282030	84916	11949046	11665466
33644	517859	71398	137682	130120	2681424	2536651
1724	15822				92579	92579
9427	71605	39419	19864	7005	440944	435195
3854016	83995129	85124945	1473536	516920	148448541	27696427
1264001	26876864	1153212	1157190	849121	24035900	12425318
575953	9328551	2078862	633188	483164	15389211	7575020
1515688	12665098	2035444	2047969	1778995	37522697	29153336
399888	20436713	33835080	491469	187939	60296113	17977564
3179957	34261981	4174240	2576421	1439490	57431375	40353155
858292	6965756	1090763	1410779	919449	20382073	17642108
362519	2953343	495955	826913	110171	5102802	3732121
2185604	40077828	2157113	2843811	1553098	71271522	49273289
496575	5461596	336342	1798317	1402684	11951371	11079955
273813	3191090	427532	400434	349219	5636121	4434068
360339	4037908	368920	557878	265459	7046453	5959162
212843	2920992	89093	150530	80025	3392296	1886699
361130	3446688	1547522	947346	655993	12373339	10956882
534044	30709036	49435064	119517	98416	69535946	9095873
410941	4810227	1260445	573815	436369	12076508	10532577
3093559	36734960	2170218	3982223	2664716	63382447	56604329

10-2 续表 6

（2020年）

指　　标	负债合计 流动负债 应付账款	所有者权益合计	实收资本	国家资本
总　　计	**72312935**	**313614590**	**146357683**	**69476174**
一、按登记注册类型分				
内资企业	**68507042**	**291952496**	**132753569**	**65802097**
国有企业	4460386	12526847	2559405	1639989
中央企业	3550528	6919565	737374	402574
地方企业	909858	5607282	1822031	1237415
集体企业	2231	43245	31125	
股份合作企业	17280	36049	16289	
有限责任公司	30611792	161815894	94001818	59585006
国有独资公司	4277459	26207927	23421259	16059442
其他有限责任公司	26334333	135607967	70580559	43525564
股份有限公司	22684588	86150165	19401460	4482160
私营企业	10730765	31380296	16743472	94942
私营独资企业	92546	138201	189394	
私营合伙企业	59689	7065	500	
私营有限责任公司	9790393	24251925	13637126	94942
私营股份有限公司	788137	6983105	2916452	
港、澳、台商投资企业	**2051619**	**12482791**	**7618399**	**2480738**
合资经营企业(港或澳、台资)	1008013	5360852	4332571	1492754
合作经营企业(港或澳、台资)	22796	201247	38000	
港澳台商独资经营企业	200522	1032225	826863	
港澳台商投资股份有限公司	820288	5888467	2420965	987984
外商投资企业	**1754274**	**9179303**	**5985715**	**1193339**
中外合资经营企业	889741	4517621	3925548	1193339
中外合作经营企业	248914	936790	467396	
外资企业	499737	2684253	1232771	
外商投资股份有限公司	115882	1040639	360000	

单位：千元

					营业收入	
						主营业务收入
集体资本	法人资本	个人资本	港澳台资本	外商资本		
3366862	**51352272**	**15884407**	**1461172**	**4816796**	**506647575**	**490912489**
3187957	**48332436**	**14920028**	**8553**	**502498**	**479959210**	**464937330**
10009	569800			339607	14124694	13720327
	334800				10961506	10847242
10009	235000			339607	3163188	2873085
30375	750				110319	110319
9461		6828			26177	23628
213290	32552381	1651141			227952255	217050067
	7361817				38510564	38050426
213290	25190564	1651141			189441691	178999641
2655981	8460197	3640231		162891	162779366	160712995
268841	6749308	9621828	8553		74966399	73319994
	103342	86052			824964	757479
		500			98732	98732
209261	5680948	7643422	8553		66732111	65216287
59580	965018	1891854			7310592	7247496
178905	**1418994**	**964379**	**1149311**	**1426072**	**11722729**	**11404783**
178905	777896	205719	392120	1285177	7905149	7604407
	38000				117008	115408
	69672		757191		999831	996590
	533426	758660		140895	2700741	2688378
	1600842		**303308**	**2888226**	**14965636**	**14570376**
	811852		230283	1690074	6080709	5909200
	89962			377434	2675719	2496124
	339028		73025	820718	4235307	4195958
	360000				1973901	1969094

10-2 续表 7

（2020年）

指 标	负债合计 流动负债 应付账款	所有者权益合计	实收资本	国家资本
二、在总计中：				
亏损企业	17085239	17856545	20306002	2563582
国有控股企业	42028612	217915635	110020697	66223310
三、按企业规模分				
大型企业	29907647	161381897	43431375	17624230
中型企业	18090027	69254210	40422309	20646192
小型企业	18067028	77964883	59863908	30483973
微型企业	6248233	5013600	2640091	721779
四、按国民经济工业行业分				
煤炭开采和洗选业	25402	563122	248030	191137
有色金属矿采选业	176067	1179521	461459	41100
非金属矿采选业	1849677	6548414	4050168	2569449
农副食品加工业	1248273	4764365	2452777	168307
食品制造业	1261377	5405712	2512090	3600
酒、饮料和精制茶制造业	745567	3051318	1817869	25000
烟草制品业	3575752	53844206	7668699	2003559
纺织业	6436	123681	104321	
纺织服装、服饰业	52540	823778	328005	128005
皮革、毛皮、羽毛及其制品和制鞋业	11204	2591	1000	
木材加工和木、竹、藤、棕、草制品业	55584	241584	199108	
家具制造业	4210	37397	32964	
造纸和纸制品业	253190	644987	362733	58304
印刷和记录媒介复制业	577706	2892454	1217894	177851
文教、工美、体育和娱乐用品制造业	24165	87684	41804	
石油、煤炭及其他燃料加工业	3000982	11332195	4347478	
化学原料和化学制品制造业	6616114	21042317	11300314	4221633
医药制造业	7210692	44668561	5322077	894127
化学纤维制造业	88955	932861	501960	
橡胶和塑料制品业	362110	1507415	982490	81425
非金属矿物制品业	5043076	8698315	5051410	857058
黑色金属冶炼和压延加工业	6030499	5940910	3538441	35453

单位：千元

集体资本	法人资本	个人资本	港澳台资本	外商资本	营业收入	主营业务收入
112283	14147899	3131367	192934	157937	110367414	102365115
2614450	36686997	2702410	122746	1670784	348639360	336169202
2248421	16928652	4349584	73025	2207463	215092481	210703495
408650	15953064	2204985	456428	752990	136019694	127664610
699791	17290726	8961527	571548	1856343	128420466	125733762
10000	1179830	368311	360171		27114934	26810622
40000		16893			891233	778505
39490	43610	30450		306809	2235131	1967641
	1303927	176792			7686789	7441728
141886	1253645	767468	3895	117576	18901030	18801181
	1209591	876126	210483	212290	9377727	9277248
	1078744	257684	170424	286017	5632828	5354686
	5665140				46798781	44494678
	52192	52129			243568	243206
		200000			319645	263315
		1000			47371	47371
	8381	190727			518788	518653
		24484	8480		58663	58663
	68526	155563	80340		1386073	1365973
3703	505033	401551	98756	31000	3606494	3461655
		41804			123080	122542
	4270000	77478			47346203	46363672
53391	4311805	1087404	41406	1584675	44243376	42310017
156285	2424673	1589801	114300	142891	19011602	18716612
	286406	92808	122746		1506342	1506314
18000	297690	582291		3084	3879129	3843692
304289	2016881	1336682	5000	531500	23649897	18427124
	2450383	1052605			36289523	35519519

10-2 续表 8

（2020年）

指　　标	负债合计 流动负债 应付账款	所有者权益合计	实收资本	国家资本
有色金属冶炼和压延加工业	7049280	30367864	9478316	2380672
金属制品业	2375754	3339179	1632125	521629
通用设备制造业	1105635	1097660	1521164	89739
专用设备制造业	2000632	3365743	2429367	232161
汽车制造业	3845307	6738414	3202107	176517
铁路、船舶、航空航天和其他运输设备制造业	632346	5716218	1842924	997984
电气机械和器材制造业	1959047	5152973	3530378	86739
计算机、通信和其他电子设备制造业	7183803	8876504	2991761	897168
仪器仪表制造业	996952	1645421	614728	335000
其他制造业	55047	57055	10800	10800
废弃资源综合利用业	63462	126623	86659	
电力、热力生产和供应业	4535421	40935008	39413908	28230304
燃气生产和供应业	1675903	26252367	23317050	21534532
水的生产和供应业	614768	5610173	3743305	2526921
五、按企业所在地分				
五华区	7145863	85147296	17471605	3403030
盘龙区	2141008	20865514	14779050	11945379
官渡区	14490637	45460895	18891848	2584269
西山区	3536080	9769800	7386818	2242263
东川区	648522	4148687	1343715	217975
呈贡区	20164623	72933912	30599783	18319803
晋宁区	3504353	6996592	5023048	2717523
富民县	1279148	3284740	1782981	488834
宜良县	1485220	3722869	3105211	1109349
石林县	280331	1901562	1547865	488037
嵩明县	4043311	5504708	4442102	640846
禄劝县	383371	15680544	17367437	15884280
寻甸县	1776517	-1117090	3344325	313020
安宁市	11433951	39314561	19271895	9121566

单位：千元

集体资本	法人资本	个人资本	港澳台资本	外商资本	营业收入	主营业务收入
281814	4031854	2783976			120382803	119706256
108766	558256	443474			7702735	7553914
41541	696171	474143		219570	2966794	2951143
47949	1672384	461761	15112		4824663	4543031
1971239	823326	161290	69735		13463374	12951486
	313040	531900			2204542	2190074
96600	1672554	1674485			10584714	10461385
	1996572	69921		28100	28184390	28094915
4000	120140	88384	67204		2530956	2503677
					200617	200617
39659	10490	36510			828971	828799
18250	10608219	103844	453291		27802986	27669013
	1499539	42979		240000	8360975	7855578
	103100			1113284	2855782	2518606
419407	11153492	1856149	161507	478020	106706579	103859616
440	1246072	544841	127746	914572	24062244	23771926
2131942	11857798	2267927	34912	15000	67005364	65667472
55500	2814481	727634	1333	1545607	22915984	17188238
47740	443799	327392		306809	8560776	8224914
169490	6777060	4388542	677023	267865	113881990	113091872
39980	850256	1215289		200000	18519484	17749215
120438	371508	608539	40000	153662	6551247	6512578
80119	452658	1426970		36115	10274780	10131103
166905	739236	153687			3101913	3030834
38653	2732959	714984	58480	256180	14998911	14575043
	1242757	26600	213800		2525160	2523933
40000	2548597	296337	146371		5201676	5100724
56248	8121599	1329516		642966	102341467	99485021

10–2 续表 9

（2020年）

指　　标	营业成本	税金及附加	销售费用	管理费用
总　计	**410452207**	**34260121**	**16632976**	**15026754**
一、按登记注册类型分				
内资企业	**391321840**	**34005979**	**13742155**	**13602194**
国有企业	10556454	127482	824767	632692
中央企业	8195594	81704	792914	366565
地方企业	2360860	45778	31853	266127
集体企业	83099	821	24252	6108
股份合作企业	17178	109	2476	6620
有限责任公司	166411084	32957109	5061748	7117224
国有独资公司	34604170	155975	386154	654190
其他有限责任公司	131806914	32801134	4675594	6463034
股份有限公司	149794337	489492	4632952	3189382
私营企业	64459688	430966	3195960	2650168
私营独资企业	703289	15089	23318	49483
私营合伙企业	86608	180	5520	3848
私营有限责任公司	57866781	374902	2628348	2300761
私营股份有限公司	5803010	40795	538774	296076
港、澳、台商投资企业	**8554522**	**101631**	**969251**	**723709**
合资经营企业(港或澳、台资)	6023291	61745	451960	399761
合作经营企业(港或澳、台资)	78572	1129	325	6540
港澳台商独资经营企业	669882	6361	134237	53502
港澳台商投资股份有限公司	1782777	32396	382729	263906
外商投资企业	**10575845**	**152511**	**1921570**	**700851**
中外合资经营企业	4579341	57762	620510	354793
中外合作经营企业	2435114	8297	20387	75398
外资企业	2999406	51643	579177	164770
外商投资股份有限公司	561984	34809	701496	105890

单位：千元

研发费用	财务费用			资产减值损失	其他收益	投资收益
		利息费用	利息收入			
4820836	**5232444**	**6705779**	**1849875**	**1656709**	**1462365**	**11167577**
4335163	**5124855**	**6578611**	**1738530**	**1428232**	**1270922**	**10948362**
424020	37289	303623	175228	23754	64129	21160
374022	-47938	20016	68318	13587	14144	417
49998	85227	283607	106910	10167	49985	20743
	-30		31			13
	408	437	29			
1655121	3403749	4103593	674495	858207	803283	2435504
220407	1132653	1171785	48110	69434	163470	162041
1434714	2271096	2931808	626385	788773	639813	2273463
1083632	1333432	1861397	812214	508483	290491	7765290
1172390	350007	309561	76533	37788	113019	726395
999	5613	3696	120		8	-2043
	-14		14			
993333	298464	263578	71096	28391	59297	66540
178058	45944	42287	5303	9397	53714	661898
305293	**67504**	**64659**	**78987**	**228188**	**124472**	**197207**
56773	44489	47305	39857	190821	34922	-45805
4720						
9570	15620	15370	3742	985	1264	
234230	7395	1984	35388	36382	88286	243012
180380	**40085**	**62509**	**32358**	**289**	**66971**	**22008**
77172	35234	41033	21181	3487	30620	7925
3382	303	8424	2395	-23	1963	-128
28981	4708	11872	7347	114	11008	8837
70845	-160	1180	1435	-3289	23380	5374

10-2 续表 10

（2020年）

指　　标	营业成本	税金及附加	销售费用	管理费用
二、在总计中:				
亏损企业	94117705	14169340	2101401	2789993
国有控股企业	281130643	33228733	6385009	9336203
三、按企业规模分				
大型企业	169195988	18982574	7867693	6696136
中型企业	106873904	14378396	4777195	3730208
小型企业	109776744	838679	3869185	4492200
微型企业	24605571	60472	118903	108210
四、按国民经济工业行业分				
煤炭开采和洗选业	468044	48016	13983	47336
有色金属矿采选业	1740911	85932	16257	223852
非金属矿采选业	5640418	310227	383551	528893
农副食品加工业	17355467	39333	401127	432744
食品制造业	6628049	51430	1405754	420847
酒、饮料和精制茶制造业	4017324	150348	787891	277262
烟草制品业	20136260	18159555	504123	2572778
纺织业	213957	844	6667	12462
纺织服装、服饰业	217486	9641	12390	102569
皮革、毛皮、羽毛及其制品和制鞋业	41213	138	1405	3180
木材加工和木、竹、藤、棕、草制品业	429175	3987	22472	15348
家具制造业	47827	503	4521	3340
造纸和纸制品业	1269423	8784	32757	71229
印刷和记录媒介复制业	2784509	26016	93267	232095
文教、工美、体育和娱乐用品制造业	94839	947	8785	8939
石油、煤炭及其他燃料加工业	34495584	13807063	230595	788419
化学原料和化学制品制造业	34217890	253963	3104669	1671917
医药制造业	8333383	207983	5789364	1462353
化学纤维制造业	997403	10255	9508	85852
橡胶和塑料制品业	3453179	15632	81241	130662
非金属矿物制品业	20019761	203116	805642	671316
黑色金属冶炼和压延加工业	34339569	147959	854304	502842

单位：千元

研发费用	财务费用			资产减值损失	其他收益	投资收益
		利息费用	利息收入			
680239	1654365	1651637	55835	643765	210610	-163758
2347567	4896009	5931127	1204911	1294725	1002426	4722431
1791407	2003317	2705281	1001140	841024	588093	7442544
1102235	1135447	1782605	596658	354531	406623	2660397
1537609	1924500	2024123	210439	418693	456190	1063608
389585	169180	193770	41638	42461	11459	1028
	-634	1017	3055	-1436	18658	2325
	19399	20376	8858	254550	-4729	1189
33181	175506	233987	65200	4855	74898	95481
169117	63603	61138	9715	11561	15844	646908
139312	32898	39388	17681	6234	33564	20120
34753	29169	31851	4434	103610	35852	4790
234409	-311934	5173	317481	610667	4565	691245
	3408	367	287			89
	1113	5420	4369	430	6331	152
	-5					
7699	5711	5707	7		11300	1002
1158	263	264	5		393	
14303	8860	7719	1165	219	1187	135
129264	-677	23545	7456	6632	9153	211
	757	581				
813	162289	167684	6538	-55160	17276	-1943
478307	625993	686438	78917	46774	194358	198485
783332	-219512	208934	449931	63153	185947	4854989
1071	-5324		5345		1041	5751
73831	23318	14920	1450	894	2015	200
113441	166946	242083	84044	13816	32277	777844
264497	381128	343040	32982	32293	27952	1329

10-2 续表 11

（2020年）

指　　标	营业成本	税金及附加	销售费用	管理费用
有色金属冶炼和压延加工业	117718647	154806	305905	1055519
金属制品业	6647209	31664	179261	299290
通用设备制造业	2501932	20764	124655	212536
专用设备制造业	3765769	40756	145335	461478
汽车制造业	12378377	64542	417001	487783
铁路、船舶、航空航天和其他运输设备制造业	1763220	20047	85052	151910
电气机械和器材制造业	9093457	39664	323437	388011
计算机、通信和其他电子设备制造业	25187679	53593	123137	283816
仪器仪表制造业	1997100	10342	55389	128201
其他制造业	178580	54	1278	11418
废弃资源综合利用业	750899	6009	13827	17911
电力、热力生产和供应业	23043674	184502	4397	692223
燃气生产和供应业	6352348	51335	145677	340483
水的生产和供应业	2131645	40371	138352	229940
五、按企业所在地分				
五华区	71387050	17955701	3388848	4090678
盘龙区	21394008	444189	240927	717929
官渡区	54718653	411192	3387875	2138399
西山区	19253558	129123	1205075	865737
东川区	7214615	114044	256067	442320
呈贡区	100612430	394048	4607640	2150662
晋宁区	16444528	241828	518388	600600
富民县	5384092	39475	203335	308454
宜良县	9145348	73410	279443	234098
石林县	2430900	39995	70118	127842
嵩明县	13134658	150652	597974	537257
禄劝县	1363529	34592	57427	135596
寻甸县	3993510	75773	205716	235450
安宁市	83975328	14156099	1614143	2441732

单位：千元

研发费用	财务费用			资产减值损失	其他收益	投资收益
		利息费用	利息收入			
231114	872545	1139158	362033	160328	85820	2982632
91625	71395	56799	8085	28622	23158	7177
119631	46911	16498	1251	16772	71072	534
196470	31548	37458	11535	41514	27596	12898
257241	272240	182372	25133	238336	236713	-75267
159220	-26365	3	36911	24823	4631	107440
352442	64005	46224	2754	1643	9295	-20047
618054	-51232	37639	70358	8414	34436	12621
153080	31001	26024	2813	6891	10560	810
7057	255	300	58		142	
3718	16422	15430	25	6138	3	
138566	1924474	1854590	22274	6257	76230	119890
4765	698501	739518	87187	8474	193328	717337
9365	118469	454134	120538	9405	21499	1250
1263569	349866	731425	479304	860361	164264	2114053
204409	291539	502708	252905	68173	80751	1799767
1005435	809800	803241	144346	92198	331569	909330
265977	528094	686457	126413	12449	72163	3310
39990	68405	96748	41478	252668	20015	1189
1042593	546662	1174225	511386	263970	300818	4670602
99413	222434	267937	58708	975	68839	19435
118140	98820	73406	6338	3052	29294	3004
121112	75240	121022	55840	9673	25592	776007
30541	131304	123801	1249	4796	12386	42
158341	140604	125890	12615	81348	138591	1630
1858	574412	568120	2697	217	230	
63335	269286	252315	5686	-55288	19639	5398
406123	1125978	1178484	150910	62117	198214	863810

10-2 续表 12

（2020年）

指　　标	公允价值变动收益	资产处置收益	营业利润	营业外收入
总　计	**2279184**	**201344**	**33488718**	**1063350**
一、按登记注册类型分				
内资企业	**2282077**	**196584**	**30916420**	**910716**
国有企业		516	1511925	20040
中央企业			1199926	18535
地方企业		516	311999	1505
集体企业			-3918	4687
股份合作企业			-614	1869
有限责任公司	227	61083	13765003	497139
国有独资公司	2481	-3765	1611805	74963
其他有限责任公司	-2254	64848	12153198	422176
股份有限公司	2281850	59313	12055482	90927
私营企业		75672	3588542	296054
私营独资企业		76876	102014	2828
私营合伙企业			2590	167
私营有限责任公司		-6516	2361050	261340
私营股份有限公司		5312	1122888	31719
港、澳、台商投资企业	**-2893**	**1152**	**1086182**	**108201**
合资经营企业(港或澳、台资)	-2893	34	656180	94428
合作经营企业(港或澳、台资)			25722	861
港澳台商独资经营企业			110938	2402
港澳台商投资股份有限公司		1118	293342	10510
外商投资企业		**3608**	**1486116**	**44433**
中外合资经营企业		-145	391249	16978
中外合作经营企业		-2	134694	4338
外资企业		3922	429260	22832
外商投资股份有限公司		-167	530913	285

单位：千元

营业外支出	利润总额	所得税费用	应付职工薪酬	应交增值税	平均用工人数(人)
998867	**33553198**	**4695202**	**24137632**	**12711040**	**197517**
912421	**30914712**	**4154948**	**22048974**	**11927599**	**178128**
68355	1463610	260660	965126	495977	4593
55057	1163404	215606	674139	426917	2558
13298	300206	45054	290987	69060	2035
706	63	74	11667	1139	230
	1255	2	7798	974	195
649330	13612809	2708581	11225978	8265685	76698
275308	1411460	199338	2930942	912850	19483
374022	12201349	2509243	8295036	7352835	57215
47463	12098945	775235	5614071	1711300	35946
146567	3738030	410396	4224334	1452524	60466
2042	102800	2562	50069	17770	1097
89	2668		10126	1497	154
135321	2487069	325303	3738915	1254064	54444
9115	1145493	82531	425224	179193	4771
69638	**1124745**	**345174**	**1177709**	**367938**	**10153**
55989	694619	305233	554004	234863	4312
360	26223	3934	15528	1830	184
9538	103802	8692	92125	39335	979
3751	300101	27315	516052	91910	4678
16808	**1513741**	**195080**	**910949**	**415503**	**9236**
7891	400336	20393	533441	132282	4945
3983	135049	19194	87747	-5134	897
3133	448959	76249	222607	149840	3081
1801	529397	79244	67154	138515	313

10-2 续表 13

（2020年）

指　　标	公允价值变动收益	资产处置收益	营业利润	营业外收入
二、在总计中:				
亏损企业	859	13466	-5733735	172669
国有控股企业	52414	102083	15719994	624971
三、按企业规模分				
大型企业	2301289	95518	18046455	271025
中型企业	-14682	-15824	6693636	178544
小型企业	-7423	84383	7078975	591660
微型企业		37267	1669652	22121
四、按国民经济工业行业分				
煤炭开采和洗选业		1392	338299	24448
有色金属矿采选业			-109310	9636
非金属矿采选业		3176	762053	4980
农副食品加工业		228	1087731	79936
食品制造业		111244	858134	32966
酒、饮料和精制茶制造业	859	-1425	272548	19294
烟草制品业		20464	5609197	16735
纺织业			6319	1448
纺织服装、服饰业		-129	-17630	541
皮革、毛皮、羽毛及其制品和制鞋业			1440	
木材加工和木、竹、藤、棕、草制品业		-213	46485	1247
家具制造业			1444	
造纸和纸制品业			-18180	12363
印刷和记录媒介复制业		-40	344712	20728
文教、工美、体育和娱乐用品制造业			8813	125
石油、煤炭及其他燃料加工业			-2068067	2214
化学原料和化学制品制造业	-2254	29461	4262964	68509
医药制造业	2226770	21300	9875003	63469
化学纤维制造业			414369	555
橡胶和塑料制品业		-870	102385	15105
非金属矿物制品业		3369	2468396	40162
黑色金属冶炼和压延加工业		346	-203443	32026

单位：千元

营业外支出	利润总额	所得税费用	应付职工薪酬	应交增值税	平均用工人数(人)
184628	-5745694	1086	3976386	2491575	42474
730527	15614434	2941442	15241293	9401391	91950
292046	18025433	2673738	12201600	6431662	72440
403143	6469036	1194818	5865942	3827213	49235
299998	7370636	604042	5971394	2161821	74584
3680	1688093	222604	98696	290344	1258
5527	357220	99771	122969	73481	1008
8849	-108523	29471	560187	163701	6793
20042	746991	142152	675963	327084	5411
13806	1153861	64993	618496	64491	7604
16430	874670	123337	758942	258550	9931
12958	278884	52310	459321	197177	5974
106469	5519463	1340324	2748705	3903950	6351
57	7710	319	7535	3819	287
4890	-21979	863	61960	14255	1171
	1440		482	243	34
1978	45754	747	31574	19518	386
341	1103	18	4284	664	146
7833	-13650	1956	91471	42933	1735
11121	354319	51902	472281	93407	5244
91	8847	2212	7153	5032	102
5716	-2071569	398	429767	1691623	2601
80059	4251414	622925	2081006	984663	20050
47580	9890893	743852	2547128	1127329	17036
3496	411428	103187	65395	68267	439
3757	113733	14063	256579	63286	4190
40021	2468537	293553	1140959	692288	14507
7452	-178869	12582	1204211	339345	10502

10-2 续表 14

（2020年）

指标	公允价值变动收益	资产处置收益	营业利润	营业外收入
有色金属冶炼和压延加工业	12504	2522	2903929	20743
金属制品业		806	384158	28138
通用设备制造业		1209	-3153	17084
专用设备制造业		1179	183807	47524
汽车制造业	36550	549	-459122	191963
铁路、船舶、航空航天和其他运输设备制造业		-91	138615	10057
电气机械和器材制造业		-4	311296	60340
计算机、通信和其他电子设备制造业		4560	2012548	15345
仪器仪表制造业			143458	15268
其他制造业			2117	47
废弃资源综合利用业			14050	11641
电力、热力生产和供应业	-30	-24639	1981871	59294
燃气生产和供应业	4785	27697	1703022	38332
水的生产和供应业		-747	128460	101087
五、按企业所在地分				
五华区	13441	22999	9660148	69527
盘龙区		3589	2585177	111984
官渡区	36520	2678	5702338	216524
西山区	-160	-663	653311	61496
东川区		-5344	190069	44069
呈贡区	2229411	26756	11487058	102080
晋宁区		1534	460140	26738
富民县		77727	505903	33333
宜良县		1478	1139533	19001
石林县		194	279040	9285
嵩明县		39614	377258	224549
禄劝县		-34	357724	69
寻甸县		32	438963	34769
安宁市	-28	30784	-347944	109926

单位：千元

营业外支出	利润总额	所得税费用	应付职工薪酬	应交增值税	平均用工人数（人）
24494	2900178	52333	1552097	458668	9341
13408	398888	57361	580604	115992	6691
5917	8014	8786	348623	96153	4505
11137	220194	37858	892749	109891	7853
122854	-390014	27788	829221	90864	7374
654	148018	2655	354638	17650	2461
7060	364576	39917	617688	159444	8019
3953	2023940	241249	541818	198661	3651
703	158023	9411	302098	35136	3074
	2164		29940		209
666	25025	4423	26199	40093	404
40861	2000301	228577	2706155	848521	16490
367502	1373852	160686	633793	292008	3620
1185	228362	123223	375641	112853	2323
135967	9593709	1330253	5276894	4479083	23003
10647	2686513	208505	887064	290719	7368
123084	5795777	834884	5842536	1886699	42278
47882	666923	100293	1222399	219267	12934
25461	208677	79009	875149	284073	10740
287058	11302081	1328707	3434500	1814955	31516
14029	472849	75436	899348	330631	11241
33048	506188	62858	399911	177135	5620
12032	1146502	55876	557242	175648	6763
9311	279014	41098	213450	125005	2798
90969	510837	76800	969864	258754	11504
678	357115	28124	89038	45863	830
17851	455881	145465	394630	124576	4765
190850	-428868	327894	3075607	2498632	26157

10-2 续表 15

（2020年）

指　　标	期末用工人数(人)	从业人员期末人数(人)	从业人员平均人数(人)	亏损企业亏损总额
总　计	**200234**	**198128**	**196416**	**5745694**
一、按登记注册类型分				
内资企业	**180689**	**178757**	**176982**	**5256978**
国有企业	4580	4582	4604	148299
中央企业	2563	2563	2558	119044
地方企业	2017	2019	2046	29255
集体企业	228	231	228	233
股份合作企业	192	192	195	
有限责任公司	78161	77421	76450	4149578
国有独资公司	19544	19226	19101	200911
其他有限责任公司	58617	58195	57349	3948667
股份有限公司	35741	34486	34838	540923
私营企业	61787	61845	60667	417945
私营独资企业	1186	1181	1175	1663
私营合伙企业	152	152	154	
私营有限责任公司	55798	55892	54639	321941
私营股份有限公司	4651	4620	4699	94341
港、澳、台商投资企业	**10301**	**10126**	**10249**	**466441**
合资经营企业(港或澳、台资)	4261	4318	4411	399400
合作经营企业(港或澳、台资)	177	177	184	
港澳台商独资经营企业	969	991	975	9221
港澳台商投资股份有限公司	4894	4640	4679	57820
外商投资企业	**9244**	**9245**	**9185**	**22275**
中外合资经营企业	4926	4910	4925	22275
中外合作经营企业	904	904	897	
外资企业	3076	3093	3050	
外商投资股份有限公司	338	338	313	

单位：千元

利税总额	应交税金及附加	营业收入利润率(%)	资产负债率(%)	总资产贡献率(%)	流动资产周转率(次/年)
80524359	**51666363**	**6.62**	**58.20**	**11.36**	**1.56**
76848290	**50088526**	**6.44**	**58.92**	**11.47**	**1.57**
2087069	884119	10.36	54.72	8.01	0.79
1672025	724227	10.61	52.34	11.18	0.94
415044	159892	9.49	57.35	4.50	0.50
2023	2034	0.06	53.49	2.14	1.43
2338	1085	4.79	63.50	2.78	0.54
54835603	43931375	5.97	61.91	13.71	1.78
2480285	1268163	3.67	60.64	5.41	3.50
52355318	42663212	6.44	62.15	15.25	1.62
14299737	2976027	7.43	54.89	8.04	1.44
5621520	2293886	4.99	53.23	8.59	1.64
135659	35421	12.46	61.37	8.82	0.68
4345	1677	2.70	91.25	5.36	1.24
4116035	1954269	3.73	56.82	7.67	1.73
1365481	302519	15.67	32.14	13.61	1.24
1594314	**814743**	**9.59**	**46.81**	**6.73**	**0.93**
991227	601841	8.79	55.28	8.33	1.53
29182	6893	22.41	20.89	11.47	0.67
149498	54388	10.38	48.59	8.02	1.12
424407	151621	11.11	36.14	4.24	0.42
2081755	**763094**	**10.11**	**43.17**	**13.07**	**1.89**
590380	210437	6.58	43.52	7.63	1.76
138212	22357	5.05	64.69	5.44	2.03
650442	277732	10.60	35.96	15.63	2.11
702721	252568	26.82	20.57	53.62	1.76

10-2 续表 16

（2020年）

指　　标	期末用工人数（人）	从业人员期末人数（人）	从业人员平均人数（人）	亏损企业亏损总额
二、在总计中:				
亏损企业	42611	42383	42231	5745694
国有控股企业	92411	90485	90844	4464348
三、按企业规模分				
大型企业	73166	73005	72124	307063
中型企业	49726	49222	49391	3811132
小型企业	76618	75173	73931	1567011
微型企业	724	728	970	60488
四、按国民经济工业行业分				
煤炭开采和洗选业	920	1096	1109	3941
有色金属矿采选业	7076	6284	6412	319146
非金属矿采选业	5410	4974	5022	50131
农副食品加工业	7737	7777	7660	63587
食品制造业	9969	10091	10209	56761
酒、饮料和精制茶制造业	6013	6068	5965	114440
烟草制品业	6361	6361	6350	
纺织业	286	346	346	3505
纺织服装、服饰业	1162	1163	1174	22592
皮革、毛皮、羽毛及其制品和制鞋业	53	24	34	
木材加工和木、竹、藤、棕、草制品业	384	384	386	7788
家具制造业	146	146	146	
造纸和纸制品业	1721	1741	1757	48838
印刷和记录媒介复制业	5342	5358	5254	26708
文教、工美、体育和娱乐用品制造业	102	102	102	
石油、煤炭及其他燃料加工业	2895	2601	2635	2213797
化学原料和化学制品制造业	20092	20141	20122	290258
医药制造业	17117	17085	17041	135168
化学纤维制造业	454	469	451	
橡胶和塑料制品业	4306	4281	4138	11724
非金属矿物制品业	15301	14454	14164	120561
黑色金属冶炼和压延加工业	10661	11271	10570	198690

单位：千元

利税总额	应交税金及附加	营业收入利润率(%)	资产负债率(%)	总资产贡献率(%)	流动资产周转率(次/年)
10915221	16662001	-5.21	83.31	11.60	2.44
58244558	45571566	4.48	60.94	11.29	1.83
43439669	28087974	8.38	47.56	14.67	1.32
24674645	19400427	4.76	56.92	16.09	1.85
10371136	3604542	5.74	70.33	4.64	1.68
2038909	573420	6.23	72.57	10.86	2.03
478717	221268	40.08	33.81	30.50	0.79
141110	279104	-4.86	63.84	4.68	2.06
1384302	779463	9.72	56.08	10.42	1.08
1257685	168817	6.10	52.17	13.12	3.22
1184650	433317	9.33	43.80	12.54	1.88
626409	399835	4.95	60.10	8.55	1.53
27582968	23403829	11.79	16.75	42.16	1.23
12373	4982	3.17	62.26	3.80	1.51
1917	24759	-6.88	74.95	0.09	0.11
1821	381	3.04	82.58	12.25	3.44
69259	24252	8.82	55.94	13.67	1.55
2270	1185	1.88	58.88	2.78	1.45
38067	53673	-0.98	56.67	3.00	1.56
473742	171325	9.82	40.73	10.02	1.31
14826	8191	7.19	51.78	8.47	0.77
13427117	15499084	-4.38	54.56	54.48	8.23
5490040	1861551	9.61	58.76	11.95	1.42
11226205	2079164	52.03	37.01	15.49	0.34
489950	181709	27.31	14.01	44.67	1.61
192651	92981	2.93	51.61	6.60	1.74
3363941	1188957	10.44	63.26	14.85	1.65
308435	499886	-0.49	82.38	1.83	2.17

10–2 续表 17

（2020年）

指　　标	期末用工人数（人）	从业人员期末人数（人）	从业人员平均人数（人）	亏损企业亏损总额
有色金属冶炼和压延加工业	9395	9324	9408	130910
金属制品业	7021	7070	6729	28001
通用设备制造业	4711	4539	4615	101570
专用设备制造业	7638	7736	7785	68640
汽车制造业	7335	6666	6652	670273
铁路、船舶、航空航天和其他运输设备制造业	2481	2554	2465	
电气机械和器材制造业	8082	8095	8104	55554
计算机、通信和其他电子设备制造业	3886	3842	3580	16543
仪器仪表制造业	3131	3130	3087	
其他制造业	230	230	209	
废弃资源综合利用业	428	428	397	285
电力、热力生产和供应业	16574	16281	16183	783084
燃气生产和供应业	3473	3670	3804	
水的生产和供应业	2341	2346	2351	203199
五、按企业所在地分				
五华区	22831	22556	22634	472530
盘龙区	7773	7530	7328	83631
官渡区	42737	42164	41551	204147
西山区	12785	12856	12935	346141
东川区	11039	10341	10404	371942
呈贡区	31547	32018	32035	560934
晋宁区	11160	11566	11522	42000
富民县	5778	5840	5919	59436
宜良县	7408	6842	6754	248229
石林县	2878	2872	2734	28447
嵩明县	12101	12129	11679	148519
禄劝县	816	813	831	318526
寻甸县	4730	4905	4891	294554
安宁市	26651	25696	25199	2566658

单位：千元

利税总额	应交税金及附加	营业收入利润率(%)	资产负债率(%)	总资产贡献率(%)	流动资产周转率(次/年)
3513652	665807	2.41	56.74	6.11	3.42
546544	205017	5.18	63.84	6.43	1.07
124931	125703	0.27	75.01	3.19	0.94
370841	188505	4.56	63.47	4.31	0.76
-234608	183194	-2.90	70.81	-0.34	1.01
185715	40352	6.71	23.90	1.98	0.41
563684	239025	3.44	50.08	5.88	1.36
2276194	493503	7.18	57.35	10.77	1.84
203501	54889	6.24	61.97	5.24	0.77
2218	54	1.08	61.87	1.64	1.50
71127	50525	3.02	77.69	15.25	1.91
3033324	1261600	7.19	78.39	2.57	2.23
1717195	504029	16.43	47.80	4.71	0.60
381586	276447	8.00	73.28	3.41	0.49
32028493	23765037	8.99	30.59	26.31	1.53
3421421	943413	11.16	74.29	4.52	1.17
8093668	3132775	8.65	55.81	8.51	1.30
1015313	448683	2.91	67.56	5.22	1.53
606794	477126	2.44	55.16	7.16	1.94
13511084	3537710	9.92	49.42	9.83	1.43
1045308	647895	2.55	63.07	6.62	1.91
722798	279468	7.73	63.18	8.85	1.50
1395560	304934	11.16	65.43	13.56	2.27
444014	206098	8.99	58.84	9.83	1.31
920243	486206	3.41	69.18	5.78	1.40
437570	108579	14.14	81.60	1.18	0.80
656230	345814	8.76	110.19	8.24	1.28
16225863	16982625	-0.42	61.71	16.80	2.23

10-3 年主营业务收入2000万元及以上独立核算工业企业主要产品产量

名　　称	单位	2020年	2019年	2020年比2019年增长(%)
铁矿石成品矿	吨	204163	176076	15.9
铜金属含量	吨	46994	24801	89.5
石灰石	吨	5128243	4138138	23.9
建筑用天然石料	立方米	428114	556337	-23.1
磷矿石(折含五氧化二磷30%)	吨	16651570	18382286	-9.4
原盐	吨	1602981	1549345	3.5
小麦粉	吨	236457	181897	30.0
大米	吨	663	977	-32.1
饲料	吨	2910252	2265999	28.4
精制食用植物油	吨	197501	172958	14.2
成品糖	吨	99	66336	-99.8
鲜、冷藏肉	吨	93881	158692	-40.8
熟肉制品	吨	63257	61339	3.1
冷冻蔬菜	吨	32060	36805	-12.9
焙烤松脆食品	吨	106	51	107.8
糖果	吨	6	15	-60.7
速冻食品	吨	309	479	-35.4
方便面	吨	60833	52458	16.0
乳制品	吨	207038	201532	2.7
罐头	吨	11408	6951	64.1
酱油	吨	10587	12131	-12.7
食醋	吨	2907	1484	95.9
营养、保健食品	吨	68	45	52.8
冷冻饮品	吨	2777	3298	-15.8
食品添加剂	吨	2460	3354	-26.7
饲料添加剂	吨	1960084	1791125	9.4
饮料酒	千升	341888	406887	-16.0
饮料	吨	2794184	2795693	-0.1
精制茶	吨	6088	5196	17.2
复烤烟叶	吨	399195	397293	0.5
卷烟	万支	7960052	7916070	0.6
纱	吨	465	714	-34.9
非织造布(无纺布)	吨	429	285	50.7
口罩	万个(只)	7527	8	92831.5
服装	万件	229	182	26.2
人造板	立方米	479626	488043	-1.7

10-3 续表 1

名　　称	单位	2020年	2019年	2020年比2019年增长(%)
复合木地板	平方米	187994	176221	6.7
家具	件	6308	221	2754.3
机制纸及纸板(外购原纸加工除外	吨	182799	206212	-11.3
纸制品	吨	200239	216143	-7.4
单色印刷品	令	525068	574900	-8.7
多色印刷品	对开色令	12157171	11849322	2.6
硫酸(折100%)	吨	9836863	9634727	2.1
盐酸(氯化氢，含量31%)	吨	88747	86367	2.8
磷酸(含量85%)	吨	4172706	4042054	3.2
烧碱(折100%)	吨	107506	112681	-4.6
甲醛	吨	109170	122634	-11.0
精甲醇	吨	305263	4521	6651.5
黄磷	吨	93451	83871	11.4
合成氨(无水氨)	吨	908740	644581	41.0
农用氮、磷、钾化学肥料(折纯)	吨	589929	943046	-37.4
磷酸一铵(实物量)	吨	1827695	1575120	16.0
磷酸二铵(实物量)	吨	4442203	4201072	5.7
涂料	吨	138838	132836	4.5
初级形态塑料	吨	219675	258758	-15.1
合成橡胶	吨	218283	280944	-22.3
化学试剂	吨	99827	106941	-6.7
表面活性剂	吨	37620	32513	15.7
合成洗涤剂	吨	94367	105765	-10.8
化学药品原药	吨	146	177	-17.7
中成药	吨	24288	24217	0.3
化学纤维	吨	34999	35345	-1.0
塑料制品	吨	225679	236743	-4.7
硅酸盐水泥熟料	吨	16004589	14946643	7.1
水泥◇	吨	19883517	19312937	3.0
商品混凝土	立方米	21977370	22586824	-2.7
水泥混凝土排水管	千米	12	9	40.8
水泥混凝土压力管	千米	38	11	236.3
水泥混凝土电杆	根	3706	15894	-76.7
预应力混凝土桩	米	2923887	3509109	-16.7
石膏板	万平方米	2044	1480	38.1
砖	万块	1571	1536	2.3

10-3 续表 2

名　　称	单位	2020年	2019年	2020年比2019年增长(%)
天然大理石建筑板材	平方米	1002184	1330660	-24.7
沥青和改性沥青防水卷材	平方米	32213595	41953641	-23.2
平板玻璃	重量箱	4223138	3965328	6.5
钢化玻璃	平方米	1030772	1142454	-9.8
夹层玻璃	平方米	136882	156400	-12.5
中空玻璃	平方米	1054615	927491	13.7
日用玻璃制品	吨	16115	14894	8.2
玻璃包装容器	吨	81018	59324	36.6
纤维增强塑料制品	吨	2100	3471	-39.5
耐火材料制品	吨	155573	157881	-1.5
石墨及碳素制品	吨	16478	11824	39.4
生铁	吨	4699068	4273141	10.0
粗钢	吨	5014818	4698855	6.7
钢材	吨	5924112	5836565	1.5
用外购钢材再加工生产钢材	吨	985890	942008	4.7
铁合金	吨	399	619	-35.5
十种有色金属	吨	861623	923193	-6.7
黄金	千克	51574	49093	5.0
白银(银锭)	千克	700576	718592	-2.5
铝合金	吨	9327	14741	-36.7
锌合金	吨	1783	14939	-88.1
铜材	吨	199493	197979	0.8
铝材	吨	310155	295662	4.9
钢结构	吨	493054	517770	-4.8
金属门窗及类似制品	吨	21516	31770	-32.3
金属包装容器	吨	3022	8187	-63.1
钢绞线	吨	54573	54219	0.7
铸铁件	吨	10341	11036	-6.3
铸钢件	吨	1345	1160	15.9
锻件	吨	1408	1307	7.7
发动机	千瓦	46589579	34635059	34.5
金属切削机床	台	12509	9895	26.4
铸造机械	台	145	63	130.2
起重机	吨	16519	20063	-17.7
输送机械(输送机和提升机)	吨	1905	1328	43.4
电梯、自动扶梯及升降机	台	124	131	-5.3

10–3 续表 3

名　　称	单位	2020年	2019年	2020年比2019年增长(%)
泵	台	3566	3568	-0.1
液压元件	件	2334	2440	-4.3
风机	台	2953	3853	-23.4
矿山专用设备	吨	19379	9914	95.5
建筑工程用机械	台	81	116	-30.2
混凝土机械	台	619	377	64.2
金属冶炼设备	吨	289		-100.0
金属轧制设备	吨	2478	2909	-14.8
炼油、化工生产专用设备	吨	1912	1416	35.0
模具	套	661	648	2.0
农产品加工专用设备	台	4659	6374	-26.9
农产品初加工机械	台	49673	47925	3.6
饲料生产专用设备	台	55962	60513	-7.5
小型拖拉机	台	6091	6070	0.3
汽车	辆	1940	1682	15.3
改装汽车	辆	624	602	3.6
城市轨道车辆	辆	29	11	163.6
发电机组(发电设备)	千瓦	382100	620460	-38.4
电动机	千瓦	385398	404541	-4.7
变压器	千伏安	16167090	17624141	-8.3
高压开关板	面	806	830	-2.9
低压开关板	面	34274	84616	-59.5
高压开关设备(11万伏以上)	台	2886	3767	-23.4
安全、自动化监控设备	台(套)	18077	10295	75.6
电力电缆	千米	204879	268569	-23.7
绝缘制品	吨	3219	14894	-78.4
锂离子电池	只(自然只)	62	815	-92.4
太阳能热水器	平方米	126102	143185	-11.9
灯具及照明装置	套(台、个)	32853	26927	22.0
电子计算机整机	台	26172		-100.0
打印机	台	16564	61769	-73.2
移动通信手持机(手机)	台	667671	7643668	-91.3
集成电路	万块	207	759	-72.7
工业自动调节仪表与控制系统	台(套)	436	418	4.3
光学仪器	台(个)	8242479	6612027	24.7
自来水生产量	万立方米	37702	37802	-0.3

10-4 年主营业务收入2000万元及以上独立核算工业企业能源购进、消费与库存

（2020年）

能源名称	单位	年初库存量	购进量	购自省外	工业生产消费	年末库存量
原煤	吨	861756	10629946	1816018	10734613	747017
无烟煤	吨	296333	2247642	501792	2318681	224000
炼焦烟煤	吨		1264		1241	23
一般烟煤	吨	306987	3200201	1312836	3331763	200104
褐煤	吨	258436	5180838	1390	5082927	322891
洗精煤(用于炼焦)	吨	70247	1467973	1247777	1516640	21579
其它洗煤	吨	466	8840		7076	1893
煤制品	吨	153	1421		1415	159
焦炭	吨	99391	2159490	173436	2132293	143240
其它焦化产品	吨	1436	193		1039	591
焦炉煤气	万立方米		16876		43045	
高炉煤气	万立方米		509257		968531	
转炉煤气	万立方米		526		42215	
发生炉煤气	万立方米		3		3	
天然气	万立方米	1	95101		97369	1
液化天然气	吨		861		7592	
煤层气	万立方米					
原油	吨	370903	10170281	10170281	10260620	276492
汽油	吨	302	7884	22	7456	267
煤油	吨	16	36		43	9
柴油	吨	4619	104329	84	102290	6255
燃料油	吨					
液化石油气	吨	2927	354		309846	718
炼厂干气	吨				208625	
石脑油	吨					
润滑油	吨	410	5064	1216	5134	381
石蜡	吨					
溶剂油	吨	157	612	612	693	76
石油焦	吨		398		164249	114
石油沥青	吨	2461	43776	43441	44911	1325
其它石油制品	吨	3347	65090	65076	306451	2769
热力	百万千焦		3570731		8418626	
电力	万千瓦时		1906622		2083293	
煤矸石(用于燃料)	吨					
城市生活垃圾(用于燃料)	吨				2096329	
生物燃料	吨标准煤	1050	27441		28032	703
余热余压	百万千焦		969663		16707038	
工业废料(用于燃料)	吨	50	2010	2010	1980	80
其他燃料	吨标准煤	200	3374		125406	22

10-5 年主营业务收入2000万元及以上独立核算工业企业用水情况

（2020年）

指　　标	单位	取水量	外供水量
合计	**立方米**	**690324900**	**522127166**
陆表淡水	立方米	620126104	9537165
地下淡水	立方米	20956240	2269355
自来水	立方米	40018158	506586911
矿井水	立方米	3661630	
雨水	立方米	208613	
再生水(中水)	立方米	1685430	
其他水	立方米	3668725	3733735

主要统计指标解释

工业 指从事自然资源的开采，对采掘品和农产品进行加工和再加工的物质生产部门。具体包括：(1)对自然资源的开采，如采矿、晒盐、森林采伐等(但不包括禽兽捕猎和水产捕捞)；(2)对农副产品的加工、再加工，如粮油加工、食品加工、轧花、缫丝、纺织、制革等；(3)对采掘品的加工、再加工，如炼铁、炼钢、化工生产、石油加工、机器制造、木材加工等，以及电力、自来水、煤气的生产和供应等；(4)对工业品的修理、翻新，如机器设备的修理、交通运输工具的修理等，不包括属于居民服务业的日用品修理、摩托车修理、汽车修理和自行车修理。

国有企业 是指企业全部资产归国家所有，并按《中华人民共和国企业法人登记管理条例》规定登记注册的非公司制的经济组织。包括国有企业、国有独资公司和国有联营企业，不包括有限责任公司中的国有独资公司。

集体企业 指企业资产归集体所有，并按《中华人民共和国企业法人登记管理条例》规定登记注册的经济组织。是社会主义公有制经济的组成部分。包括城乡所有使用集体投资举办的企业，以及部分个人通过集资自愿放弃所有权并依法经工商行政管理机关认定为集体所有制的企业。

股份有限公司 指根据《中华人民共和国公司登记管理条例》规定登记注册，其全部注册资本由等额股份构成并通过发行股票筹集资本，股东以其认购的股份对公司承担有限责任，公司以其全部资产对其债务承担责任的经济组织。

港、澳、台商投资企业 指企业注册登记类型中的港、澳、台资合资、合作、独资经营企业和股份有限公司、其他港、澳、台商投资企业之和。

外商投资企业 指企业注册登记类型中的中外合资、合作经营企业、外资企业和外商投资股份有限公司、其他外商投资企业之和。

其他 指除国有企业、集体企业、股份有限公司、港、澳、台投资企业及外商投资企业以外的其他企业。

工业总产值 是以货币形式表现的，工业企业在一定时期内生产的工业最终产品和提供工业劳务活动的总价值量。工业总产值包括三个部分：即生产的成品价值、对外加工费收入、自制半成品在制品期末期初差额价值。工业总产值计算应遵循的原则:（1）工业生产的原则。即凡是企业在报告期内生产的最终产品和提供的劳务，均应包括在内。其中的最终产品，不管是否在报告期内销售，只要是报告期内生产的，就应包括在内。凡不是工业生产的产品，均不得计入工业总产值。（2）最终产品的原则。即企业生产的成品价值必须是本企业生产的，经检验合格不需再进行任何加工的最终产品。企业对外销售的半成品也应视为最终产品计入工业总产值。而在本企业内各车间转移的半成品和在制品只能计算其期末期初差额价值。（3）“工厂法”原则。即以法人工业企业作为一个整体计算工业总产值，是其报告期内生产的最终产品和提供劳务的总价值量。

工业销售产值 指以货币形式表现的，工业企业在报告期内销售的本企业生产的工业产品或提供工业性劳务价值的总价值量。

出口交货值 指工业企业自营（委托）出口（包括销往香港、澳门、台湾地区）或交给外贸部门出口的产品价值，以及外商来样、来料加工、来件装配和补偿贸易等生产的产品价值。

资产合计 指企业过去的交易或者事项形成的、由企业拥有或者控制的、预期会给企业带来经济利益的资源。资产一般按流动性（资产的变现或耗用时间长短）分为流动资产和非流动资产。其中流动资产可分为货币资金、交易性金融资产、应收票据、应收账款、预付款项、其他应收款、存货等；非流动资产可分为长期股权投资、固定资产、无形资产及其他非流动资产等。

固定资产合计 指企业为生产商品、提供劳务、出租或经营管理而持有的，使用寿命超过一个会计年度的有形资产。包括使用期限超过一年的房屋、建筑物、机器、机械、运输工具以及其他与生产、经营有关的设备、器具、工具等。

固定资产原价 指固定资产的成本，包括企业在购置、自行建造、安装、改建、扩建、技术改造某项固定资产时所发生的全部支出总额。

流动资产 资产满足以下条件之一应归为流动资产：（1）预计在一个正常营业周期中变现、出售或耗用，主要包括存货、应收账款等；（2）主要为交易目的而持有；（3）预计在资产负债表日起一年内（含一年）变现；（4）自资产负债日起一年内，交换其他资产或清偿负债的能力不受限制的现金或现金等价物。包括货币资金、应收票据、应收账款、存货等项目。

负债合计 指企业过去的交易或者事项形成的，预期会导致经济利益流出企业的现时义务。负债一般按偿还期长短分为流动负债和非流动负债。

所有者权益 指企业资产扣除负债后由所有者享有的剩余权益。公司的所有者权益又称股东权益。包括实收资本、资本公积、盈余公积、未分配利润等。

营业收入 指企业经营主要业务和其他业务所确认的收入总额。营业收入包括“主营业务收入”和“其他业务收入”。

主营业务收入 指企业确认的销售商品、提供劳务等主营业务的收入。

营业成本 指企业经营主要业务和其他业务所发生的成本总额。

主营业务成本 指企业经营主要业务所发生的成本总额。

税金及附加 指企业因从事生产经营活动按税法规定应缴纳的消费税、城市维护建设税、资源税、教育费附加及房产税、土地使用税、车船使用税、印花税等相关税费。

主营业务税金及附加 指企业经营主要业务应负担的消费税、城市维护建设税、资源税、教育费附加及房产税、土地使用税、车船使用税、印花税等相关税费。

营业利润 指企业从事生产经营活动所取得的利润。执行《企业会计准则》或《小企业会计准则》的企业，营业利润为营业收入减去营业成本、税金及附加、销售费用、管理费用、财务费用、资产减值损失，再加上公允价值变动收益、投资收益和其他收益后的金额；执行其他企业会计制度的企业，营业利润为营业收入减去营业成本、税金及附加、销售费用、管理费用、财务费用，再加上投资收益后的金额。

利润总额 指企业在一定会计期间的经营成果，是生产经营过程中各种收入扣除各种耗费后的盈余，反映企业在报告期内实现的盈亏总额。利润总额为营业利润加上营业外收入，减去营业外支出后的金额。

资产负债率 该指标既反映企业经营风险的大小，也反映企业利用债权人提供的资金从事经营活动的能力。计算公式为：

$$资产负债率(\%)=\frac{负债总额}{资产总额}\times 100\%$$

产品销售率 指报告期工业销售产值与同期全部工业总产值之比，反映工业产品已实现销售的程度，分析工业产销衔接情况，研究工业产品满足社会需求程度的指标。计算公式为：

$$产品销售率(\%)=\frac{工业销售产值}{工业总产值}\times 100\%$$

期末用工人数 指报告期末最后一日24时企业实际拥有的、参与本企业生产经营活动的人员数，无论是否从本企业领取劳动报酬均视为用工人数，包括企业的正式人员、劳务派遣人员和其他临时人员。该指标为时点指标，不包括最后一日当天及以前已经不再参与本企业生产经营活动的人员。

能源库存量 指能源使用企业（单位）在报告期的某时间点所拥有的、用于企业（单位）消费的或转卖（不包括本企业自生产的）的各种能源的库存量。

能源购进量 指能源使用企业（单位）在报告期购进的各种能源数量。

工业企业能源消费量 指工业企业在工业生产活动和非工业生产活动中消费的能源，包括工业生产活动中作为燃料、动力、原料、辅助材料使用的能源，生产工艺中使用的能源，用于能源加工转换的能源；非工业生产活动中使用的能源。

工业生产能源消费量 指工业企业为进行工业生产活动所消费的能源。

用于原材料的能源消费量 指能源产品不作能源使用，即不作燃料、动力使用，而作为生产另外一种产品（非能源产品）的原料或作为辅助材料使用，作原料使用时通常构成这种产品的实体。

非工业生产能源消费量 指在工业企业能源消费中，非工业生产用能和工业企业附属的不从事工业生产活动的非独立核算单位用能。

运输工具能源消费量 指在厂区内、外进行交通运输活动的交通运输工具所消费的能源。

能源加工转换投入 能源加工转换，指为了特定的用途，将一种能源（一般为一次能源），经过一定的工艺，加工或转换成另外一种能源（二次能源）。

火力发电的加工转换投入 指火力发电企业为发电而投入发电锅炉燃烧室的燃料数量。

供热的加工转换投入　指热力生产企业为生产热力而投入供热锅炉燃烧室的燃料数量，以及热电联产机组按照热电产出比例分摊的用于供热的燃料投入量。

原煤入洗的加工转换投入　指洗煤企业为生产洗煤而投入煤炭洗选生产装置的原煤数量。

炼焦的加工转换投入　指焦化企业为生产焦化产品而投入炼焦生产设备的煤炭（原煤、洗煤）数量。

炼油及煤制油的加工转换投入　指炼油厂为生产成品油和其他石油制品而投入炼油生产装置的原油或其他原料油数量。煤制油加工转换投入是指煤化工企业以生产成品油为目的而投入煤制油化工生产装置的煤炭（原煤、洗煤）数量。

制气的加工转换投入　指煤气生产企业为生产煤气而投入煤气生产装置的煤炭、焦炭、燃料油等能源产品数量。

能源加工转换产出量　指一次能源经过加工转换产出的二次能源产品（包括不作能源使用的其他副产品和联产品）的数量。

工业企业回收能利用　指企业将废气、废液、废渣及其余热，产品和工艺生产介质余热，工艺温差、压差，以及其他非直接投入的能量形态和能量物质，作为能源进行使用的数量。

取水量　指企业从各种水源直接提取或者从市场购买的用于厂区、办公区内工业生产活动的水量，以实际获得的新水量为准。

外供水量　指企业外供给其他单位的水或水产品的量，以离厂水量为准。

地表淡水　指陆地表面形成的径流及地表贮存的淡水。

地下淡水　指地下径流或埋藏于地下的，经过提取可被利用的淡水。

自来水　指自来水厂将地表淡水、地下淡水经过“混凝、沉淀、过滤、消毒”等净水工序，达到国家饮用水标准，通过城镇自来水管网供给工业生产、居民生活使用的水。

矿井水　指在采矿过程中，由于矿床开采破坏了地下水原始赋存状态而产生导水裂隙，使周围水沿着原有的和新的裂隙渗入井下采掘空间进而形成的矿井涌水。

雨水　指通过集雨工程积蓄处理后被工业利用的雨水。

再生水（中水）　指以污（废）水为水源，经再生工艺净化处理后水质达到再利用标准的水。

其他水　指上述水资源品种没有涵盖的，或者界定不清的水及水的产品。

重复用水量　指在确定的用水单元或系统内，所有未经处理和处理后又重复使用的水量总和。

外排水量　指完成生产过程和生产活动之后，经过企业厂区、办公区所有排水口排到企业外部的水量。

直流冷却水量　指企业取自河流、水库、湖泊、海洋，经一次使用后，直接排放回河流、水库、湖泊、海洋的冷却水量，多见于火（核）电企业。

污水处理企业污水处理量　指污水处理企业取自企业外部并实际处理的污（废）水量。

2021昆明统计年鉴

KUNMING STATISTICAL YEARBOOK 2021

11 交通运输

11-1 主要年份客运量

单位：万人次

年　份	全市	铁路	公路	水路	民航
1978	641	512	92	30	7
1980	821	595	181	35	10
1985	2010	659	1289	43	19
1990	1872	436	1347	58	31
1995	2920	520	2210	21	169
1996	3173	455	2499	17	202
1997	3354	482	2636	14	222
1998	6073	511	5299	16	247
1999	5604	736	4464	18	386
2000	6276	768	5211	14	283
2001	6437	764	5329	16	328
2002	6602	738	5480	15	369
2003	5125	656	4081	12	376
2004	5316	754	4083	15	464
2005	8229	826	6907	1	495
2006	9227	961	7372	295	599
2007	9515	1101	7512	230	672
2008	10059	1127	8085	248	599
2009	9346	1399	7159	67	721
2010	10107	1274	7996	83	754
2011	10804	1445	8516	85	758
2012	11742	1432	9341	120	849
2013	10881	1590	8169	122	1000
2014	11119	1671	8173	170	1105
2015	11190	1817	8025	138	1210
2016	10559	1818	7376	182	1183
2017	9150	2348	5461	148	1193
2018	8664	2713	4446	157	1348
2019	9347	3212	4540	123	1472
2020	7239	2082	4172	29	956

注：公路数据2013年以后按云南省交通厅新方案统计。

11-2 主要年份货运量

单位：万吨

年 份	全市	铁路	公路	水路	民航
1978	1179	628	527	24	0.13
1980	1401	670	714	17	0.17
1985	2329	568	1743	18	0.34
1990	11626	1014	10585	27	0.40
1995	11441	1217	10215	7	2.11
1996	14798	1249	13539	7	2.78
1997	14898	1265	13624	5	3.88
1998	18048	1399	16637	7	4.78
1999	12042	1474	10555	7	5.88
2000	12655	1563	11086		5.94
2001	12084	1692	10385		6.78
2002	11108	1912	9188		8.25
2003	12334	2076	10252		6.00
2004	11646	2105	9534		7.46
2005	11225	2196	9021		7.93
2006	12146	2370	9717	50	8.60
2007	12854	2576	10201	68	8.70
2008	12782	2727	9928	119	7.60
2009	13660	2046	11606		7.70
2010	14691	2272	12410		8.70
2011	15787	2337	13443		6.80
2012	16725	2300	14418		7.00
2013	27224	2361	24817	37	8.80
2014	27677	2141	25467	60	9.37
2015	28491	1903	26528	51	9.20
2016	28504	1893	26065	37	9.03
2017	28269	1876	26352	33	8
2018	32641	1949	30660	24	8
2019	35187	1790	33377	12	9
2020	37489	1723	35743	17	6

11-3 全市运输情况

指　　标	单位	2019年	2020年	2020年比2019年±%
全市机动车拥有量	**辆**	**2824445**	**2970110**	**5.2**
#汽车	辆	2490131	2631606	5.7
摩托车	辆	330679	333353	0.8
货物运输量	**万吨**	**35187**	**37489**	**6.5**
#铁路	万吨	1790	1723	-3.7
公路	万吨	33377	35743	7.1
水运	万吨	12	17	44.3
民航	万吨	9	6	-28.8
旅客运输量	**万人次**	**9347**	**7239**	**-22.6**
#铁路	万人次	3212	2082	-35.2
公路	万人次	4540	4172	-8.1
水运	万人次	123	29	-76.2
民航	万人次	1472	956	-35.0
货物周转量	**万吨公里**	**4314066**	**4251229**	**-1.5**
#铁路	万吨公里	1960752	1766637	-9.9
公路	万吨公里	2337859	2474828	5.9
水运	万吨公里	30	43	44.3
民航	万吨公里	15426	9721	-37.0
旅客周转量	**万人公里**	**3206547**	**2138392**	**-33.3**
#铁路	万人公里	733031	465905	-36.4
公路	万人公里	502668	477500	-5.0
水运	万人公里	920	402	-56.3
民航	万人公里	1969928	1194584	-39.4

11-4 民用车辆拥有量

（2020年） 单位：辆

指标	总计				总计中			报废
		营运	非营运	校车	进口	个人	新注册	
合计	**2970110**	**165773**	**2798376**	**72**	**182890**	**2716900**	**272746**	**48954**
一、汽车	**2631606**	**159141**	**2466504**	**72**	**176776**	**2383220**	**221634**	**31592**
1.载客汽车	2418502	35588	2376953	72	175962	2220625	185414	27092
#大型	12973	10775	2152	46	54	98	557	530
中型	3607	1431	2150	26	222	518	125	290
小型	2385172	23378	2355905		173059	2204655	184461	24716
微型	16750	4	16746		2627	15354	271	1556
2.载货汽车	200561	123071	77490		774	157155	34085	4325
#重型	35442	34022	1420		292	17966	6849	745
中型	5314	4802	512		1	4134	147	325
轻型	159764	84238	75526		481	135030	27087	3243
微型	34	2	32			18	2	5
三轮汽车								2
低速货车	7	7				7		5
3.专项作业车	12543	482	12061		40	5440	2135	175
#重型	8387	358	8029		22	4415	1702	63
中型	2066	69	1997		3	622	154	53
轻型	2075	53	2022		15	402	279	59
微型	15	2	13			1		
二、摩托车	**333353**	**1608**	**331745**		**6110**	**332200**	**49503**	**17272**
1.普通	309550	1608	307942		6110	308455	35496	17062
2.轻便	23803		23803			23745	14007	210
三、挂车	**5150**	**5024**	**126**		**4**	**1480**	**1609**	**90**
四、其它类型车	**1**							

主要统计指标解释

货（客）运量　　指在一定时期内，各种运输工具实际运送的货物（旅客）数量。是反映运输业为国民经济和人民生活服务的数量指标，也是制定和检查运输生产计划，研究运输发展规模和速度的重要指标。货运按吨计算，客运按人计算。货物不论运输距离长短，货物类别，均按实际重量统计；旅客不论行程远近或票价多少，均按一人一次作为客运量统计。半价票、小孩票也按一人统计。

货物（旅客）周转量　　指在一定时期内，由各种运输工具运送的货物（旅客）数量与其相应运输距离的乘积之总和，是反映运输业生产总成果的重要指标，也是编制和检查运输生产计划，计算运输效率、劳动生产率以及核算运输单位成本的主要基础资料。通常以吨公里和人公里为计算单位。计算货物周转量通常按发出站与到达站之间的最短距离，也就是计费距离计算。

2021昆明统计年鉴

KUNMING STATISTICAL YEARBOOK 2021

12 建筑业

12-1 主要年份建筑业总产值

单位：万元

年 份	总计	国有经济	集体经济	其他经济
1991	191846	173793	18053	
1992	256427	225755	30672	
1993	440651	367940	72711	
1994	611703	502497	109206	
1995	676470	563473	112997	
1996	962300	676166	278833	7801
1997	1184765	792648	351993	40124
1998	1351242	830942	374028	146272
1999	1826106	1068424	504051	253631
2000	1852377	1028066	504161	320150
2001	1917808	1013703	421465	452640
2002	1993642	959679	385784	648179
2003	2334370	1127688	322777	883905
2004	2651715	1521902	307522	822291
2005	3490749	1839412	265472	1385865
2006	4418535	1720165	302053	2396317
2007	5044571	1891376	273849	2879346
2008	6005685	2938703	373262	2693720
2009	8310772	4315608	319765	3675399
2010	11209189	5271482	348480	5589227
2011	11999411	5996579	298543	5704289
2012	15069574	6637097	639714	7792763
2013	18464728	8585617	1454718	8424393
2014	18853152	8770379	1406053	8676720
2015	20719305	11185469	1428249	8105587
2016	24464438	14366312	1327720	8770406
2017	29661983	17886610	1148725	10626648
2018	32396857	10681005	399073	21316779
2019	35600953	24450130	761051	10389772
2020	38289999	28106410	441442	9742147

12-2 主要年份建筑施工企业数

单位：个

年 份	总计	国有经济	集体经济	其他经济
1991	90	45	45	
1992	96	45	51	
1993	170	63	107	
1994	181	61	120	
1995	150	51	99	
1996	254	54	195	5
1997	397	67	296	34
1998	388	68	275	45
1999	477	99	283	95
2000	489	90	257	142
2001	514	84	222	208
2002	455	66	158	231
2003	465	65	124	276
2004	733	89	120	524
2005	713	77	105	531
2006	877	85	107	685
2007	940	68	107	765
2008	1062	108	102	852
2009	2031	110	118	1803
2010	2048	121	92	1835
2011	1031	75	66	890
2012	1107	80	65	962
2013	1182	85	86	1011
2014	1209	86	81	1042
2015	1254	89	82	1083
2016	1370	97	78	1195
2017	1376	103	72	1201
2018	1434	41	40	1353
2019	1345	102	64	1179
2020	1364	92	65	1207

12-3 主要年份建筑施工企业平均人数

单位：人

年 份	总计	国有经济	集体经济	其他经济
1991	127800	114700	13100	
1992	243100	122600	120500	
1993	153916	126501	27415	
1994	151692	119447	32245	
1995	149974	116791	33183	
1996	192157	114820	72507	4830
1997	223282	111543	98155	13584
1998	235164	123991	84493	26680
1999	271156	132790	94791	43575
2000	244497	116111	80435	47951
2001	254919	110227	76768	67924
2002	235553	95258	66513	73782
2003	292859	131027	52822	109010
2004	240184	114170	41083	84931
2005	290663	116181	36778	137704
2006	341410	93012	38941	209457
2007	376285	106130	27880	242275
2008	354805	130330	31029	193446
2009	446778	190660	64470	191648
2010	479754	175415	20794	283545
2011	542880	114203	17672	411005
2012	569519	229816	29632	310071
2013	609493	230948	61165	317380
2014	623873	205307	56351	362215
2015	681588	228365	61265	391958
2016	772152	336442	53867	381843
2017	851946	371333	49823	430790
2018	1031546	154925	15973	860648
2019	1043295	507250	30222	505823
2020	1114647	587148	15722	511777

12-4 总承包和专业

（2020年）

指　　标	建筑业企业个数(个)	合同情况(千元)			承包
		签订合同额	上年结转合同额	本年新签合同额	直接从建设单位承揽工程完成的产值
总计	**1364**	**995588139**	**498102929**	**497485210**	**363791234**
其中：国有及国有控股企业	92	825507958	421456264	404051694	266044220
一、按登记注册类型分组					
内资企业	**1364**	**995588139**	**498102929**	**497485210**	**363791234**
国有企业	20	40587746	15330465	25257281	14949055
集体企业	38	2805968	1149983	1655985	1852264
股份合作企业	1	9829		9829	7034
联营企业					
集体联营企业					
有限责任公司	260	754872514	390523420	364349094	247056932
国有独资公司	19	112196987	39673182	72523805	37753582
其他有限责任公司	241	642675527	350850238	291825289	209303350
股份有限公司	50	79668000	41612608	38055392	29394599
私营企业	995	117644082	49486453	68157629	70531350
私营独资企业					
私营合伙企业					
私营有限责任公司	950	113823961	48116675	65707286	68190173
私营股份有限公司	45	3820121	1369778	2450343	2341177
港、澳、台商投资企业					
外商投资企业					
中外合资经营企业					
二、按国民经济行业分组					
房屋建筑业	**482**	**451080610**	**224409311**	**226671299**	**170165227**
住宅房屋建筑业	439	440530256	221031463	219498793	166661581
其他房屋建筑业	43	10550354	3377848	7172506	3503646
土木工程建筑业	**407**	**509440369**	**262002405**	**247437964**	**171946194**
铁路、道路、隧道和桥梁工程建筑	210	456021453	241399427	214622026	148697108
铁路工程建筑	12	51044266	24775929	26268337	12057673
公路工程建筑	98	310034411	171271268	138763143	95518238
市政道路工程建筑	87	50006108	16615643	33390465	34933218
城市轨道交通工程建筑	3	6322999	6046780	276219	161340
其他道路、隧道和桥梁工程建筑	10	38613669	22689807	15923862	6026639
水利和水运工程建筑	45	32373998	13738131	18635867	11180912
水源及供水设施工程建筑	41	32141937	13608969	18532968	11089205
河湖治理及防洪设施工程建筑	3	179769	76870	102899	85272
港口及航运设施工程建筑	1	52292	52292		6435

承包企业生产情况

工程完成情况(千元)			建筑业总产值(千元)	装饰装修产值	在外省完成的产值	按构成分	
自行完成施工产值	分包出去工程的产值	从建设单位以外承揽工程完成的产值				建筑工程产值	安装工程产值
357087608	**6703626**	**25812377**	**382899985**	**5344745**	**46386580**	**346362944**	**22802514**
260722064	5322156	20342037	281064101	1054985	42365386	260109856	11637209
357087608	**6703626**	**25812377**	**382899985**	**5344745**	**46386580**	**346362944**	**22802514**
14924250	24805	2454482	17378732	1000	2910699	14879223	2422801
1798265	53999	205146	2003411	5925		1844400	102487
7034			7034			7034	
241637612	5419320	12807031	254444643	2009201	32730104	235840331	7939478
37745502	8080	7477968	45223470	95003	6479673	43436883	1632414
203892110	5411240	5329063	209221173	1914198	26250431	192403448	6307064
29376744	17855	6694379	36071123	361375	7924829	31578708	4470580
69343703	1187647	3651339	72995042	2967244	2820948	62213248	7867168
67017531	1172642	3424321	70441852	2957334	2743447	60334687	7233139
2326172	15005	227018	2553190	9910	77501	1878561	634029
164112476	**6052751**	**9109415**	**173221891**	**1929194**	**14868733**	**160363483**	**2668186**
160623844	6037737	8973133	169596977	1872638	14796157	157122208	2666346
3488632	15014	136282	3624914	56556	72576	3241275	1840
171572886	**373308**	**10759489**	**182332375**	**399261**	**28664906**	**173147190**	**6953068**
148517871	179237	8785900	157303771	283775	25387216	155153149	1181124
12057673		307665	12365338	247820	1938359	12074110	290334
95445282	72956	6159999	101605281	9474	18243699	100406469	466298
34829937	103281	380256	35210193	26481	492714	34552818	421492
161340		1934980	2096320		700090	2096113	
6023639	3000	3000	6026639		4012354	6023639	3000
11174743	6169	823098	11997841	10497	1373121	11633717	131657
11083036	6169	822698	11905734	10497	1373121	11541610	131657
85272		400	85672			85672	
6435			6435			6435	

12-4 续表 1

（2020年）

指　　标	建筑业企业个数(个)	合同情况(千元) 签订合同额	上年结转合同额	本年新签合同额	承包 直接从建设单位承揽工程完成的产值
工矿工程建筑	18	3212391	1083290	2129101	2224237
架线和管道工程建筑	59	10143747	3924333	6219414	6826015
架线及设备工程建筑	57	9599233	3552789	6046444	6498972
管道工程建筑	2	544514	371544	172970	327043
地下综合管廊工程建筑					
节能环保工程施工	12	432557	109786	322771	180621
环保工程施工	12	432557	109786	322771	180621
电力工程施工	17	974684	405105	569579	781593
水力发电工程施工	1	30617	9211	21406	16340
其他 电力工程施工	16	944067	395894	548173	765253
其他土木工程建筑	46	6281539	1342333	4939206	2055708
园林绿化工程施工	19	5557887	1104449	4453438	1693091
体育场地设施工程施工	4	265496	36972	228524	121269
其他土木工程建筑施工	23	458156	200912	257244	241348
建筑安装业	**223**	**20215649**	**6972788**	**13242861**	**12557975**
电气安装	110	9186422	1695902	7490520	5993029
管道和设备安装	28	915204	361134	554070	569770
其他建筑安装业	85	10114023	4915752	5198271	5995176
建筑装饰、装修和其他建筑业	**252**	**14851511**	**4718425**	**10133086**	**9121838**
建筑装饰和装修业	190	7256388	1987629	5268759	4427631
公共建筑装饰和装修	25	1385100	307593	1077507	759581
住宅装饰和装修	148	3921153	1126422	2794731	2532711
建筑幕墙装饰和装修	17	1950135	553614	1396521	1135339
建筑物拆除和场地准备活动	43	6423655	2391850	4031805	3827139
建筑物拆除活动	7	50901	20362	30539	60527
场地准备活动	36	6372754	2371488	4001266	3766612
提供施工设备服务	2	91484	14450	77034	51972
其他未列明建筑业	17	1079984	324496	755488	815096
三、按隶属关系分组					
中央	12	374700768	179907428	194793340	64321542
省、自治区、直辖市	66	446544403	238896201	207648202	200011985
地区	16	3600263	2416111	1184152	1417052
县及县级以下	38	2469189	868020	1601169	1458937
其他	1232	168273516	76015169	92258347	96581718
四、按企业资质等级分组					
施工总承包	**793**	**951334620**	**482525602**	**468809018**	**336838957**
特级	8	379420767	239608033	139812734	146419142
一级	65	438686225	184257829	254428396	119422112
二级	250	72901369	40230229	32671140	40357913
三级及以下	470	60326259	18429511	41896748	30639790

工程完成情况(千元)			建筑业总产值(千元)			按构成分	
自行完成施工产值	分包出去工程的产值	从建设单位以外承揽工程完成的产值		装饰装修产值	在外省完成的产值	建筑工程产值	安装工程产值
2206358	17879	910770	3117128		1079250	2119014	554434
6782331	43684	92597	6874928	657	610805	1909788	4545086
6455288	43684	92597	6547885	657	610805	1909788	4218043
327043			327043				327043
180621		48875	229496			107876	99803
180621		48875	229496			107876	99803
753634	27959	9767	763401	69255		324042	397294
16340		4158	20498				20498
737294	27959	5609	742903	69255		324042	376796
1957328	98380	88482	2045810	35077	214514	1899604	43670
1613086	80005	15492	1628578	10251	124346	1528166	
121269		3857	125126		75	123027	2099
222973	18375	69133	292106	24826	90093	248411	41571
12455217	**102758**	**4549560**	**17004777**	**101876**	**2085827**	**3857322**	**12333923**
5925215	67814	2864341	8789556	34721	1087661	1253631	7355378
541946	27824	107427	649373		23367	51059	597185
5988056	7120	1577792	7565848	67155	974799	2552632	4381360
8947029	**174809**	**1393913**	**10340942**	**2914414**	**767114**	**8994949**	**847337**
4369338	58293	140822	4510160	2802601	496681	3521873	644139
759317	264	860	760177	483459	30	612783	91150
2474682	58029	137110	2611792	1886750	305544	1995016	328873
1135339		2852	1138191	432392	191107	914074	224116
3714662	112477	1166361	4881023	79843	237925	4646940	80150
60527			60527			43180	
3654135	112477	1166361	4820496	79843	237925	4603760	80150
51972			51972			28555	23417
811057	4039	86730	897787	31970	32508	797581	99631
64321542		4134006	68455548	333400	27489592	67751663	666827
194697013	5314972	16585085	211282098	834936	14583060	192142980	9883617
1413739	3313	37538	1451277		79051	525859	865821
1454896	4041	13273	1468169			1329163	133756
95200418	1381300	5042475	100242893	4176409	4234877	84613279	11252493
330345138	**6493819**	**23004302**	**353349440**	**2400325**	**44192183**	**326153105**	**14919540**
141133014	5286128	36819	141169833	648216	19409447	140404518	466916
119377921	44191	16581232	135959153	503028	21724935	126086237	8980626
40167242	190671	2078418	42245660	729076	1830613	37426203	3655401
29666961	972829	4307833	33974794	520005	1227188	22236147	1816597

12-4 续表 2

（2020年）

指　　标	建筑业企业个数(个)	合同情况(千元)			承包
		签订合同额	上年结转合同额	本年新签合同额	直接从建设单位承揽工程完成的产值
专业承包	**571**	**44253519**	**15577327**	**28676192**	**26952277**
一级	129	26398334	8430080	17968254	15068171
二级	222	7127821	2201207	4926614	4732293
三级及以下	220	10727364	4946040	5781324	7151813
施工或专业承包	1364	995588139	498102929	497485210	363791234
无资质					
五、按地区分组					
五华区	273	80114438	30185926	49928512	38951190
盘龙区	330	68658210	30760352	37897858	45416101
官渡区	225	333831878	164341506	169490372	110495998
西山区	200	81101389	55143244	25958145	52460839
东川区	29	5662075	445282	5216793	5173895
呈贡区	65	392701784	202132943	190568841	93418958
晋宁区	32	2792327	357699	2434628	1809727
富民县	31	13813424	7467644	6345780	5653351
宜良县	34	4688689	2797717	1890972	2634337
石林彝族自治县	22	2005591	762586	1243005	1074034
嵩明县	30	3981860	1547949	2433911	2136528
禄劝彝族苗族自治县	19	760390	71394	688996	757466
寻甸回族彝族自治县	35	1575287	473330	1101957	1078800
安宁市	39	3900797	1615357	2285440	2730010
六、按营业状态分					
营业	1352	992977656	496113722	496863934	362540153
停业(歇业)	6	55214	19865	35349	30885
筹建	3	2151327	1735348	415979	1021592
当年关闭	1				
当年破产					
其他	2	403942	233994	169948	198604
七、按控股情况分					
国有控股	92	825507958	421456264	404051694	266044220
集体控股	65	5740601	2445418	3295183	3856480
私人控股	1163	144598816	59703166	84895650	75892121
港澳台商控股	1	13219868	12333068	886800	13124319
外商控股					
其他	43	6520896	2165013	4355883	4874094

工程完成情况(千元)			建筑业总产值(千元)				
		从建设单位以外承揽工程完成的产值		装饰装修产值	在外省完成的产值	按构成分	
自行完成施工产值	分包出去工程的产值					建筑工程产值	安装工程产值
26742470	**209807**	**2808075**	**29550545**	**2944420**	**2194397**	**20209839**	**7882974**
15020876	47295	2090900	17111776	1692050	1374426	12529381	3440661
4637855	94438	510248	5148103	971585	281825	2908135	1976033
7083739	68074	206927	7290666	280785	538146	4772323	2466280
357087608	6703626	25812377	382899985	5344745	46386580	346362944	22802514
38726444	224746	10715297	49441741	496266	5096818	39558280	9451000
45201164	214937	837155	46038319	2268359	1393296	38768408	5508663
110300727	195271	10089416	120390143	1048736	29714677	107764492	3121011
52373132	87707	436660	52809792	654751	442098	50864244	1524227
4636286	537609	707275	5343561	286178		4038546	618239
88051924	5367034	1991482	90043406	81115	9167763	89260782	562335
1808472	1255	214461	2022933		91048	1704330	251620
5652038	1313	42041	5694079	375358	24600	4955904	625229
2634337		137751	2772088		15386	2686098	85990
1074034		37446	1111480	1618		950759	123468
2136528		437293	2573821	86813	440894	1719220	553257
741126	16340	15685	756811	12685		630063	118794
1067038	11762	60518	1127556	10318		897467	135593
2684358	45652	89897	2774255	22548		2564351	123088
355836527	6703626	25812377	381648904	5339349	46386580	345222825	22708717
30885			30885	1776		30753	132
1021592			1021592	3620		994916	9511
198604			198604			114450	84154
260722064	5322156	20342037	281064101	1054985	42365386	260109856	11637209
3791753	64727	622663	4414416	5925	28027	3451152	903385
74581464	1310657	4770121	79351585	3958187	3808059	65803128	9641737
13124319			13124319	47566		13026880	96774
4868008	6086	77556	4945564	278082	185108	3971928	523409

12-4 续表 3

(2020年)

指　　标	建筑业总产值(千元) 按构成分 其他产值	竣工产值	房屋建筑施工面积(平方米)	本年新开工面积	从业 从事建筑业活动的平均人数
总计	**13734527**	**84163766**	**103282235**	**23932208**	**1114647**
其中：国有及国有控股企业	9317036	39336930	56666455	12247898	587148
一、按登记注册类型分组					
内资企业	**13734527**	**84163766**	**103282235**	**23932208**	**1114647**
国有企业	76708	3303845	3638382	1398152	44687
集体企业	56524	850587	350390	229621	7702
股份合作企业		7034			98
联营企业					
集体联营企业					
有限责任公司	10664834	40085033	47750685	12423177	526443
国有独资公司	154173	585218	3588135	448162	32205
其他有限责任公司	10510661	39499815	44162550	11975015	494238
股份有限公司	21835	4808771	11749517	1702908	254411
私营企业	2914626	35108496	39793261	8178350	281306
私营独资企业					
私营合伙企业					
私营有限责任公司	2874026	34567281	39478475	8047471	273401
私营股份有限公司	40600	541215	314786	130879	7905
港、澳、台商投资企业					
外商投资企业					
中外合资经营企业					
二、按国民经济行业分组					
房屋建筑业	**10190222**	**50414191**	**96684403**	**21290624**	**427482**
住宅房屋建筑业	9808423	49267513	96005242	20849270	418589
其他房屋建筑业	381799	1146678	679161	441354	8893
土木工程建筑业	**2232117**	**23823966**	**3926025**	**1465318**	**464822**
铁路、道路、隧道和桥梁工程建筑	969498	16019427	3147240	907978	396347
铁路工程建筑	894	774610	2586203	419203	20755
公路工程建筑	732514	13853994	251956	226734	315763
市政道路工程建筑	235883	1238296	308221	261181	29221
城市轨道交通工程建筑	207	38420	860	860	3157
其他道路、隧道和桥梁工程建筑		114107			27451
水利和水运工程建筑	232467	2373580	552162	406259	27165
水源及供水设施工程建筑	232467	2352209	552162	406259	26540
河湖治理及防洪设施工程建筑		21371			139
港口及航运设施工程建筑					486

人员情况(人)			房屋建筑竣工面积(平方米)				
建筑业企业期末人数	工程技术人员	现场施工人员		住宅房屋	商业及服务用房屋	办公用房屋	科研、教育、医疗用房屋
633008	**98161**	**339722**	**19877166**	**14315924**	**1498400**	**852759**	**1005282**
289831	36054	192481	6783747	5424792	412055	74221	548594
633008	**98161**	**339722**	**19877166**	**14315924**	**1498400**	**852759**	**1005282**
18754	7074	4643	223107			34000	172246
8422	1197	3703	306409	141116	59871	2800	21875
202							
302655	32382	190914	8224268	6931498	434091	52895	313061
13237	3030	3380	3958			2530	
289418	29352	187534	8220310	6931498	434091	50365	313061
59864	9654	39409	1038567	737976	27256	34427	80518
243111	47854	101053	10084815	6505334	977182	728637	417582
236452	46496	97844	9950540	6474468	947182	707186	397082
6659	1358	3209	134275	30866	30000	21451	20500
314924	**51602**	**167388**	**16806395**	**13014545**	**817391**	**583256**	**820585**
304667	50183	161161	16597279	12950748	722292	577044	806343
10257	1419	6227	209116	63797	95099	6212	14242
262976	**34584**	**151782**	**645277**	**399882**	**21543**	**18565**	**81179**
217387	26460	131348	206872	85692	20754	16035	48913
18330	3856	1792	33273				26964
166545	17387	119922	74428	33314	16648	3600	13966
25641	4237	8851	98540	52378	4106	11804	7983
3141	761	27	631			631	
3730	219	756					
18239	2928	8590	346456	314190			32266
17675	2796	8240	346456	314190			32266
134	22						
430	110	350					

12-4 续表 4

(2020年)

指　　标	建筑业总产值(千元) 按构成分 其他产值	竣工产值	房屋建筑施工面积(平方米)	本年新开工面积	从业 从事建筑业活动的平均人数
工矿工程建筑	443680	431639	56785	54000	9300
架线和管道工程建筑	420054	4077321	167348	96230	21728
架线及设备工程建筑	420054	3876118	167348	96230	20682
管道工程建筑		201203			1046
地下综合管廊工程建筑					
节能环保工程施工	21817	82593			785
环保工程施工	21817	82593			785
电力工程施工	42065	260976	278	51	2597
水力发电工程施工					63
其他 电力工程施工	42065	260976	278	51	2534
其他土木工程建筑	102536	578430	2212	800	6900
园林绿化工程施工	100412	324436			5519
体育场地设施工程施工		20483			498
其他土木工程建筑施工	2124	233511	2212	800	883
建筑安装业	**813532**	**5026732**	**1320030**	**500406**	**189153**
电气安装	180547	2197443	71000	60000	22767
管道和设备安装	1129	218996			143316
其他建筑安装业	631856	2610293	1249030	440406	23070
建筑装饰、装修和其他建筑业	**498656**	**4898877**	**1351777**	**675860**	**33190**
建筑装饰和装修业	344148	1943613	163291	93516	18157
公共建筑装饰和装修	56244	306662	3500	3000	2044
住宅装饰和装修	287903	1307751	159791	90516	12171
建筑幕墙装饰和装修	1	329200			3942
建筑物拆除和场地准备活动	153933	2286058	279564	11543	13065
建筑物拆除活动	17347	17509	226000		224
场地准备活动	136586	2268549	53564	11543	12841
提供施工设备服务					610
其他未列明建筑业	575	669206	908922	570801	1358
三、按隶属关系分组					
中央	37058	2485282	6614535	1182758	131589
省、自治区、直辖市	9255501	35646287	49851661	10905793	450609
地区	59597	278649	13173	1408	3361
县及县级以下	5250	815588	453727	336240	6409
其他	4377121	44937960	46349139	11506009	522679
四、按企业资质等级分组					
施工总承包	**12276795**	**73018941**	**101287484**	**22796742**	**881163**
特级	298399	24479047	35032994	7204380	356427
一级	892290	18872807	28172345	7905105	281295
二级	1164056	19357777	33283855	4888315	151707
三级及以下	9922050	10309310	4798290	2798942	91734

人员情况(人)			房屋建筑竣工面积(平方米)				
建筑业企业期末人数	工程技术人员	现场施工人员		住宅房屋	商业及服务用房屋	办公用房屋	科研、教育、医疗用房屋
3913	690	2855	789		789		
16799	2835	5627	90803			2530	
15752	2614	4821	90803			2530	
1047	221	806					
548	107	140					
548	107	140					
2162	546	1213	259				
66	49	59					
2096	497	1154	259				
3928	1018	2009	98				
2475	584	1305					
547	84	425					
906	350	279	98				
29467	**7200**	**12379**	**991737**	**265715**	**302954**	**180**	**64971**
13302	4091	5139	114200	101200			720
2021	374	185					
14144	2735	7055	877537	164515	302954	180	64251
25641	**4775**	**8173**	**1433757**	**635782**	**356512**	**250758**	**38547**
14908	2203	5934	87432	56198	9293	15215	2529
1585	297	336					
10532	1490	4408	87432	56198	9293	15215	2529
2791	416	1190					
8625	1987	1501	254305	235655	8132	4328	6190
257	18	54	226000	226000			
8368	1969	1447	28305	9655	8132	4328	6190
510	21	58					
1598	564	680	1092020	343929	339087	231215	29828
103617	11289	60626	33273				26964
181321	24316	132087	6584699	5337792	412055	71691	521630
2984	639	133	3721				
6078	1091	3394	314239	136496	75797	2800	19943
339008	60826	143482	12941234	8841636	1010548	778268	436745
567807	**84656**	**313713**	**17586557**	**13572168**	**858452**	**606149**	**902754**
153274	15429	116562	4337329	3500984	412055	26306	278294
209308	24073	111607	4794914	3742588	116521	304724	246458
117377	30312	53660	4959753	4091955	130906	72873	297526
87848	14842	31884	3494561	2236641	198970	202246	80476

12-4 续表 5

(2020年)

指标	建筑业总产值(千元) 按构成分 其他产值	竣工产值	房屋建筑施工面积(平方米)	本年新开工面积	从业 从事建筑业活动的平均人数
专业承包	**1457732**	**11144825**	**1994751**	**1135466**	**233484**
一级	1141734	6095035	701108	293715	54430
二级	263935	2520240	1241253	801682	160582
三级及以下	52063	2529550	52390	40069	18472
施工或专业承包	13734527	84163766	103282235	23932208	1114647
无资质					
五、按地区分组					
五华区	432461	15810806	16653007	4591012	147741
盘龙区	1761248	23969174	34218027	4184450	198031
官渡区	9504640	7265404	21149268	4198246	338191
西山区	421321	17328172	4876301	2631584	217753
东川区	686776	2412925	1132894	675318	17018
呈贡区	220289	10672308	19088323	4705683	135509
晋宁区	66983	774926	1087968	738378	3883
富民县	112946	1258782	1179419	490365	16471
宜良县		1395584	973320	767941	11440
石林彝族自治县	37253	111239	339267	311727	2476
嵩明县	301344	1029915	515391	233804	8654
禄劝彝族苗族自治县	7954	566543	252585	96057	3815
寻甸回族彝族自治县	94496	569039	136657	75437	4021
安宁市	86816	998949	1679808	232206	9644
六、按营业状态分					
营业	13717362	84127725	102804900	23583641	1112034
停业(歇业)		28859	20145	15885	153
筹建	17165	7182	446278	332682	2213
当年关闭					
当年破产					
其他			10912		247
七、按控股情况分					
国有控股	9317036	39336930	56666455	12247898	587148
集体控股	59879	1609759	628329	479863	15722
私人控股	3906720	29415391	18974498	9798859	452145
港澳台商控股	665	10777850	25600000	1076000	47189
外商控股					
其他	450227	3023836	1412953	329588	12443

人员情况(人)			房屋建筑竣工面积(平方米)				
建筑业企业期末人数	工程技术人员	现场施工人员		住宅房屋	商业及服务用房屋	办公用房屋	科研、教育、医疗用房屋
65201	**13505**	**26009**	**2290609**	**743756**	**639948**	**246610**	**102528**
32821	6652	15656	1179862	315590	314468	183930	64091
17070	3392	4509	1030611	378506	325430	62430	33237
15310	3461	5844	80136	49660	50	250	5200
633008	98161	339722	19877166	14315924	1498400	852759	1005282
95283	15162	37745	4763727	4313799	52472	74599	171099
122606	33081	40455	4923763	3503511	329133	47260	190280
133639	20145	67805	2248121	881642	513290	215552	181194
72501	11180	44574	2022425	1680826	5301	259203	
17220	1548	5012	659296	513628	62618	5077	6190
129645	6278	107274	2357514	2148269		18784	135071
3758	842	886	987620	346493	332360	61215	44070
17856	2260	11655	465080	103066	43921	25958	205163
11074	2172	6117	413669	262791	20290		18701
2259	270	767	19500	18500			1000
7929	1450	6385	194326	57546	18813	21260	18909
3166	493	1013	471437	282649	13758	113028	24963
3327	606	1291	73945	40015	3391	2227	8642
12745	2674	8743	276743	163189	103053	8596	
630442	97814	337691	19857150	14302566	1498400	850334	1001049
140	45	98	20016	13358		2425	4233
2175	297	1911					
251	5	22					
289831	36054	192481	6783747	5424792	412055	74221	548594
14325	2055	5130	435133	265340	59871	2800	21875
289054	41181	132448	9623221	5705555	1019580	773160	430697
23631	15995		2250000	2250000			
16167	2876	9663	785065	670237	6894	2578	4116

12-4 续表 6

（2020年）

指　　标	房屋建筑竣工面积(平方米)				竣工房屋价值(千元)
	文化、体育和娱乐用房	厂房及建筑物	仓库	其他未列明的房屋建筑物	
总计	**235418**	**1396424**	**85336**	**487623**	**42007652**
其中：国有及国有控股企业	23629	299138		1318	16856702
一、按登记注册类型分组					
内资企业	**235418**	**1396424**	**85336**	**487623**	**42007652**
国有企业		16861			897177
集体企业	3259	40846		36642	551629
股份合作企业					
联营企业					
集体联营企业					
有限责任公司	81270	391525	6652	13276	18581833
国有独资公司		1428			10731
其他有限责任公司	81270	390097	6652	13276	18571102
股份有限公司	17958	117437	13719	9276	1830595
私营企业	132931	829755	64965	428429	20146418
私营独资企业					
私营合伙企业					
私营有限责任公司	131201	806737	64965	421719	19877261
私营股份有限公司	1730	23018		6710	269157
港、澳、台商投资企业					
外商投资企业					
中外合资经营企业					
二、按国民经济行业分组					
房屋建筑业	**168544**	**924015**	**72071**	**405988**	**40539888**
住宅房屋建筑业	165649	898944	72071	404188	40242918
其他房屋建筑业	2895	25071		1800	296970
土木工程建筑业	**1200**	**105622**	**9444**	**7842**	**818874**
铁路、道路、隧道和桥梁工程建筑	1200	17349	9444	7485	412538
铁路工程建筑		4991		1318	147432
公路工程建筑	1200	1000	1300	3400	138801
市政道路工程建筑		11358	8144	2767	125363
城市轨道交通工程建筑					942
其他道路、隧道和桥梁工程建筑					
水利和水运工程建筑					216691
水源及供水设施工程建筑					216691
河湖治理及防洪设施工程建筑					
港口及航运设施工程建筑					

住宅房屋	商业及服务用房屋	办公用房屋	科研、教育、医疗用房屋	文化、体育和娱乐用房	厂房及建筑物	仓库	其他未列明的房屋建筑物
32046342	**3213583**	**1461170**	**2504679**	**413263**	**1946624**	**104607**	**317384**
11424931	2358820	413941	1591421	202854	862485		2250
32046342	**3213583**	**1461170**	**2504679**	**413263**	**1946624**	**104607**	**317384**
		188000	548743		160434		
288038	90780	10340	44532	4754	62001		51184
13909946	2398303	110981	1049549	244776	824314	15838	28126
		7590			3141		
13909946	2398303	103391	1049549	244776	821173	15838	28126
1324926	40878	179762	24081	67308	162736	14423	16481
16523432	683622	972087	837774	96425	737139	74346	221593
16466388	627976	921441	793850	91246	692107	74346	209907
57044	55646	50646	43924	5179	45032		11686
31680925	**3047210**	**1330793**	**2193752**	**401908**	**1515942**	**84439**	**284919**
31549376	2936261	1326027	2179365	397855	1488897	84439	280698
131549	110949	4766	14387	4053	27045		4221
221229	**31555**	**35040**	**269554**	**1302**	**227378**	**17410**	**15406**
120688	27605	27450	153404	1302	50037	17410	14642
			116450		28732		2250
83198	18768	4000	22113	1302	1420	1000	7000
37490	8837	22508	14841		19885	16410	5392
		942					
100541			116150				
100541			116150				

12-4 续表 7

（2020年）

指　　标	房屋建筑竣工面积(平方米)				竣工房屋价值(千元)
	文化、体育和娱乐用房	厂房及建筑物	仓库	其他未列明的房屋建筑物	
工矿工程建筑					3950
架线和管道工程建筑		88273			184931
架线及设备工程建筑		88273			184931
管道工程建筑					
地下综合管廊工程建筑					
节能环保工程施工					
环保工程施工					
电力工程施工				259	490
水力发电工程施工					
其他 电力工程施工				259	490
其他土木工程建筑				98	274
园林绿化工程施工					
体育场地设施工程施工					
其他土木工程建筑施工				98	274
建筑安装业	**2088**	**355719**	**60**	**50**	**275561**
电气安装		12280			14279
管道和设备安装					
其他建筑安装业	2088	343439	60	50	261282
建筑装饰、装修和其他建筑业	**63586**	**11068**	**3761**	**73743**	**373329**
建筑装饰和装修业	650	2360	1187		156083
公共建筑装饰和装修					
住宅装饰和装修	650	2360	1187		156083
建筑幕墙装饰和装修					
建筑物拆除和场地准备活动					91330
建筑物拆除活动					9295
场地准备活动					82035
提供施工设备服务					
其他未列明建筑业	62936	8708	2574	73743	125916
三、按隶属关系分组					
中央		4991		1318	147432
省、自治区、直辖市	23629	217902			16412569
地区		3721			7346
县及县级以下	2895	37097		39211	557056
其他	208894	1132713	85336	447094	24883249
四、按企业资质等级分组					
施工总承包	**169744**	**1005497**	**59163**	**412630**	**41158585**
特级	23629	96061			10881695
一级	78709	274052	31862		12109739
二级	12720	319937	1513	32323	14381964
三级及以下	54686	315447	25788	380307	3785187

住宅房屋	商业及服务用房屋	办公用房屋	科研、教育、医疗用房屋	文化、体育和娱乐用房	厂房及建筑物	仓库	其他未列明的房屋建筑物
	3950						
		7590			177341		
		7590			177341		
							490
							490
							274
							274
21544	**42050**	**110**	**15769**	**1354**	**194674**	**30**	**30**
7079			2700		4500		
14465	42050	110	13069	1354	190174	30	30
122644	**92768**	**95227**	**25604**	**8699**	**8630**	**2728**	**17029**
41038	27278	73184	3288	1430	7422	2443	
41038	27278	73184	3288	1430	7422	2443	
35473	24396	12963	18498				
9295							
26178	24396	12963	18498				
46133	41094	9080	3818	7269	1208	285	17029
			116450		28732		2250
11281161	2358820	406351	1474971	202854	688412		
					7346		
286920	106277	10340	39705	4053	54019		55742
20478261	748486	1044479	873553	206356	1168115	104607	259392
31672593	**3112269**	**1378796**	**2481651**	**403210**	**1711839**	**101082**	**297145**
7232567	2358820	99970	686036	202854	301448		
9271804	240042	781377	943634	120113	689054	63715	
12752779	211421	138938	696110	27163	485140	597	69816
2415443	301986	358511	155871	53080	236197	36770	227329

12-4 续表 8

（2020年）

指　标	房屋建筑竣工面积(平方米)				竣工房屋价值(千元)
	文化、体育和娱乐用房	厂房及建筑物	仓库	其他未列明的房屋建筑物	
专业承包	**65674**	**390927**	**26173**	**74993**	**849067**
一级	1958	299825			516385
二级	63716	91102	3821	72369	304361
三级及以下			22352	2624	28321
施工或专业承包	235418	1396424	85336	487623	42007652
无资质					
五、按地区分组					
五华区	9700	84230	19466	38362	9531960
盘龙区	6234	551338	31922	264085	14816535
官渡区	19850	411215	23846	1532	3076462
西山区		77095			4208946
东川区	2136	41340		28307	1178831
呈贡区	8760	30000	5000	11630	5255882
晋宁区	68431	31868	4134	99049	213734
富民县	27203	52860	21	6888	1082206
宜良县	75429	13937		22521	686260
石林彝族自治县					36905
嵩明县	1630	75680		488	265330
禄劝彝族苗族自治县	11810	17176		8053	677788
寻甸回族彝族自治县	4235	7878	947	6610	169272
安宁市		1807		98	807541
六、按营业状态分					
营业	235418	1396424	85336	487623	41981392
停业(歇业)					26260
筹建					
当年关闭					
当年破产					
其他					
七、按控股情况分					
国有控股	23629	299138		1318	16856702
集体控股	3259	42946		39042	892237
私人控股	208530	957956	83686	444057	11346962
港澳台商控股					10777850
外商控股					
其他		96384	1650	3206	2133901

住宅房屋	商业及服务用房屋	办公用房屋	科研、教育、医疗用房屋	文化、体育和娱乐用房	厂房及建筑物	仓库	其他未列明的房屋建筑物
373749	**101314**	**82374**	**23028**	**10053**	**234785**	**3525**	**20239**
225268	44169	72544	12949	1264	160191		
133521	57020	9605	9926	8789	74594	2758	8148
14960	125	225	153			767	12091
32046342	3213583	1461170	2504679	413263	1946624	104607	317384
8106762	120176	240310	674728	20198	257258	22718	89810
12423333	808938	159971	619483	8196	728690	63745	4179
544738	1725458	89311	175501	70494	467440	1341	2179
3470084	14533	578098			146231		
932465	88348	14215	18498	3417	41984		79904
4715006		42558	253174	136558	72939	13000	22647
53607	55785	7218	18205	13656	29172	1695	34396
261623	68071	46588	594945	10627	88305	25	12022
431084	35842		37808	113067	26055		42404
35395			1510				
106229	37847	44445	34627	3226	38138		818
311746	16443	220857	51432	26550	38648		12112
99673	7442	4338	24768	7274	7055	2083	16639
554597	234700	13261			4709		274
32029690	3213583	1457727	2498514	413263	1946624	104607	317384
16652		3443	6165				
11424931	2358820	413941	1591421	202854	862485		2250
619446	90780	10340	44532	4754	65201		57184
7280073	747806	1031007	858161	205655	870339	101771	252150
10777850							
1944042	16177	5882	10565		148599	2836	5800

12-5 总承包和专业

（2020年）

指　　标	年初存货	年末			
		流动资产合计	应收工程款	存货	固定资产减值准备
总计	**45045922**	**388175532**	**132241264**	**46929849**	**107337**
其中：国有及国有控股企业	29818563	272901701	91829714	31583374	6441
一、按登记注册类型分组					
内资企业	**45045922**	**388175532**	**132241264**	**46929849**	**107337**
国有企业	1251390	32975185	13650655	3447294	
集体企业	431273	948417	478907	104447	2759
股份合作企业	3203	32000	720	5665	
联营企业					
有限责任公司	**26062134**	**226691736**	**75302925**	**27063882**	**16528**
国有独资公司	5071755	22397005	7651706	3400341	
其他有限责任公司	20990379	204294731	67651219	23663541	16528
股份有限公司	**7045526**	**40770757**	**12358456**	**5601537**	**3058**
私营企业	**10252396**	**86757437**	**30449601**	**10707024**	**84992**
私营独资企业	450	58482	4426		
私营合伙企业					
私营有限责任公司	9584155	77446135	29015129	9921230	84698
私营股份有限公司	667791	9252820	1430046	785794	294
其他企业					
港、澳、台商投资企业					
外商投资企业					
二、按国民经济行业分组					
房屋建筑业	**17878230**	**196363734**	**66822116**	**23395219**	**72205**
住宅房屋建筑	17639823	194231126	65758388	23121441	71846
其他房屋建筑业	238407	2132608	1063728	273778	359
土木工程建筑业	**24068343**	**163877788**	**55941800**	**20125527**	**27241**
铁路、道路、隧道和桥梁工程建筑	17585598	129581149	44938652	13701766	6907
铁路工程建筑	956842	14126938	5981317	1314697	857
公路工程建筑	9210422	78090194	27060360	7081081	5493
市政道路工程建筑	5645547	29869300	9142160	4231449	557
城市管道交通工程建筑	78693	1522925	482668	51006	
其他道路、隧道和桥梁工程建筑	1694094	5971792	2272147	1023533	
水利和水运工程建筑	3405267	19158589	6735257	4643052	3934
水源及供水设施工程建筑	3402584	19053597	6696886	4640016	3934
河湖治理及防洪设施工程建筑		50785	17619	353	
港口及航运设施工程建筑	2683	54207	20752	2683	

承包企业财务情况

单位：千元

资产负债

固定资产原价	累计折旧	本年折旧	在建工程	资产总计	流动负债合计	应付账款	非流动负债合计
31046871	**13547294**	**1834587**	**1212302**	**643618714**	**361207348**	**150432402**	**44551833**
17462295	6302214	853177	234837	510982272	279822329	115349205	39822335
31046871	**13547294**	**1834587**	**1212302**	**643618714**	**361207348**	**150432402**	**44551833**
2032081	888863	140244	83847	41974908	33590829	16241859	1639258
408224	170522	30224	52765	1327398	709661	163328	15697
11328	3203	724		46815	6780	583	
16269635	**5644999**	**717625**	**334005**	**453557350**	**236037104**	**91092348**	**29828777**
2545159	420682	51626	7494	33055901	17249057	10649769	161465
13724476	5224317	665999	326511	420501449	218788047	80442579	29667312
2611957	**1634204**	**199069**	**63464**	**48699380**	**30433940**	**16220619**	**10550358**
9713646	**5205503**	**746701**	**678221**	**98012863**	**60429034**	**26713665**	**2517743**
5317	208	62		63591	12613	6359	
8629082	4483699	626967	634069	87726855	52306618	22461380	2379610
1079247	721596	119672	44152	10222417	8109803	4245926	138133
10962327	**4807410**	**657152**	**431889**	**377815245**	**201397209**	**80627578**	**24036881**
10614068	4668623	637076	424832	375291216	200063812	80117177	24029140
348259	138787	20076	7057	2524029	1333397	510401	7741
14021344	**6838122**	**877885**	**624166**	**231251640**	**141778354**	**62063800**	**15863405**
10446422	5126797	638604	390245	186865704	113624751	49950808	14107211
993669	514418	57332	3474	15728463	13098585	6840529	155022
6748856	3065217	341355	209543	122920099	72531265	27065356	12631619
1519894	781234	112784	15500	39569720	21731388	13404286	493361
109164	42476	8098	3581	1629331	1398265	325728	91961
1074839	723452	119035	158147	7018091	4865248	2314909	735248
998803	410970	73525	157606	23106794	14918924	7661418	977856
967370	392785	57832	157606	22962718	14817415	7636330	973394
15463	9500	7008		56758	19173	9612	
15970	8685	8685		87318	82336	15476	4462

12-5 续表 1

（2020年）

指　　标	年初存货	年末			
		流动资产合计	应收工程款	存货	固定资产减值准备
工矿工程建筑	74238	2771316	1361887	99737	13337
架线和管道工程建筑	982983	6689485	1450253	981177	
架线及设备工程建筑	674339	6126917	1356216	647269	
管道工程建筑	308644	562568	94037	333908	
地下综合管廊工程建筑					
节能环保工程施工	31605	263729	70130	18283	
环保工程施工	28565	220107	60637	12731	
生态保护工程施工	3040	43622	9493	5552	
电力工程施工	151416	1644768	507945	173913	
火力发电工程施工	128527	962020	232362	145167	
水力发电工程施工	2896	52905	39355		
其他发电工程施工	19993	629843	236228	28746	
其他土木工程建筑	1837236	3768752	877676	507599	3063
园林绿化工程施工	1797815	3281071	717063	439461	3058
体育场地设施施工	12492	102656	9643	31939	
其他土木工程建筑	26929	385025	150970	36199	5
建筑安装业	**1885069**	**18047886**	**5352226**	**2049001**	**1968**
电气安装	692355	7202672	2970818	593071	500
管道和设备安装	394533	4766711	301537	438989	
其他建筑安装业	798181	6078503	2079871	1016941	1468
建筑装饰、装修和其他建筑业	**1214280**	**9886124**	**4125122**	**1360102**	**5923**
建筑装饰和装修业	733369	4980470	1724325	895269	5923
公共建筑装饰和装修	277825	1035815	367215	351706	
住宅建筑装饰和装修	324380	3146145	1132378	442986	5923
建筑幕墙建筑装饰和装修	131164	798510	224732	100577	
建筑物拆除和场地准备活动	287544	4262462	2184797	362800	
建筑物拆除活动		131073	36469		
场地准备活动	287544	4131389	2148328	362800	
提供施工设备服务		53609	36793		
其他未列明建筑业	193367	589583	179207	102033	
三、按隶属关系分组					
中央	4397346	52680398	18853273	1886194	968
地方	24915702	217008894	72758617	27637934	4591
其他	15732874	118486240	40629374	17405721	101778
四、按企业资质等级分组					
施工总承包	**41672478**	**360023779**	**121933362**	**43310147**	**91708**
特级	15001103	144235953	48708326	16960855	124
一级	15461971	145120369	51943418	15313499	5183
二级	5500845	41364346	11984679	5093862	60220
三级及以下	5708559	29303111	9296939	5941931	26181

单位：千元

资产负债

固定资产原价	累计折旧	本年折旧	在建工程	资产总计	流动负债合计	应付账款	非流动负债合计
474841	231590	32416	1941	3114619	1989961	671896	5789
1540073	750140	91485	61700	9180996	5223702	1706653	274025
1515050	734692	91034	61700	8475843	4708699	1634205	274025
25023	15448	451		705153	515003	72448	
94568	46188	4565	5972	520367	232570	73840	
94514	46188	4565	5972	476690	209365	52995	
54				43677	23205	20845	
156847	103278	13789	3816	2663678	1359645	450032	443845
92117	64901	5289	168	1822986	893005	166701	440755
3605	3297	133		53358	16088	3141	
61125	35080	8367	3648	787334	450552	280190	3090
309790	169159	23501	2886	5799482	4428801	1549153	54679
144430	70028	13812	924	5239142	4121136	1399832	54273
3909	2997	744		103894	55007	33529	
161451	96134	8945	1962	456446	252658	115792	406
4813084	**1264795**	**212833**	**119146**	**23449728**	**11539865**	**4999456**	**4506208**
1326579	771433	141808	61194	8100509	5404294	2390234	45926
2709960	134344	29099	4339	8209604	1150622	270155	4203357
776545	359018	41926	53613	7139615	4984949	2339067	256925
1250116	**636967**	**86717**	**37101**	**11102101**	**6491920**	**2741568**	**145339**
406567	171336	26860	19656	5602570	2840394	1118759	69830
47971	35601	2075	13264	1096361	475211	211835	4363
335925	127051	22883	6208	3684536	1917949	634575	46986
22671	8684	1902	184	821673	447234	272349	18481
774066	424451	55178	17399	4816363	3244910	1485813	67912
36372	16426	544		151117	77190	7792	
737694	408025	54634	17399	4665246	3167720	1478021	67912
8580	5874	692		56315	32008	21708	
60903	35306	3987	46	626853	374608	115288	7597
5063295	3053647	395734	27606	85136019	60687409	23214584	4221094
12592459	3558803	470817	223227	419882442	214351458	90896252	35327283
13391117	6934844	968036	961469	138600253	86168481	36321566	5003456
26996240	**11233571**	**1463116**	**1025528**	**609424468**	**339908633**	**141772695**	**43978601**
6060724	2750693	352053	89830	330981298	161054442	60685455	22149943
7895398	4276535	458381	114784	187669527	130192532	63175288	15329953
6010133	2748626	375962	583196	50064193	31598051	11022287	1119175
7029985	1457717	276720	237718	40709450	17063608	6889665	5379530

12-5 续表 2

（2020年）

指　　标	年初存货	年末			
		流动资产合计	应收工程款	存货	固定资产减值准备
专业承包	**3373444**	**28151753**	**10307902**	**3619702**	**15629**
一级	1842260	15795654	6326637	2005130	6934
二级	687944	5971160	2065388	769414	6060
三级及以下	843240	6384939	1915877	845158	2635
五、按地区分组					
五华区	5915974	73449737	27851880	9066905	408
盘龙区	5097103	46304548	16422881	5323705	70664
官渡区	15942334	103434739	39125076	10609794	1991
西山区	6955976	49509963	20871083	8435021	14646
东川区	436024	1444926	511645	354817	6537
呈贡区	5922039	90546843	20673396	8650114	980
晋宁区	84957	1567872	787967	167418	
富民县	327611	4703149	619028	493213	4890
宜良县	408932	2141476	822313	310317	
石林彝族自治县	412146	750812	80673	227423	
嵩明县	210615	4104600	1768319	252845	99
禄劝彝族苗族自治县	98801	791550	267617	49273	2626
寻甸回族彝族自治县	241960	1364395	563231	228256	170
安宁市	2991450	8060922	1876155	2760748	4326
六、按营业状态分					
营业	45017588	387773401	132086580	46866250	107282
停业(歇业)	2310	68825	38895	3050	55
筹建					
当年关闭	4210	23850	11670	9900	
当年破产					
其他	21814	309456	104119	50649	
七、按控股情况分					
国有控股	29818563	272901701	91829714	31583374	6441
集体控股	2356606	5758590	1644979	1413069	2759
私人控股	12539962	86668913	30841901	13477642	97908
港澳台商控股		13325144	4715102		
外商控股					
其他	330791	9521184	3209568	455764	229

单位：千元

资产负债

固定资产原价	累计折旧	本年折旧	在建工程	资产总计	流动负债合计	应付账款	非流动负债合计
4050631	**2313723**	**371471**	**186774**	**34194246**	**21298715**	**8659707**	**573232**
1829418	1019042	216719	130302	17468243	11823479	5140669	144058
1106837	705703	59468	23629	7180843	4131329	1466338	44069
1114376	588978	95284	32843	9545160	5343907	2052700	385105
4051272	1979219	272675	260588	83820782	57090344	28186914	10778599
6957157	2450361	390807	15646	55730501	31872005	16209481	4684795
8841979	5140537	624473	205741	135665989	92638733	46409769	4799843
2740791	1397750	176242	415777	64181241	37466039	16763686	2142633
209104	102870	12963	18890	1746983	850335	263283	4967
3083672	937079	158814	150074	272470431	123633113	37487508	20998614
337423	164620	22270	25688	1868253	1046309	335812	31585
468015	261827	19767	3581	5212805	3384019	626042	52196
751644	281074	36907	22389	2912277	1750731	675090	226903
139366	58682	11420	816	1334133	976251	86811	12008
549050	278563	34948	4186	4783875	2467498	948632	528920
114232	56424	4561	1129	987308	455499	172539	
199707	108533	24950	33842	1573541	797017	454901	79580
2603459	329755	43790	53955	11330595	6779455	1811934	211190
30944461	13490219	1830992	1212302	643125309	360714736	150354688	44551833
12389	6055	619		81245	23450	2550	
25506	10434	400		38922	4100	862	
64515	40586	2576		373238	465062	74302	
17462295	6302214	853177	234837	510982272	279822329	115349205	39822335
1266718	557224	90830	56855	7317199	4150665	1140642	682855
11054516	6080446	818804	854591	100581810	60342456	26581290	2770009
183817	16828	6855		13510169	9581091	4724443	185566
1079525	590582	64921	66019	11227264	7310807	2636822	1091068

12-5 续表 3

（2020年）

指　　标	年末资产负债			损益	
	负债合计	所有者权益合计	实收资本	营业收入	主营业务收入
总计	**407536402**	**236082312**	**165822828**	**358541808**	**350200063**
其中：国有及国有控股企业	319671971	191310301	138640351	256664416	251375998
一、按登记注册类型分组					
内资企业	**407536402**	**236082312**	**165822828**	**358541808**	**350200063**
国有企业	35230091	6744817	2384226	22451628	22268426
集体企业	826505	500893	376854	1545119	1541084
股份合作企业	6780	40035	22176	25299	24608
联营企业					
有限责任公司	**266268221**	**187289129**	**137118409**	**227297057**	**222625932**
国有独资公司	17410524	15645377	5980423	31888178	31772867
其他有限责任公司	248857697	171643752	131137986	195408879	190853065
股份有限公司	**41119837**	**7579543**	**4463104**	**28638492**	**28049167**
私营企业	**64084968**	**33927895**	**21458059**	**78584213**	**75690846**
私营独资企业	12613	50978	36001	6609	6609
私营合伙企业					
私营有限责任公司	55738739	31988116	19854306	73154835	71333237
私营股份有限公司	8333616	1888801	1567752	5422769	4351000
其他企业					
港、澳、台商投资企业					
外商投资企业					
二、按国民经济行业分组					
房屋建筑业	**226332076**	**151483169**	**125389829**	**156612123**	**151576920**
住宅房屋建筑	224975303	150315913	124489232	152818958	147932335
其他房屋建筑业	1356773	1167256	900597	3793165	3644585
土木工程建筑业	**158199612**	**73052028**	**33512167**	**171818301**	**169942498**
铁路、道路、隧道和桥梁工程建筑	128091862	58773842	26618194	143729684	142384183
铁路工程建筑	13253607	2474856	1452215	10741068	10601314
公路工程建筑	85271489	37648610	16031163	92392587	91332508
市政道路工程建筑	22475420	17094300	8109863	34046955	33922905
城市管道交通工程建筑	1490848	138483	126113	1531145	1517269
其他道路、隧道和桥梁工程建筑	5600498	1417593	898840	5017929	5010187
水利和水运工程建筑	15920883	7185911	2670235	13605154	13456969
水源及供水设施工程建筑	15805767	7156951	2651588	13494271	13346086
河湖治理及防洪设施工程建筑	28318	28440	18127	106224	106224
港口及航运设施工程建筑	86798	520	520	4659	4659

单位：千元

及分配

营业成本	主营业务成本	税金及附加	主营业务税金及附加	其他业务利润	销售费用	管理费用	财务费用
324227589	**319343162**	**1831938**	**1367863**	**701007**	**526968**	**8895099**	**5250133**
230862412	228999766	794101	730965	616890	73804	4701742	4613264
324227589	**319343162**	**1831938**	**1367863**	**701007**	**526968**	**8895099**	**5250133**
20354708	20269372	71395	60896	61222	12379	1169708	382050
1448410	1402028	25619	25513	-340	13889	246268	7177
22307	19071	385	380	684	312	1310	-14
203365424	**201865859**	**826113**	**764312**	**271757**	**46759**	**3925392**	**3804803**
28869472	28538373	89987	87675	55331	10506	399515	93152
174495952	173327486	736126	676637	216426	36253	3525877	3711651
27174003	**26521547**	**117577**	**77678**	**312315**	**44953**	**504759**	**714810**
71862737	**69265285**	**790849**	**439084**	**55369**	**408676**	**3047662**	**341307**
4125	3925	115	115		801	1208	57
66810095	65177576	773092	424069	11687	385475	2888518	289161
5048517	4083784	17642	14900	43682	22400	157936	52089
142521778	**141294924**	**771696**	**620137**	**309548**	**144791**	**3634452**	**3269709**
139093173	137915177	747267	600323	309306	122982	3502545	3265752
3428605	3379747	24429	19814	242	21809	131907	3957
154094949	**151915141**	**708786**	**635539**	**359543**	**160486**	**3678186**	**1830748**
128115879	126596184	596224	544015	349450	68481	2234873	1493809
9536058	9486080	26707	26378	95590	6079	236102	129983
81622861	80561519	390496	379297	197333	24379	1286593	1118776
30566770	30343897	118955	116555	56514	28846	596123	113884
1464613	1452371	8213	8168		615	23869	-887
4925577	4752317	51853	13617	13	8562	92186	132053
12819215	12575424	36439	34953	3160	4049	401798	118501
12709986	12466195	36071	34585	3160	4049	397169	117063
104570	104570	311	311			3382	258
4659	4659	57	57			1247	1180

12-5 续表 4

（2020年）

指标	年末资产负债			损益	
	负债合计	所有者权益合计	实收资本	营业收入	主营业务收入
工矿工程建筑	1995862	1118757	713493	2995685	2977017
架线和管道工程建筑	5549386	3631610	1842618	6734101	6545669
架线及设备工程建筑	5034383	3441460	1720618	6449064	6261512
管道工程建筑	515003	190150	122000	285037	284157
地下综合管廊工程建筑					
节能环保工程施工	329582	190785	177123	298541	296526
环保工程施工	306377	170313	156943	261910	259895
生态保护工程施工	23205	20472	20180	36631	36631
电力工程施工	1822335	841343	528657	2261128	2236461
火力发电工程施工	1333760	489226	300000	1178121	1155391
水力发电工程施工	16088	37270	4000	41720	41720
其他发电工程施工	472487	314847	224657	1041287	1039350
其他土木工程建筑	4489702	1309780	961847	2194008	2045673
园林绿化工程施工	4181620	1057522	750456	1820580	1719325
体育场地设施施工	55007	48887	40170	104748	100923
其他土木工程建筑	253075	203371	171221	268680	225425
建筑安装业	**16239953**	**7209775**	**4170248**	**17832604**	**17445802**
电气安装	5571839	2528670	1458601	10000858	9758734
管道和设备安装	5400866	2808738	929017	822977	812648
其他建筑安装业	5267248	1872367	1782630	7008769	6874420
建筑装饰、装修和其他建筑业	**6764761**	**4337340**	**2750584**	**12278780**	**11234843**
建筑装饰和装修业	3032166	2570404	1820550	6368137	5348535
公共建筑装饰和装修	481706	614655	339393	816306	816306
住宅建筑装饰和装修	2055590	1628946	1212544	3717630	3653014
建筑幕墙建筑装饰和装修	494870	326803	268613	1834201	879215
建筑物拆除和场地准备活动	3316887	1499476	734177	4970540	4958817
建筑物拆除活动	77190	73927	59023	111274	109614
场地准备活动	3239697	1425549	675154	4859266	4849203
提供施工设备服务	32008	24307	20684	70216	70216
其他未列明建筑业	383700	243153	175173	869887	857275
三、按隶属关系分组					
中央	64908507	20227512	9192411	65686038	65467942
地方	250057108	169825334	129570926	192024183	187013203
其他	92570787	46029466	27059491	100831587	97718918
四、按企业资质等级分组					
施工总承包	**385076325**	**224348143**	**158057930**	**325648535**	**319072404**
特级	183204388	147776910	118962938	139157910	134814764
一级	145536233	42133294	19499281	130627301	129368861
二级	33137392	16926801	10608735	30871835	30429026
三级及以下	23198312	17511138	8986976	24991489	24459753

单位：千元

及分配

营业成本	主营业务成本	税金及附加	主营业务税金及附加	其他业务利润	销售费用	管理费用	财务费用
2750556	2713573	9169	8905	293	1607	123536	20423
6117619	5862886	44749	32050	9882	52295	581194	65917
5853944	5599278	43800	31104	9072	52295	546986	58687
263675	263608	949	946	810		34208	7230
250850	245323	1316	896	2008	202	48139	3056
218270	217870	1163	743	2008	202	45466	3053
32580	27453	153	153			2673	3
2061373	2033926	11863	6103	-8193	2246	138331	31207
1089578	1064073	9031	3442	-8364		49949	26156
38487	38487	146	146			2005	96
933308	931366	2686	2515	171	2246	86377	4955
1979457	1887825	9026	8617	2943	31606	150315	97835
1660361	1573923	6901	6497	1916	25628	110855	94728
87537	87537	412	412		5341	7721	273
231559	226365	1713	1708	1027	637	31739	2834
16423591	**16015967**	**67330**	**62262**	**31611**	**130291**	**925012**	**90851**
9185949	8877920	32830	30388	4657	75972	490876	47595
727880	694345	3989	3951	2182	4540	68522	-4840
6509762	6443702	30511	27923	24772	49779	365614	48096
11187271	**10117130**	**284126**	**49925**	**305**	**91400**	**657449**	**58825**
5886790	4868572	253064	19211	-2400	39129	351667	27257
730605	713109	3233	3233		3286	64846	4083
3374993	3309005	246100	13962	-2400	35498	241222	22447
1781192	846458	3731	2016		345	45599	727
4460259	4419269	26998	26902	2705	43461	237937	30610
96840	96840	339	334			11723	207
4363419	4322429	26659	26568	2705	43461	226214	30403
38287	38287	231	231			27756	462
801935	791002	3833	3581		8810	40089	496
58392758	58114792	163633	156513	101606	13055	1650611	951350
173556991	172019223	643622	595647	477719	50269	2968000	3625619
92277840	89209147	1024683	615703	121682	463644	4276488	673164
294700306	**291637910**	**1431160**	**1249398**	**688813**	**291864**	**6999803**	**5099029**
124168892	123573136	437903	410198	279831	8660	1641266	3062851
118912760	117435597	521244	396287	297607	33852	2676576	1543213
28213830	27845055	298446	274303	95816	135158	1369282	403638
23404824	22784122	173567	168610	15559	114194	1312679	89327

12-5 续表 5

（2020年）

指标	年末资产负债			损益	
	负债合计	所有者权益合计	实收资本	营业收入	主营业务收入
专业承包	**22460077**	**11734169**	**7764898**	**32893273**	**31127659**
一级	12172190	5296053	3194045	19220169	17957033
二级	4378957	2801886	2251057	6278716	5959313
三级及以下	5908930	3636230	2319796	7394388	7211313
五、按地区分组					
五华区	68092671	15728111	9340099	46385115	45587127
盘龙区	37234397	18496104	8842475	44313146	42285425
官渡区	97514523	38151466	18668140	109184437	108248933
西山区	39750173	24431068	9525118	48646900	47877690
东川区	1296414	450569	317304	1798721	1741385
呈贡区	144633755	127836676	113956057	89913911	86427404
晋宁区	1080887	787366	518160	1746027	1736218
富民县	3484259	1728546	1069433	5486617	5484276
宜良县	2026430	885847	575180	2293481	2283065
石林彝族自治县	1023777	310356	187988	462901	462615
嵩明县	3014297	1769578	1197259	2811329	2794293
禄劝彝族苗族自治县	494199	493109	200294	726926	689628
寻甸回族彝族自治县	898117	675424	480302	1176922	1141622
安宁市	6992503	4338092	945019	3595375	3440382
六、按营业状态分					
营业	407026778	236098531	165637048	358301651	349971024
停业(歇业)	23450	57795	56780	26020	26020
筹建					
当年关闭	4100	34822	20000		
当年破产					
其他	482074	-108836	109000	214137	203019
七、按控股情况分					
国有控股	319671971	191310301	138640351	256664416	251375998
集体控股	5217321	2099878	1288505	3478184	3393457
私人控股	64477435	36104375	23895874	83848067	80899225
港澳台商控股	9766657	3743512	648000	9160742	9160742
外商控股					
其他	8403018	2824246	1350098	5390399	5370641

单位：千元

及分配

营业成本	主营业务成本	税金及附加	主营业务税金及附加	其他业务利润	销售费用	管理费用	财务费用
29527283	**27705252**	**400778**	**118465**	**12194**	**235104**	**1895296**	**151104**
17686259	16402855	297380	60768	6028	94220	786402	84378
5631933	5314846	72154	28763	377	54318	568463	27088
6209091	5987551	31244	28934	5789	86566	540431	39638
43310555	42474677	184539	172387	151556	58579	1541448	586043
40265475	38347333	302412	187525	28523	140513	1484912	211928
99067819	98353667	598190	299614	408327	132514	2918941	1302723
42608554	41794663	322696	308017	34777	59215	882230	211222
1632277	1583349	52183	52043	159	2160	100065	1595
80383615	80235057	219742	211755	9683	31783	1070386	2741568
1647310	1640488	9796	9509	220	2769	61193	2943
4948063	4929131	56536	56536	568	48076	126244	24912
2188039	2176433	12460	11924	-1726	14340	61471	22945
424472	416370	9312	9312	276	2095	234350	1249
2520542	2496743	17704	17441	412	14386	128564	29450
671031	623840	7276	6033	340	3344	30346	3801
1075821	1037672	7435	6945		12479	71494	3841
3484016	3233739	31657	18822	67892	4715	183455	105913
323993542	319118627	1830219	1366242	701007	525189	8877528	5231759
17634	17634	654	654		1310	1790	1715
					10	20	
216413	206901	1065	967		459	15761	16659
230862412	228999766	794101	730965	616890	73804	4701742	4613264
3380874	3145792	42440	34179	1256	14890	462439	101868
77511941	74771459	866561	474427	82540	433857	3428719	413263
7570678	7570678	41885	41885			65064	39797
4901684	4855467	86951	86407	321	4417	237135	81941

12-5 续表 6

（2020年）

指　　标	损益				
	财务费用		资产减值损失	公允价值变动收益	投资收益
	利息收入	利息支出			
总计	**735956**	**5294105**	**142170**	**877**	**783486**
其中：国有及国有控股企业	685274	4729217	26528	839	618365
一、按登记注册类型分组					
内资企业	**735956**	**5294105**	**142170**	**877**	**783486**
国有企业	121999	452823	-53589	962	5638
集体企业	-116	512	1190		4
股份合作企业	14				
联营企业					
有限责任公司	**564348**	**3955262**	**130141**	**-123**	**693895**
国有独资公司	16693	98659	-55		-237
其他有限责任公司	547655	3856603	130196	-123	694132
股份有限公司	**46568**	**643372**	**-11500**	**-2025**	**44969**
私营企业	**3143**	**242136**	**75928**	**2063**	**38980**
私营独资企业		56			
私营合伙企业					
私营有限责任公司	-9397	199339	68916	2063	20004
私营股份有限公司	12540	42741	7012		18976
其他企业					
港、澳、台商投资企业					
外商投资企业					
二、按国民经济行业分组					
房屋建筑业	**445591**	**3405953**	**10103**	**962**	**600664**
住宅房屋建筑	445129	3403383	7638	962	600572
其他房屋建筑业	462	2570	2465		92
土木工程建筑业	**278113**	**1759848**	**14678**	**-1873**	**158314**
铁路、道路、隧道和桥梁工程建筑	269847	1511195	-73039	272	-28809
铁路工程建筑	29323	133314	-3555		-101
公路工程建筑	211574	1137187	-75653		-12290
市政道路工程建筑	21894	114819	5105	272	-19236
城市管道交通工程建筑	863		113		
其他道路、隧道和桥梁工程建筑	6193	125875	951		2818
水利和水运工程建筑	6293	113514	35609	3	2755
水源及供水设施工程建筑	6279	113514	37429	3	2755
河湖治理及防洪设施工程建筑					
港口及航运设施工程建筑	14		-1820		

单位：千元

及分配

营业利润	营业外收入	营业外支出	利润总额	所得税费用	应付职工薪酬(本年贷方累计发生额)	建筑业企业在境外完成的营业收入
17828188	**280896**	**513106**	**17586382**	**3630365**	**31984824**	**8491025**
14748604	149080	206004	14691548	2708563	19735972	7383836
17828188	**280896**	**513106**	**17586382**	**3630365**	**31984824**	**8491025**
116346	40615	8720	148240	119548	2265496	1924772
21491	4701	335	25857	4359	276667	17707
999			999	113	8001	
14890423	**128128**	**188036**	**14826027**	**2640249**	**16630635**	**6128263**
2544818	7270	9787	2542301	403714	4441416	
12345605	120858	178249	12283726	2236535	12189219	6128263
356530	**20784**	**150055**	**227127**	**170019**	**3235711**	**214727**
2442399	**86668**	**165960**	**2358132**	**696077**	**9568314**	**205556**
303	1	1	303	27	1747	660
2303611	74705	157466	2212825	669519	8995898	204896
138485	11962	8493	145004	26531	570669	
6777015	**88810**	**174148**	**6687266**	**1787156**	**14406372**	**5365931**
6678355	84496	168061	6590378	1741922	14059196	5351143
98660	4314	6087	96888	45234	347176	14788
10541723	**140644**	**311276**	**10370309**	**1732552**	**12954728**	**2962056**
9973556	75663	246036	9803256	1599011	9658077	2626363
630144	24389	271	654262	25423	642201	302418
6718356	31831	104066	6646193	1119298	3987340	2323945
2659769	6257	39831	2626196	432128	4510901	
10670	59	59	10670	1238	122122	
-45383	13127	101809	-134065	20924	395513	
336941	11522	10886	337566	75326	1102546	128594
339912	11518	10407	341002	74778	1076859	128594
-2307		231	-2528	321	25119	
-664	4	248	-908	227	568	

12-5 续表 7

（2020年）

指　　标	损益				
	财务费用		资产减值损失	公允价值变动收益	投资收益
	利息收入	利息支出			
工矿工程建筑	1479	22772	7208		5429
架线和管道工程建筑	-148	64299	-758		130015
架线及设备工程建筑	-278	57199	-2033		128015
管道工程建筑	130	7100	1275		2000
地下综合管廊工程建筑					
节能环保工程施工	-4	2416			288
环保工程施工	-1	2410			288
生态保护工程施工	-3	6			
电力工程施工	616	22636	3518	-123	17528
火力发电工程施工	701	20807	3518	-123	-1169
水力发电工程施工	-2				
其他发电工程施工	-83	1829			18697
其他土木工程建筑	30	23016	42140	-2025	31108
园林绿化工程施工	10	21613	42140	-2025	31099
体育场地设施施工	2	251			9
其他土木工程建筑	18	1152			
建筑安装业	**8696**	**86860**	**70143**	**1728**	**21765**
电气安装	2338	43334	56078	1728	6396
管道和设备安装	7834	2115	-347		13314
其他建筑安装业	-1476	41411	14412		2055
建筑装饰、装修和其他建筑业	**3556**	**41444**	**47246**	**60**	**2743**
建筑装饰和装修业	84	19230	15499	60	2649
公共建筑装饰和装修	41	2632	11804		-151
住宅建筑装饰和装修	424	16436	3695	60	2642
建筑幕墙建筑装饰和装修	-381	162			158
建筑物拆除和场地准备活动	3215	21095	31150		94
建筑物拆除活动	8	209			
场地准备活动	3207	20886	31150		94
提供施工设备服务	56	406			
其他未列明建筑业	201	713	597		
三、**按隶属关系分组**					
中央	254192	1043113	-43666		32931
地方	395224	3756490	13404	962	557942
其他	86540	494502	172432	-85	192613
四、按企业资质等级分组					
施工总承包	**727461**	**5190080**	**55722**	**-911**	**740550**
特级	356924	3144747	99179		473619
一级	293967	1722744	-50667	839	96259
二级	65267	240197	-29105	3	142939
三级及以下	11303	82392	36315	-1753	27733

单位：千元

及分配					应付职工薪酬(本年贷方累计发生额)	建筑业企业在境外完成的营业收入
营业利润	营业外收入	营业外支出	利润总额	所得税费用		
52907	6950	12587	47270	9582	706101	
121616	36314	7243	149843	33874	1018230	68334
141916	35953	7197	169828	33870	977618	68334
-20300	361	46	-19985	4	40612	
-1794	4310	3371	-855	1164	23176	
-3016	4304	2733	-1445	1115	19725	
1222	6	638	590	49	3451	
32137	535	2106	30566	1266	226182	138765
904	37	357	584	146	107108	138765
986		56	930	36	3304	
30247	498	1693	29052	1084	115770	
26360	5350	29047	2663	12329	220416	
21281	5177	28507	-2049	11018	177746	
3473	10	6	3477	363	6840	
1606	163	534	1235	948	35830	
274511	**30683**	**17559**	**287432**	**61217**	**3258538**	**156085**
214181	20103	8530	225754	32484	2047748	59877
42872	1375	1856	42369	4289	126177	2039
17458	9205	7173	19309	24444	1084613	94169
234939	**20759**	**10123**	**241375**	**49440**	**1365186**	**6953**
68365	3586	5518	66472	19386	753754	
12689	588	506	12771	3755	134077	
49448	2951	4161	48277	13527	411545	
6228	47	851	5424	2104	208132	
148712	15671	3845	156299	23790	537976	6953
9687	212	280	5380	2225	17054	
139025	15459	3565	150919	21565	520922	6953
3480	127	8	3599	183	7152	
14382	1375	752	15005	6081	66304	
3043385	47928	60569	3030743	477075	3204662	3307620
11743174	107906	239765	11611166	2258361	16856464	3937451
3041629	125062	212772	2944473	894929	11923698	1245954
16760172	**212987**	**463303**	**16498106**	**3432534**	**28551119**	**8420145**
8942712	44732	160398	8827046	1744716	7214386	4711115
6889754	108986	136928	6861839	1304159	15215142	2576304
631954	43011	133134	537604	241745	3370016	1030270
295752	16258	32843	271617	141914	2751575	102456

12-5 续表 8

（2020年）

指标	损益				
	财务费用		资产减值损失	公允价值变动收益	投资收益
	利息收入	利息支出			
专业承包	**8495**	**104025**	**86448**	**1788**	**42936**
一级	8027	61757	69977	1778	14708
二级	-666	15483	8554		32524
三级及以下	1134	26785	7917	10	-4296
五、按地区分组					
五华区	114474	580246	162680	1244	11761
盘龙区	-11959	181446	25482	-244	53337
官渡区	238626	1303143	-158123		89242
西山区	77314	218147	58142	-123	1622
东川区	260	2063	209		459
呈贡区	272228	2898475	48951		647020
晋宁区	235	1651	2050		548
富民县	500	7880	600		-3509
宜良县	-328	7088	-2006		-4803
石林彝族自治县	-156	219			
嵩明县	2467	31370	3567		2258
禄劝彝族苗族自治县	71	2867			
寻甸回族彝族自治县	98	1578	582		800
安宁市	42126	57932	36		-15249
六、按营业状态分					
营业	735917	5276046	144668	877	783486
停业(歇业)	39	1698			
筹建					
当年关闭					
当年破产					
其他		16361	-2498		
七、按控股情况分					
国有控股	685274	4729217	26528	839	618365
集体控股	1339	97147	1528		35485
私人控股	36870	300166	123455	38	37247
港澳台商控股	-32661	52217			15696
外商控股					
其他	45134	115358	-9341		76693

单位：千元

及分配					应付职工薪酬(本年贷方累计发生额)	建筑业企业在境外完成的营业收入
营业利润	营业外收入	营业外支出	利润总额	所得税费用		
1068016	**67909**	**49803**	**1088276**	**197831**	**3433705**	**70880**
478791	33774	23688	488827	84054	1838379	6953
25644	13429	11158	27933	21245	698745	2039
563581	20706	14957	571516	92532	896581	61888
543884	77212	50329	572332	170615	8781487	529005
2025806	35265	109689	1951382	493707	6494523	75287
4101639	105712	172593	4027788	795069	9991498	3380050
4308324	10354	56990	4257455	694660	2497840	1076461
19523	734	4242	16016	6745	438342	
6222251	10408	90282	6145306	1257784	1694058	3397727
24641	4822	3733	24363	15456	150895	14128
316187	1517	1302	314949	125445	530268	
12128	7195	1369	17954	6642	434157	
7706	-55	238	7343	2456	89706	
108394	6756	11581	103569	26955	356627	
28034	508	1640	26903	6493	127870	17707
34617	2345	1462	35500	11396	136055	
75054	18123	7656	85522	16942	261498	660
17863828	280866	513106	17622123	3630149	31942806	8491025
2917	30		2947	216	5175	
-30			-30			
-38527			-38658		36843	
14748604	149080	206004	14691548	2708563	19735972	7383836
-133460	13931	103717	-223247	9397	715841	17707
1590401	86840	199342	1472686	506025	9692630	205556
1458606	3859	419	1462046	365775	1381673	
164037	27186	3624	183349	40605	458708	883926

主要统计指标解释

建筑施工企业 是指从事：1.各种房屋、建筑物和构筑物的建造；2.各种线路、管道和机械设备的安装；3.原有房屋、建筑物的修理；4.部分非标准设备的制造；5.原有房屋、建筑和构筑物的装饰装修等。建筑施工企业同时还应具备下述条件：①依法成立、有自己的名称、组织机构和场所，能够独立承担民事责任；②独立拥有和使用(或授权使用)资产，承担负债，有权与其他单位签订合同；③会计上独立核算，能够编制资产负债表；④具有新的建筑业资质等级的总承包、专业承包、劳务分包的建筑业企业(包括各地区建设行政主管部门按照新的建筑业资质管理规定自行批准的资质企业)。

国有企业 指企业全部资产归国家所有，并按《中华人民共和国企业法人登记管理条例》规定登记注册的非公司制的经济组织。不包括有限责任公司中的国有独资公司。

集体企业 指企业资产归集体所有，并按《中华人民共和国企业法人登记管理条例》规定登记注册的经济组织。

股份合作企业 指以合作制为基础，由企业职工共同出资入股，吸收一定比例的社会资产投资组建，实行自主经营，自负盈亏，共同劳动，民主管理，按劳分配与按股分红相结合的一种集体经济组织。

联营企业 指两个及两个以上相同或不同所有制性质的企业法人或事业单位法人，按自愿、平等、互利的原则，共同投资组成的经济组织。联营企业包括国有联营企业、集体联营企业、国有与集体联营企业和其他联营企业。

国有联营企业 指所有联营单位均为国有。

集体联营企业 指所有联营单位均为集体。

国有与集体联营企业 指联营单位既有国有也有集体。

其他联营企业 指上述三种联营企业之外的其他联营形式的企业。

有限责任公司 指根据《中华人民共和国公司登记管理条例》规定登记注册，由两个以上，五十个以下的股东共同出资，每个股东以其所认缴的出资额对公司承担有限责任，公司以其全部资产对其债务承担责任的经济组织。有限责任公司包括国有独资公司以及其他有限责任公司。

国有独资公司 指国家授权的投资机构或者国家授权的部门单独投资设立的有限责任公司。

其他有限责任公司 指国有独资公司以外的其他有限责任公司。

股份有限公司 指根据《中华人民共和国公司登记管理条例》规定登记注册，其全部注册资本由等额股份构成并通过发行股票筹集资本，股东以其认购的股份对公司承担有限责任，公司以其全部资产对其债务承担责任的经济组织。

私营企业 指由自然人投资设立或由自然人控股，以雇佣劳动为基础的营利性经济组织。包括按照《公司法》《合伙企业法》《私营企业暂行条例》以及《个人独资企业法》规定登记注册的私营独资企业、私营有限责任公司、私营股份有限公司、私营合伙企业和个人独资企业。

私营独资企业　指按《私营企业暂行条例》的规定，由一名自然人投资经营，以雇佣劳动为基础，投资者对企业债务承担无限责任的企业。

私营有限责任公司　指按《公司法》《私营企业暂行条例》的规定，由两个以上自然人投资或由单个自然人控股的有限责任公司。

私营股份有限公司　指按《公司法》的规定，由五个以上自然人投资，或由单个自然人控股的股份有限公司。

私营合伙企业　指按《合伙企业法》或《私营企业暂行条例》的规定，由两个以上自然人按照协议共同投资、共同经营、共负盈亏，以雇佣劳动为基础，对债务承担无限责任的企业。

个人独资企业　指按《个人独资企业法》《个人独资企业登记管理办法》的规定，由一个自然人投资，财产为投资人个人所有，投资人以其个人财产对企业债务承担无限责任的经营实体。个人独资企业填表时归入私营独资企业。

其他内资企业　指上述第（1）条至第（7）条之外的其他内资经济组织。

与港澳台商合资经营企业　指港澳台地区投资者与内地的企业依照《中华人民共和国中外合资经营企业法》及有关法律的规定，按合同规定的比例投资设立，分享利润和分担风险的企业。

与港澳台商合作经营企业　指港澳台地区投资者与内地企业依照《中华人民共和国中外合作经营企业法》及有关法律的规定，依照合作合同的约定进行投资或提供条件设立，分配利润、分担风险和亏损的企业。

港澳台商独资经营企业　指依照《中华人民共和国外资企业法》及有关法律的规定，在内地由港澳台地区投资者全额投资设立的企业。

港澳台商投资股份有限公司　指根据国家有关规定，经商务部（原外经贸部）批准设立，并且其中港、澳、台商的股本占公司注册资本的比例达25%以上的股份有限公司。凡其中港、澳、台商的股本占公司注册资本的比例小于25%的，属于内资中的股份有限公司。

其他港、澳、台商投资企业　指在中国境内参照《外国企业或个人在中国境内设立合伙企业管理办法》和《外商投资合伙企业登记管理规定》，依法设立的港、澳、台商投资合伙企业。

中外合资经营企业　指外国企业或外国人与中国内地企业依照《中华人民共和国中外合资经营企业法》及有关法律的规定，按合同规定的比例投资设立，分享利润和分担风险的企业。

中外合作经营企业　指外国企业或外国人与中国内地企业依照《中华人民共和国中外合作经营企业法》及有关法律的规定，依照合作合同的约定进行投资或提供条件设立，分配利润、分担风险和亏损的企业。

外资企业　指依照《中华人民共和国外资企业法》及有关法律的规定，在中国内地由外国投资者全额投资设立的企业。

外商投资股份有限公司　指根据国家有关规定，经商务部（原外经贸部）批准设立，并且其中外资的股本占公司注册资本的比例达25%以上的股份有限公司。凡其中外资股本占公司注册资本的比例小于25%的，属于内资中的股份有限公司。

其他外商投资企业　指在中国境内依照《外国企业或个人在中国境内设立合伙企业管理办法》和《外商投资合伙企业登记管理规定》，依法设立的外商投资合伙企业。

1–本季平均人数　季报基层表中应填报的平均人数是“1–本季平均人数”，以年初至报告季内各月平均人数之和除以报告季内月数求得。计算公式为：

一季度：$1\text{–本季平均人数}=\dfrac{1\text{月平均人数}+2\text{月平均人数}+3\text{月平均人数}}{3}$

二季度：$1\text{–本季平均人数}=\dfrac{1\text{月平均人数}+\ldots+6\text{月平均人数}}{6}$

三季度：$1\text{–本季平均人数}=\dfrac{1\text{月平均人数}+\ldots+9\text{月平均人数}}{9}$

或（用本季平均人数计算）

一季度：1–本季平均人数=1 季度本季平均人数

二季度：$1\text{–本季平均人数}=\dfrac{1\text{季度本季平均人数}+2\text{季度本季平均人数}}{2}$

三季度：1–本季平均人数

$$=\frac{1\text{季度本季平均人数}+2\text{季度本季平均人数}+3\text{季度本季平均人数}}{3}$$

本季平均人数以报告季内三个月的平均人数之和除以3求得。计算公式为：

$\text{本季平均人数}=\dfrac{\text{报告季内}3\text{个月平均人数之和}}{3}$

年平均人数　是以12个月的平均人数相加之和除以12求得，或以4个季度的平均人数之和除以4求得。计算公式为：

$\text{年平均人数}=\dfrac{\text{报告年内}12\text{个月平均人数之和}}{12}$

或：

$\text{年平均人数}=\dfrac{\text{报告年内}4\text{个季度平均人数之和}}{4}$

在年内新成立的单位年平均人数计算方法为：从实际开工之月起到年底的月平均人数相加除以12个月。

资产总计　指企业过去的交易或者事项形成的、由企业拥有或者控制的、预期会给企业带来经济利益的资源。资产一般按流动性分为流动资产和非流动资产。其中流动资产可分为货币资金、交易性金融资产、应收票据、应收账款、预付款项、其他应收款、存货等；非流动资产可分为长期股权投资、固定资产、无形资产及其他非流动资产等。根据会计“资产负债表”中“资产总计”项目的期末余额数填报。

营业利润 指企业从事生产经营活动所取得的利润。执行 2006 年《企业会计准则》的企业，营业利润为营业收入减去营业成本、营业税金及附加、销售费用、管理费用、财务费用、资产减值损失，再加上公允价值变动收益和投资收益。未执行 2006 年《企业会计准则》的企业，营业利润为主营业务收入减去主营业务成本、主营业务税金及附加，加上其他业务利润后，再减去销售费用、管理费用、财务费用后的金额。根据会计“利润表”中“营业利润”项目的本期金额数填报。

利润总额 指企业在一定会计期间的经营成果，是生产经营过程中各种收入扣除各种耗费后的盈余，反映企业在报告期内实现的亏盈总额。根据会计“利润表”中“利润总额”项目的本期金额数填报。执行 2006 年《企业会计准则》的企业，利润总额为营业利润加上营业外收入，减去营业外支出后的金额；未执行 2006 年《企业会计准则》的企业，利润总额为营业利润加上投资收益、补贴收入、营业外收入，再减去营业外支出后的金额。

建筑业总产值 建筑业总产值是以货币表现的建筑业企业在一定时期内生产的建筑业产品和服务的总和。建筑业总产值包括建筑工程产值、安装工程产值和其他产值三部分内容。

劳务分包企业建筑业总产值指劳务分包企业与总承包企业或专业承包企业签定劳务分包合同后，从事建筑安装工程取得的所有劳务收入。

装饰装修产值 包括装饰、装修两部分产值。装修装饰指对新旧房屋及建筑物进行的内外装修装饰；对新建房屋及建筑物经过施工后，尚未完全达到使用标准，而进行的二次装修装饰；以及对原有房屋经使用若干年后进行的二次内外装饰。包括抹灰、门窗、玻璃、吊顶、隔断、饰面板(砖)、涂料、裱糊、刷浆、花饰等。

在外省完成的产值 指建筑业企业在其他省份施工所完成的建筑业产值。

房屋施工面积 指报告期内施过工的全部房屋建筑面积，它包括本期新开工的面积、上期跨入本期继续施工的房屋面积、上期停缓建在本期恢复施工的房屋面积、本期竣工的房屋面积以及本期施工后又停缓建的房屋面积。

房屋新开工面积 指在报告期内新开工的各个房屋单位工程的建筑面积之和。它不包括在上期开工跨入报告期继续施工的房屋建筑面积和上期停缓建而在本期复工的建筑面积。新开工面积用于反映报告期内投入施工的房屋建筑规模，为科学组织施工提供依据。

房屋竣工面积 指在报告期内房屋建筑按照设计要求已全部完工，达到了使用条件，经检查验收鉴定合格的房屋建筑面积。计算房屋竣工面积，必须严格执行房屋竣工验收标准。对民用建筑来讲，一般应按设计要求在土建工程和房屋本身附属的水、卫、气、暖等工程已经完工，通风、电梯等设备已安装完毕，做到水通、灯亮、经验收鉴定合格，并正式交付给使用单位后，才能计算竣工面积。对于工业及科研等生产性房屋建筑：一般应按设计要求在土建工程(包括水、暖、电、卫、通风)及属于房屋组成部分的生活间、操作间等已经完成，经验收合格后才计算竣工面积。只差安装工艺设备、管线工程的亦可以计算竣工面积。

房屋竣工价值　指在报告期内按规定已经上报竣工的房屋本身的建造价值。一般按房屋设计和预算规定的内容计算。可按“竣工结算价”或“中标价”填报。

13 国内贸易

13-1 分县(市)区社会消费品零售总额

单位：万元

地　区	2019年	2020年	2020年比2019年增长(%)
昆明市	**31867367**	**30704358**	**-3.6**
五华区	6242602	5961195	-4.5
盘龙区	6046156	6258414	3.5
官渡区	6831584	6019046	-11.9
西山区	4769507	4569192	-4.2
东川区	447779	459695	2.7
呈贡区	1477704	1601670	8.4
晋宁区	767913	661757	-13.8
富民县	394968	400862	1.5
宜良县	844204	767057	-9.1
石林县	462226	449812	-2.7
嵩明县	810529	838291	3.4
禄劝县	608428	573318	-5.8
寻甸县	657346	628639	-4.4
安宁市	1506423	1515411	0.6

13-2 限额以上批发和零

（2020年）

指标	法人企业数(个)	从业人员期末人数(人)	商品购进额	进口	商品销售额
总计	**741**	**85997**	**67890032**	**1190605**	**73864504**
一、批发业	**385**	**28891**	**59640970**	**831070**	**62934060**
1.按批发行业小类分					
农、林、牧、渔产品批发	**14**	**546**	**953075**	**125959**	**1058147**
谷物、豆及薯类批发	5	180	482816	125959	547730
种子批发	2	99	4378		30154
畜牧渔业饲料批发	1	93	414589		426631
棉、麻批发					
林业产品批发					
牲畜批发	1	6	32504		32563
渔业产品批发					
其他农牧产品批发	5	168	18789		21070
食品、饮料及烟草制品批发	**53**	**4945**	**5578303**	**37332**	**6524176**
米、面制品及食用油批发	14	789	631321		622409
糕点、糖果及糖批发	10	331	1965026		1992761
果品、蔬菜批发	3	64	13110		19474
肉、禽、蛋、奶及水产品批发	2	73	8585		10474
盐及调味品批发	1	71	15809		16729
营养和保健品批发	2	159	36358		40566
酒、饮料及茶叶批发	9	663	145789	42	173815
烟草制品批发	4	2021	2585318	13970	3452696
其他食品批发	8	774	176989	23321	195253
纺织、服装及家庭用品批发	**19**	**1229**	**615305**		**724815**
纺织品、针织品及原料批发	1	15	925		625
服装批发	2	49	9823		11799
鞋帽批发					
化妆品及卫生用品批发	6	467	36803		40215
厨具卫具及日用杂品批发					
灯具、装饰物品批发					
家用视听设备批发	3	423	20365		25626
日用家电批发	5	118	533574		630903
其他家庭用品批发	2	157	13814		15648
文化、体育用品及器材批发	**14**	**693**	**442898**		**461417**
文具用品批发	4	162	62152		69316
体育用品及器材批发					
图书批发	6	435	306810		314268
报刊批发					
音像制品、电子和数字出版物批发					
首饰、工艺品及收藏品批发	1	58	32111		34649
乐器批发					
其他文化用品批发	3	38	41826		43184

售业法人企业经营情况

单位：万元

通过公共网络实现的销售额	通过非自营平台实现的商品销售额	批发额	出口	零售额	通过公共网络实现的零售额	通过非自营平台实现的零售额	期末商品库存额	服务营业额	年末零售营业面积(平方米)
5667821	**152496**	**63951481**	**729403**	**9911166**	**573004**	**64134**	**6583370**	**195767**	**3910511**
5098009	**78403**	**62458131**	**729403**	**474072**	**26368**	**1464**	**5617399**	**104483**	**440011**
61404	**61242**	**1051765**	**20533**	**4525**			**155545**	**27064**	**5222**
61242	61242	546468	14003	1262			147996	586	190
		30154					1202		2000
		426631					5166	26452	
		32563					348		300
162		15949	6530	3263			834	26	2732
1990030	**1363**	**6504069**	**180779**	**20108**	**1384**	**1363**	**780938**	**22364**	**41473**
75		604918		17491			240375	1419	28484
1277		1992761					166709	1097	1900
		19474					2171		600
		10474					185		
		16729					728	499	
		40566					5601		3000
10303		172562	11018	1253	21		31118	20	6489
1977012		3452696	168321				324337	6359	
1363	1363	193890	1440	1363	1363	1363	9714	12970	1000
		720700	**707**	**4115**			**66766**	**1046**	**3509**
		562		64			500		300
		11554		245			2961		
		40108	707	107			2691	1046	500
		25626					11589		209
		630903					44482		
		11947		3701			4543		2500
1606		**459432**		**1986**	**63**		**59868**	**281**	**8261**
1606		69039		277	63		10108		2000
		312560		1708			35740	41	2261
		34649					5667		
		43184					8353	240	4000

13-2 续表 1

（2020年）

指　　标	法人企业数(个)	从业人员期末人数(人)	商品购进额	进口	商品销售额
医药及医疗器材批发	**64**	**11554**	**4450075**	**18945**	**5423500**
西药批发	37	9302	4057831	17410	4469149
中药批发	9	1478	156791		659722
动物用药品批发	1	34	4651		6977
医疗用品及器材批发	17	740	230803	1536	287651
矿产品、建材及化工产品批发	**173**	**5868**	**45410193**	**641140**	**46426447**
煤炭及制品批发	7	279	713272		716839
石油及制品批发	14	544	5381301		5473810
非金属矿及制品批发	13	254	177842		222638
金属及金属矿批发	77	2283	25866542	228708	26130524
建材批发	24	744	4154469		4213373
化肥批发	14	1069	8416688	409136	8924008
农药批发	3	248	81811	3295	105073
农用薄膜批发					
其他化工产品批发	21	447	618268		640183
机械设备、五金产品及电子产品批发	**41**	**3804**	**1815598**		**1928381**
农业机械批发					
汽车及零配件批发	8	220	81343		74548
摩托车及零配件批发	3	125	118945		124529
五金产品批发	2	592	56906		51180
电气设备批发	1	20	4399		6597
计算机、软件及辅助设备批发	5	172	43909		69658
通讯设备批发	2	699	512512		550173
广播影视设备批发					
其他机械设备及电子产品批发	20	1976	997584		1051697
贸易经纪与代理	**2**	**32**	**21493**	**7695**	**27061**
贸易代理	2	32	21493	7695	27061
一般物品拍卖					
艺术品、收藏品拍卖					
艺术品代理					
其他贸易经纪与代理					
其他批发业	**5**	**220**	**354030**		**360115**
再生物资回收与批发					
宠物食品用品批发					
互联网批发					
其他未列明批发业	5	220	354030		360115
2.按登记注册类型分					
内资企业	**373**	**27286**	**58685831**	**687724**	**61822211**
国有企业	8	2120	1698514		2569057

单位：万元

通过公共网络实现的销售额	通过非自营平台实现的商品销售额	批发额	出口	零售额	通过公共网络实现的零售额	通过非自营平台实现的零售额	期末商品库存额	服务营业额	年末零售营业面积(平方米)
1830268	**15698**	**5173659**		**249841**	**24461**		**565411**	**15868**	**193233**
1812280	15698	4259588		209561	20929		470487	15868	173719
3532		622333		37389	3532		60819		9438
		6977					703		
14456		284760		2891			33402		10076
1213781	**101**	**46299704**	**485228**	**126744**	**460**	**101**	**3796545**	**27332**	**134093**
		716839					3446	6828	
		5408516		65293			45709	3656	66660
78801		222141	586	497			9956	470	11718
159257	101	26094026	756	36498	457	101	3465973	16286	21367
975723		4212007		1366	3		64404		27303
		8904071	481647	19937			184471	54	330
		105073					2690	38	1340
		637031	2239	3152			19897		5375
920		**1873716**	**41873**	**54665**			**181134**	**10491**	**42240**
		56747		17800			13711		5146
		120341		4188			16112		1000
		50918		262			10818		136
		6597	1068				150		219
		64386		5272			7568	7503	260
		532375		17798			9928	277	2045
920		1042352	40805	9345			122847	2711	33434
		27061	**284**				**7644**	**37**	
		27061	284				7644	37	
		348027		**12089**			**3548**		**11980**
		348027		12089			3548		11980
5096646	**77040**	**61347645**	**716800**	**472709**	**25005**	**101**	**5444735**	**85091**	**439205**
1815456		2569023	1019	34			296357	1538	50

13-2 续表 2

（2020年）

指　　标	法人企业数(个)	从业人员期末人数(人)	商品购进额	进口	商品销售额
集体企业	1	7	1840		2070
股份合作企业					
联营企业					
国有联营企业					
集体联营企业					
国有与集体联营企业					
其他联营企业					
有限责任公司	125	11402	45048624	650189	46689332
国有独资公司	15	1137	5666029	13970	5697977
其他有限责任公司	110	10265	39382595	636219	40991355
股份有限公司	14	3751	6782015		6787476
私营企业	224	10002	5151719	37536	5770801
私营独资企业	1	9	1732		2138
私营合伙企业					
私营有限责任公司	221	9595	5064792	35869	5673555
私营股份有限公司	2	398	85194	1667	95108
其他企业	1	4	3120		3474
港、澳、台商投资企业	**2**	**735**	**412100**		**425911**
与港澳台商合资经营企业	1	601	28466		28545
与港澳台商合作经营企业					
港澳台商独资企业	1	134	383634		397366
港澳台商投资股份有限公司					
其他港澳台投资企业					
外商投资企业	**10**	**870**	**543039**	**143346**	**685937**
中外合资经营企业	2	45	46275	17410	49574
中外合作经营企业					
外资企业	7	538	443887	125937	570534
外商投资股份有限公司					
其他外商投资企业	1	287	52878		65829
3.按控股情况分					
国有控股	88	10589	50139211	650189	51986263
集体控股	6	376	191966		214197
私人控股	262	15201	7183657	54945	7839345
港澳台商控股	1	134	383634		397366
外商控股	8	834	525630	125937	665883
其他	20	1757	1216873		1831006
4.按经营形式分					
独立门店	150	9438	17384725	234144	18500712
连锁总店(总部)	3	620	1677989		1683125
连锁直营店	1	468	126075		134933
连锁加盟店					
其他	231	18365	40452182	596926	42615290

单位：万元

通过公共网络实现的销售额	通过非自营平台实现的商品销售额	批发额	出口	零售额	通过公共网络实现的零售额	通过非自营平台实现的零售额	期末商品库存额	服务营业额	年末零售营业面积(平方米)
		2070					235		
3196447	77040	46414753	632678	272722	491	101	1647598	24834	211270
222798	61242	5696661	168321	1316			381697	3079	3210
2973649	15799	40718092	464357	271406	491	101	1265902	21755	208060
20919		6723282	67462	64194	20919		3008187	42215	70118
63823		5635042	15641	135759	3595		492358	16504	157767
		2138					685		
63823		5537796	15431	135759	3595		479432	16504	157767
		95108	210				12240		
		3474							
1363	**1363**	**424548**		**1363**	**1363**	**1363**	**142774**	**12206**	
1363	1363	27182		1363	1363	1363	2362	12206	
		397366					140412		
		685937	**12604**				**29891**	**7186**	**806**
		49574					4539	358	
		570534	12604				25345	6828	
		65829					7		806
4981344	61343	51879828	673832	106435	482	101	4681201	53146	94847
		192876	25520	21320			27258	66	132
116503	17061	7595451	16227	243894	25886	1363	620728	44443	244355
		397366					140412		
		665883	12604				28606	6828	806
162		1726726	1220	102422			119194		99871
1856133	62605	18247158	1874	251697	1782	1363	1113289	21807	220940
174		1676710		6416	10		4184		6636
		81208		53725			14916		40200
3241702	15799	42453055	727530	162235	24577	101	4485010	82676	172235

13-2 续表 3

（2020年）

指　　标	法人企业数(个)	从业人员期末人数(人)	商品购进额	进口	商品销售额
5.按单位规模分					
大型	19	11379	14128800		15937872
中型	186	14980	40689156	681790	41847589
小型	147	2442	2795396	23343	2946395
微型	33	90	2027619	125937	2202203
6.按经营地分					
城镇	366	27865	58866641	831070	62109573
其中：城区	337	27133	58478654	831070	61714996
乡村	19	1026	774330		824486
7.按港澳台商投资情况分					
港商投资	2	735	412100		425911
澳商投资	1	601	28466		28545
台商投资					
二、零售业	**356**	**57106**	**8249062**	**359535**	**10930445**
1.按零售行业小类分					
综合零售	**60**	**11841**	**1061589**	**3563**	**1302991**
百货零售	23	1952	226869	4	343586
超级市场零售	29	8619	749376	3559	874787
便利店零售	3	153	31297		29407
其他综合零售	5	1117	54047		55212
食品、饮料及烟草制品专门零售	**32**	**2774**	**127127**	**3591**	**183114**
粮油零售	3	893	33577		37271
糕点、面包零售					
果品、蔬菜零售	11	696	39941		61951
肉、禽、蛋、奶及水产品零售	3	245	6550		7467
营养和保健品零售	1	92	4698		4433
酒、饮料及茶叶零售	5	336	17435		38724
烟草制品零售	2	171	11717		16510
其他食品零售	7	341	13209	3591	16758
纺织、服装及日用品专门零售	**18**	**2850**	**179634**	**2254**	**305574**
纺织品及针织品零售					
服装零售	11	1393	71717		193259
鞋帽零售	3	218	21640		20992
化妆品及卫生用品零售	3	1183	85384	2254	90148
厨具卫具及日用杂品零售					
钟表、眼镜零售	1	56	893		1176
箱包零售					
自行车等代步设备零售					
其他日用品零售					

单位：万元

通过公共网络实现的销售额	通过非自营平台实现的商品销售额	批发额	出口	零售额	通过公共网络实现的零售额	通过非自营平台实现的零售额	期末商品库存额	服务营业额	年末零售营业面积(平方米)
4583664		15701061		236811	21279		594411	15646	167512
439573	78302	41624622	701621	222967	4926	1363	4816873	79367	204280
31409	101	2932373	14740	14022	164	101	160408	9340	65229
43362		2200075	13042	271			45707	130	2990
5098009	78403	61644940	728023	462776	26368	1464	2725868	77404	433816
5097607	78403	61271167	728023	443829	26368	1464	2694342	77386	396597
		813191	1381	11295			2891531	27079	6195
1363	1363	424548		1363	1363	1363	142774	12206	
1363	1363	27182		1363	1363	1363	2362	12206	
569813	**74093**	**1493350**		**9437095**	**546636**	**62670**	**965971**	**91284**	**3470500**
54678	**34189**	**6624**		**1296367**	**54665**	**33078**	**129211**	**14530**	**759348**
2697	14	6317		337269	2683		17664	1818	248646
50598	34175	170		874616	50598	33078	100948	11992	449970
				29407			2979	717	6569
1383		137		55075	1383		7620	3	54163
23479	**1064**	**5769**		**177345**	**16877**	**926**	**30154**	**189**	**148597**
2871				37271	2871		7606		5926
9361	474	619		61332	8761	474	5446		109631
4		92		7376	4		247	0	5925
1979	590	1930		2503	1082	452	1763		10231
3495				38724	3495		11975		7964
				16510			1195		1818
5768		3128		13630	664		1921	189	7102
33266		**65504**		**240070**	**33266**		**35517**	**8674**	**89117**
182				193259	182		22288	8674	83384
		16932		4060			11050		2864
33085		48572		41576	33085		1502		2322
				1176			677		547

13-2 续表 4

（2020年）

指　　标	法人企业数（个）	从业人员期末人数（人）	商品购进额	进口	商品销售额
文化、体育用品及器材专门零售	**20**	**1566**	**158608**		**159788**
文具用品零售	4	127	4710		5835
体育用品及器材零售	1	15	475		618
图书、报刊零售	7	1173	105786		100129
音像制品、电子和数字出版物零售					
珠宝首饰零售	5	152	45766		50062
工艺美术品及收藏品零售	1	35	1130		1822
乐器零售					
照相器材零售					
其他文化用品零售	2	64	742		1323
医药及医疗器材专门零售	**18**	**21994**	**686598**		**1272957**
西药零售	16	17546	683256		1033404
中药零售	2	4448	3341		239552
动物用药品零售					
医疗用品及器材零售					
保健辅助治疗器材零售					
汽车、摩托车、零配件和燃料及其他动力销售	157	12553	5494268	350127	7048900
汽车新车零售	108	7887	3003178	331561	3267779
汽车旧车零售	10	880	433690	5718	430324
汽车零配件零售	3	192	50966		63977
摩托车及零配件零售	3	53	16806	12848	17732
机动车燃油零售	32	3518	1986741		3265121
机动车燃气零售	1	23	2887		3967
机动车充电销售					
家用电器及电子产品专门零售	**28**	**2712**	**458485**	**0.2**	**559616**
家用视听设备零售	7	1167	197592		271407
日用家电零售	4	190	26017		29086
计算机、软件及辅助设备零售	8	925	189748		206934
通信设备零售	8	417	42752	0.2	49994
其他电子产品零售	1	13	2377		2197
五金、家具及室内装饰材料专门零售	**10**	**574**	**57149**		**67038**
五金零售	1	28	2311		2155
灯具零售	1	45	930		1631
家具零售	2	68	4900		3604
涂料零售	1	33	2820		3166
卫生洁具零售	1	95	18706		20548
木质装饰材料零售					
陶瓷、石材装饰材料零售	3	269	19021		26336
其他室内装饰材料零售	1	36	8461		9599

单位：万元

通过公共网络实现的销售额	通过非自营平台实现的商品销售额	批发额	出口	零售额	通过公共网络实现的零售额	通过非自营平台实现的零售额	期末商品库存额	服务营业额	年末零售营业面积(平方米)
28		**5640**		**154148**	**28**		**34028**	**136**	**120964**
9		736		5100	9		1584		4920
		62		555			737		1500
11		4158		95971	11		26063		103088
9				50062	9		4992	136	10241
				1822			94		800
		684		639			558		415
14222	**5368**	**68407**		**1204550**	**12441**	**5368**	**146618**	**3**	**601373**
14222	5368	68282		965123	12440	5368	145470	3	483004
0.2		125		239427	0.2		1148		118369
143556	2021	1263128		5785772	143066	98	501922	59488	1424980
143556	2021	85775		3182004	143066	98	411590	58851	430380
				430324			36739	560	47439
				63977			11832	20	20880
				17732			2819	57	1808
		1177353		2087768			38940		911024
				3967			3		13449
272691	**7859**	**47757**		**511859**	**258819**		**71508**	**8257**	**296585**
73197		10749		260658	73197		12722	1738	203892
13871	7859	13871		15214			4515	419	29686
183332				206934	183332		45512	3458	13388
2291		23137		26857	2291		7874	2642	49364
				2197			885		255
		29247		**37791**			**15159**	**8**	**26619**
				2155			173		400
				1631			271		5000
				3604			2587		5971
				3166			1156		109
		19221		1327			5593		4411
		10026		16310			4785	8	3728
				9599			594		7000

13-2 续表 5

（2020年）

指　　标	法人企业数（个）	从业人员期末人数（人）	商品购进额	进口	商品销售额
货摊、无店铺及其他零售业	**13**	**242**	**25605**		**30467**
流动货摊零售					
互联网零售	11	218	23243		28952
邮购及电视、电话零售					
自动售货机零售					
旧货零售					
生活用燃料零售					
宠物食品用品零售					
其他未列明零售业	2	24	2362		1515
2.按登记注册类型分					
内资企业	**331**	**47341**	**6736291**	**175037**	**9135236**
国有企业	3	86	17041		18766
集体企业	3	79	25992		26694
股份合作企业					
联营企业					
国有联营企业					
集体联营企业					
国有与集体联营企业					
其他联营企业					
有限责任公司	83	15555	3569368	93969	4122727
国有独资公司	3	1301	1222873		1142116
其他有限责任公司	80	14254	2346496	93969	2980611
股份有限公司	3	1245	55251		1326501
私营企业	238	30367	3067819	81068	3639584
私营独资企业	22	630	93603	11663	105752
私营合伙企业					
私营有限责任公司	212	13463	2297507	61810	2508321
私营股份有限公司	4	16274	676709	7595	1025512
其他企业	1	9	820		964
港、澳、台商投资企业	**12**	**2684**	**691485**	**104024**	**897371**
与港澳台商合资经营企业	2	352	222095	104024	261789
与港澳台商合作经营企业					
港澳台商独资企业	10	2332	469389		635582
港澳台商投资股份有限公司					
其他港澳台投资企业					
外商投资企业	**13**	**7081**	**821287**	**80474**	**897838**
中外合资经营企业	6	2205	255088		274128
中外合作经营企业					
外资企业	7	4876	566199	80474	623710
外商投资股份有限公司					
其他外商投资企业					

单位：万元

通过公共网络实现的销售额	通过非自营平台实现的商品销售额	批发额	出口	零售额	通过公共网络实现的零售额	通过非自营平台实现的零售额	期末商品库存额	服务营业额	年末零售营业面积(平方米)
27892	**23591**	**1274**		**29193**	**27474**	**23199**	**1854**		**2917**
27892	23591	1274		27678	27474	23199	831		2601
				1515			1023		316
517656	**39917**	**1485161**		**7650075**	**494480**	**29592**	**806690**	**62761**	**2970667**
				18766			2751		8087
		95		26599			1397		2308
309496	7880	857127		3265600	308599	5820	315482	30528	1479718
1923	1923	311196		830920	1923		16137	940	458166
307573	5957	545931		2434681	306676	5820	299345	29589	1021552
9		431893		894608	9		6040		127381
207831	32037	196046		3443538	185552	23772	480979	32233	1352673
		8615		97136			7470	352	34215
198978	32037	120817		2387504	178480	23772	336397	31797	867406
8853		66614		958898	7072		137112	83	451052
321				964	321		42		500
9626		**5583**		**891788**	**9626**		**68450**	**15304**	**128582**
				261789			16529	9791	17424
9626		5583		629999	9626		51921	5512	111158
42530	**34175**	**2606**		**895232**	**42530**	**33078**	**90831**	**13219**	**371251**
14272	14272	125		274003	14272	13175	26100	5746	101058
28258	19903	2481		621229	28258	19903	64730	7473	270193

13-2 续表 6

（2020年）

指　　标	法人企业数（个）	从业人员期末人数（人）	商品购进额	进口	商品销售额
3.按控股情况分					
国有控股	23	5221	2167794	2254	3457561
集体控股	6	663	83988		89878
私人控股	284	38380	3762630	148419	4679664
港澳台商控股	13	2945	694826	104024	903623
外商控股	9	6435	750138	80474	823184
其他	21	3462	789686	24363	976537
4.按经营形式分					
独立门店	286	22960	5227847	355976	5867422
连锁总店(总部)	20	28304	2358335	3559	4245851
连锁直营店	3	1375	73706		78060
连锁加盟店	2	38	2248		3197
其他	45	4429	588120		738337
5.按单位规模分					
大型	20	36466	3044875	3559	5017611
中型	143	16362	4111373	318740	4613965
小型	158	4074	1018273	37236	1200629
微型	35	204	74542		98240
6.按零售业态分					
有店铺零售	**329**	**56363**	**8095337**	**359535**	**10763740**
食杂店	2	141	3100		3846
便利店	9	1000	96844		108298
折扣店	2	144	25698		27925
超市	37	2816	126482	3594	160473
大型超市	10	7842	719739	3559	798696
仓储会员店	1	14	1013		1026
百货店	19	1933	187678	2254	357979
专业店	111	32005	4134261	88031	6235272
专卖店	128	9137	2671716	262096	2933268
家居建材商店	3	91	13596		17338
购物中心	3	210	5062		8101
厂家直销中心	4	1030	110149		111518
无店铺零售	**27**	**743**	**153725**		**166705**
电视购物	1	66	2156		2604
邮购					
网上商店	11	243	22757		29030
自动售货亭					
电话购物					
其他	15	434	128812		135071

单位：万元

通过公共网络实现的销售额	通过非自营平台实现的商品销售额	批发额	出口	零售额	通过公共网络实现的零售额	通过非自营平台实现的零售额	期末商品库存额	服务营业额	年末零售营业面积(平方米)
7299	7291	1177398		2280163	7299	5368	68402	1071	971503
2		23232		66646	2		5517	2642	17618
229790	32627	235163		4444500	206613	24224	549923	46296	1756709
9626		5708		897914	9626		69598	15304	132570
42530	34175	2481		820703	42530	33078	81778	13219	353463
280566		49368		927168	280566		190753	12753	238637
392927	32252	435506		5431855	386315	28839	668597	80674	1569459
108956	18542	813449		3432402	107174	18542	228440	6748	1543596
109				78060	109		8597		56730
				3197			53		1512
67821	23298	244396		493942	53038	15288	60283	3861	299203
265192	37774	928675		4088936	263411	37774	299455	15172	1681878
255126	13560	265217		4348748	234559	2137	540091	71213	1384760
36325	20138	292650		907980	35745	20138	109735	4627	388777
13169	2621	6809		91431	12921	2621	16690	272	15085
541881	**50202**	**1456033**		**9307707**	**519676**	**39171**	**953037**	**90966**	**3455617**
		566		3281			256		4480
2658		2352		105946	2658		8159	717	58698
14	14			27925			1108	475	72259
24092	672	347		160126	19190	672	30791	224	113589
41859	33504			798696	41859	32406	83582	11224	422770
1026				1026	1026				1200
1383		5752		352227	1383		20713	1886	173683
176252	13500	1281253		4954019	160352	5641	443253	35748	2119885
252981	2513	113956		2819312	251593	452	350336	40678	469196
		3237		14101			4472		10971
				8101			9911	13	8127
41616		48572		62946	41616		457	2	759
27932	**23891**	**37317**		**129388**	**26960**	**23499**	**12934**	**318**	**14883**
				2604			1326		
27932	23891	1559		27470	26960	23499	874		3521
		35758		99313			10734	318	11362

13-2 续表 7

（2020年）

指　　标	法人企业数（个）	从业人员期末人数（人）	商品购进额	进口	商品销售额
7.按经营地分					
城镇	341	56560	8212134	359531	10873227
其中：城区	277	53969	8074285	359531	10719372
乡村	15	546	36928	4	57218
8.按港澳台商投资情况分					
港商投资	11	2479	684693	104024	888992
澳商投资	2	848	227709		293186
台商投资	3	1053	234500		301565
三、批发业按地区分组	**385**	**28891**	**59640970**	**831070**	**62934060**
五华区	68	6547	8833429	34229	9514808
盘龙区	43	6496	5987821	8047	6978407
官渡区	96	4940	12650826	126001	13009221
西山区	54	4110	19561637	413046	20091959
东川区	2	75	17920		19054
呈贡区	50	3760	4916065	23321	5448215
晋宁区	16	1344	1277531		1362075
富民县	5	175	17743		19767
宜良县	8	115	84191		85137
石林彝族自治县	1	12	5073		5602
嵩明县	6	150	91292		96007
禄劝彝族苗族自治县	2	44	11787		11317
寻甸回族彝族自治县	7	123	54318		55922
安宁市	27	1000	6131338	226427	6236571
四、零售业按地区分组	**356**	**57106**	**8249062**	**359535**	**10930445**
五华区	50	13822	1494023	3839	1779916
盘龙区	72	10858	1797512	123264	2382736
官渡区	65	5055	1372167	50495	2771453
西山区	58	6807	2672302	166592	2705990
东川区	5	58	4829		5166
呈贡区	16	16585	678262	15342	1014627
晋宁区	9	272	17771		18814
富民县	10	333	13728		14807
宜良县	13	259	15908		16610
石林彝族自治县	14	418	15176		17127
嵩明县	11	924	73360	4	96153
禄劝彝族苗族自治县	15	524	22623		27024
寻甸回族彝族自治县	8	388	14981		16373
安宁市	10	803	56420		63650

单位：万元

通过公共网络实现的销售额	通过非自营平台实现的商品销售额	批发额	出口	零售额	通过公共网络实现的零售额	通过非自营平台实现的零售额	期末商品库存额	服务营业额	年末零售营业面积(平方米)
568893	74093	1490127		9383100	545938	62670	961417	91095	3368519
565117	73619	1487048		9232324	542769	62196	942090	89927	3245665
920		3223		53995	698		4554	189	101981
8243		5583		883409	8243		68450	15301	107597
182				293186	182		17902		39050
1565				301565	1565		17902	3	60035
5098009	**78403**	**62458131**	**729403**	**474072**	**26368**	**1464**	**5617399**	**104483**	**440011**
183834	17061	9426457	141839	88351	4904	1363	485436	19949	73185
1868339	101	6917490	57030	60917	21021	101	310790	21772	71331
1127111		12957226	65950	51995	87		483707	20094	73880
2370		19995322	456581	96636			635608	7776	51288
		17595		1460			400		450
1872571	61242	5337226	6530	110989			481673	1682	83676
35602		1339903	942	22171			2968868	26857	4475
		14438	439	5329			1191		5535
237		81271		2009			7831		850
		5602					490		
		83957		12050			6480		10665
		10617		700			2391		2310
		55717		205			3527		20652
7945		6215310	92	21261	356		229007	6352	41714
569813	**74093**	**1493350**		**9437095**	**546636**	**62670**	**965971**	**91284**	**3470500**
462396	40855	103869		1676047	447627	32858	220385	36549	807038
38334	7962	6702		2376034	33452	6039	298630	22880	439075
27116	19397	856586		1914866	26690	18991	128217	10951	426614
22639	1197	451571		2254418	22148	99	151107	17323	992111
187				5166	187		608	9	11416
13062	4208	70088		944539	11281	4208	136561	1978	491242
		947		17868			1506	157	9606
		910		13897			2715	152	11833
882		458		16153	634		2497	13	20660
727	174			17127	727	174	1242		26409
1061	300	1770		94383	481	300	12084	1004	110088
3				27024	3		1776		24548
2023		62		16311	2023		2373		15297
1383		387		63263	1383		6272	268	84563

13-3 限额以上批发和零

（2020年）

指标	法人企业数(个)	年初存货	期末 流动资产合计	应收账款	存货
总计	**741**	**3248880**	**25033333**	**5061133**	**3663946**
一、批发业	**385**	**2299936**	**21453958**	**4691952**	**2714459**
1.按批发行业小类分					
农、林、牧、渔产品批发	**14**	**227218**	**367845**	**77671**	**151673**
谷物、豆及薯类批发	5	221845	283617	17347	145326
种子批发	2	1660	5082	926	1431
畜牧渔业饲料批发	1	2975	69086	56782	3618
棉、麻批发					
林业产品批发					
牲畜批发	1	68	432		348
渔业产品批发					
其他农牧产品批发	5	669	9628	2615	951
食品、饮料及烟草制品批发	**53**	**629432**	**3128474**	**93734**	**749879**
米、面制品及食用油批发	14	272838	529220	26028	245599
糕点、糖果及糖批发	10	23542	658616	17400	24431
果品、蔬菜批发	3	2079	6930	2825	2198
肉、禽、蛋、奶及水产品批发	2	100	1786	957	185
盐及调味品批发	1	839	4414	3217	759
营养和保健品批发	2	9400	9970	2082	6781
酒、饮料及茶叶批发	9	37353	131480	11923	53011
烟草制品批发	4	270197	1728004	16527	405381
其他食品批发	8	13084	58055	12774	11532
纺织、服装及家庭用品批发	**19**	**65828**	**1173180**	**172056**	**63172**
纺织品、针织品及原料批发	1	141	758	1	500
服装批发	2	2626	8156	1487	2961
鞋帽批发					
化妆品及卫生用品批发	6	4181	30305	9267	3858
厨具卫具及日用杂品批发					
灯具、装饰物品批发					
家用视听设备批发	3	11455	27864	2198	11812
日用家电批发	5	44681	1098477	158338	39645
其他家庭用品批发	2	2745	7620	765	4397
文化、体育用品及器材批发	**14**	**45507**	**281768**	**44873**	**50126**
文具用品批发	4	8650	14912	4545	6079
体育用品及器材批发					
图书批发	6	27173	190620	33184	33311
报刊批发					
音像制品、电子和数字出版物批发					
首饰、工艺品及收藏品批发	1	4342	6152	260	5666
乐器批发					
其他文化用品批发	3	5342	70084	6884	5070

售业法人企业财务状况

单位：万元

资产负债

固定资产原价			累计折旧		固定资产净额	在建工程	无形资产	土地使用权
	房屋和构筑物	机器设备		本年折旧				
1739248	**789654**	**356039**	**743480**	**119048**	**952662**	**324187**	**438122**	**254126**
897038	**543519**	**138645**	**379295**	**49799**	**501244**	**133574**	**183506**	**145278**
24982	**17454**	**1075**	**5211**	**1183**	**19106**	**987**	**8660**	**7869**
18385	15799	542	1970	645	16415	951	7873	7869
2514			1215	110	1299		441	
244			199	10	44			
3839	1655	533	1827	418	1348	36	346	
340960	**257608**	**38703**	**175504**	**13367**	**161891**	**31291**	**53847**	**50789**
139457	113443	14784	39349	5004	99646	29246	38120	36180
12329	3760	905	4652	397	7677	8	260	
1591	122	213	1053	154	538			
215			35	35	180			
421			299	35	122			
2594	2479	115	219	126	2375			
2233		1515	1284	342	785	35	246	
159353	121641	19795	124932	6263	34420	1995	14044	13432
22769	16163	1377	3682	1011	16149	6	1178	1176
7656	**3041**	**1023**	**3782**	**400**	**3719**		**448**	**433**
49			47		2			
2344	2122	167	438	91	1902			
2078	687	573	1439	116	530		448	433
2653		282	1600	134	1043			
370	232	1	165	36	204		0.1	
162			93	22	37			
18139	**10933**	**3514**	**10572**	**2181**	**6356**	**1281**	**5260**	**4886**
2706	853	361	1136	141	500		35	
11792	7516	2302	7608	1617	4044	1276	4505	4166
319		298	272	266	47			
3322	2564	554	1556	157	1766	5	720	720

13-3 续表 1

（2020年）

指　标	法人企业数（个）	年初存货	期末 流动资产合计	应收账款	存货
医药及医疗器材批发	**64**	**503760**	**2977620**	**1489840**	**500133**
西药批发	37	424616	2513211	1264492	409551
中药批发	9	50231	273172	118632	57934
动物用药品批发	1	595	3309	2606	703
医疗用品及器材批发	17	28318	187928	104110	31944
矿产品、建材及化工产品批发	**173**	**631870**	**12483368**	**2527020**	**987336**
煤炭及制品批发	7	5908	311304	36900	3034
石油及制品批发	14	39785	264075	58165	49890
非金属矿及制品批发	13	39677	108332	16974	23214
金属及金属矿批发	77	363086	6465985	1437837	561664
建材批发	24	65603	1211503	461969	91846
化肥批发	14	87299	3890329	443258	230399
农药批发	3	5529	21437	2951	7291
农用薄膜批发					
其他化工产品批发	21	24983	210402	68966	19999
机械设备、五金产品及电子产品批发	**41**	**175049**	**907246**	**230006**	**181143**
农业机械批发					
汽车及零配件批发	8	10502	56084	31310	12606
摩托车及零配件批发	3	23128	35748	1137	19905
五金产品批发	2	17705	87761	18098	10818
电气设备批发	1	477	4664	3998	312
计算机、软件及辅助设备批发	5	7541	39601	13057	7411
通讯设备批发	2	12585	27971	8168	9237
广播影视设备批发					
其他机械设备及电子产品批发	20	103111	655417	154237	120854
贸易经纪与代理	**2**	**8680**	**33140**	**7359**	**7498**
贸易代理	2	8680	33140	7359	7498
一般物品拍卖					
艺术品、收藏品拍卖					
艺术品代理					
其他贸易经纪与代理					
其他批发业	**5**	**12593**	**101318**	**49396**	**23500**
再生物资回收与批发					
宠物食品用品批发					
互联网批发					
其他未列明批发业	5	12593	101318	49396	23500

单位：万元

资产负债

固定资产原价	房屋和构筑物	机器设备	累计折旧	本年折旧	固定资产净额	在建工程	无形资产	土地使用权
122426	**50903**	**42749**	**46791**	**9273**	**72278**	**9989**	**23276**	**7207**
91770	46248	22329	32257	6695	56327	9865	10806	7207
11562	4200	5787	5365	806	6050		12182	
32			21	21				
19063	455	14633	9148	1751	9901	124	288	
315499	**190702**	**27023**	**111085**	**15768**	**199017**	**79013**	**90785**	**73513**
916	21	406	491	145	424		13	12
49175	6426	5980	11074	4586	38100	3570	24410	15387
5305	482	509	3631	253	1456		2000	513
158033	123056	5433	37627	5230	116675	69171	39065	35511
14956	9001	1928	4759	688	10191		3045	850
71097	45063	10726	44811	3644	24870	6127	16001	15002
2022		412	1068	272	954		1086	1085
13996	6654	1630	7626	950	6346	146	5167	5153
66775	**12877**	**24279**	**25917**	**7565**	**38708**	**10630**	**1164**	**580**
1712		744	1066	126	646	346		
12035		492	4249	498	7268			
14118	1449	12034	10032	1361	4085	387	4	
126			53	53				
1424	1160	9	142	79	1281			
1679			454	273	1226		30	
35681	10268	11001	9921	5175	24202	9897	1130	580
207		**24**	**184**	**11**	**24**		**1**	
207		24	184	11	24		1	
395		**256**	**250**	**51**	**145**	**384**	**64**	
395		256	250	51	145	384	64	

13-3 续表 2

（2020年）

指标	法人企业数(个)	年初存货	期末 流动资产合计	应收账款	存货
2.按登记注册类型分					
内资企业	**373**	**2188974**	**20821537**	**4615886**	**2686785**
国有企业	8	311529	1581266	48534	366803
集体企业	1	297	491	171	297
股份合作企业					
联营企业					
有限责任公司	125	1332982	16021279	3662958	1763995
国有独资公司	15	320073	1539408	356691	358550
其他有限责任公司	110	1012909	14481871	3306267	1405445
股份有限公司	14	136279	1204859	217344	147691
私营企业	224	407860	2011972	686793	407971
私营独资企业	1	1033	1148	197	915
私营合伙企业					
私营有限责任公司	221	394688	1960408	678523	394816
私营股份有限公司	2	12140	50416	8073	12240
其他企业	1	27	1671	87	27
港、澳、台商投资企业	**2**	**5559**	**137119**	**7765**	**2244**
合资经营企业(港或澳、台资)	1	2295	24397	5797	2103
合作经营企业(港或澳、台资)					
港、澳、台商独资经营企业	1	3265	112722	1968	140
港、澳、台商投资股份有限公司					
其他港澳台投资企业					
外商投资企业	**10**	**105402**	**495302**	**68301**	**25431**
中外合资经营企业	2	5265	19238	5129	1282
中外合作经营企业					
外资企业	7	100130	446233	63172	24130
外商投资股份有限公司					
其他外商投资企业	1	7	29831		19
3.按控股情况分					
国有控股	88	1526830	16437299	3471194	1986999
集体控股	6	28097	97965	18207	31176
私人控股	262	530960	2773637	867474	561245
港澳台商控股	1	3265	112722	1968	140
外商控股	8	100137	478992	64096	24149
其他	20	110647	1553344	269014	110751
4.按经营形式分					
独立门店	150	1058705	5076028	1791515	1128952
连锁总店(总部)	3	30088	1283632	160055	30556
连锁直营店	1	9607	53850	15056	9581
连锁加盟店					
其他	231	1201536	15040449	2725327	1545371

单位：万元

资产负债

固定资产原价	房屋和构筑物	机器设备	累计折旧	本年折旧	固定资产净额	在建工程	无形资产	土地使用权
881022	**541941**	**128697**	**373889**	**48494**	**490636**	**125992**	**182648**	**144918**
132080	99402	20937	97302	5806	34778	7938	23201	20816
466			0	0				
396565	236669	62071	171903	21546	220951	105224	139612	109507
114117	88759	8491	35345	3942	78772	34979	45245	44604
282447	147910	53580	136558	17604	142179	70245	94368	64903
61310	30167	13614	22284	4992	39025	2776	2454	161
290267	175582	31863	82226	16127	195722	10055	17382	14434
209			86	22	122			
284787	175582	29134	79931	15885	192537	10014	17215	14267
5272		2729	2208	221	3063	40	166	166
334	122	213	175	23	159			
3298	**747**	**481**	**1709**	**334**	**1590**		**64**	
1339		469	437	281	903			
1959	747	13	1272	54	687		64	
12718	**832**	**9467**	**3697**	**971**	**9019**	**7582**	**793**	**360**
140			111	3	29			
12227	832	9116	3442	933	8782	7582	793	360
351		351	144	35	208			
481636	322587	72407	252080	26422	227296	110464	129275	115377
7727	4158	748	4555	456	2523	2245	1592	1246
336286	205668	35352	95271	18818	227706	10220	19356	14434
1959	747	13	1272	54	687		64	
12631	832	9467	3630	968	8998	7582	793	360
56800	9528	20658	22487	3081	34035	3063	32426	13862
275292	126044	49942	91470	22336	172809	16475	78563	57209
20618	7274	5134	12022	1152	7830	2617	10	
15681	13725	1957	6015	781	9666		351	
585447	396476	81612	269788	25530	310939	114483	104582	88068

13-3 续表 3

（2020年）

指　　标	法人企业数(个)	年初存货	期末		
			流动资产合计	应收账款	存货
5.按单位规模分					
大型	19	557781	5884668	1804333	661615
中型	186	1485623	12834802	2398997	1841813
小型	147	160903	1299057	356342	169534
微型	33	95629	1435432	132281	41498
6.按经营地分					
城镇	366	2261392	21229168	4585074	2682497
其中：城区	337	2239656	21112167	4557117	2646809
乡村	19	38544	224790	106878	31963
7.按港澳台商投资情况分					
港商投资	2	5559	137119	7765	2244
澳商投资	1	2295	24397	5797	2103
台商投资					
二、零售业	**356**	**948945**	**3579375**	**369181**	**949486**
1.按零售行业小类分					
综合零售	**60**	**135827**	**603032**	**30727**	**131447**
百货零售	23	28374	149777	22037	28646
超级市场零售	29	105170	429718	6385	93023
便利店零售	3	2100	9868	1105	2903
其他综合零售	5	183	13669	1199	6875
食品、饮料及烟草制品专门零售	**32**	**29179**	**113988**	**3388**	**32481**
粮油零售	3	4812	6564	-10208	7607
糕点、面包零售					
果品、蔬菜零售	11	6931	23176	10166	6416
肉、禽、蛋、奶及水产品零售	3	170	4584	140	216
营养和保健品零售	1	1326	14775	397	1763
酒、饮料及茶叶零售	5	10525	48236	1795	10910
烟草制品零售	2	2284	8061	93	2407
其他食品零售	7	3131	8592	1006	3162
纺织、服装及日用品专门零售	**18**	**57146**	**149378**	**21987**	**31560**
纺织品及针织品零售					
服装零售	11	45982	106372	6819	18376
鞋帽零售	3	8502	19205	5298	11050
化妆品及卫生用品零售	3	2350	22807	9870	1457
厨具卫具及日用杂品零售					
钟表、眼镜零售	1	312	994		677
箱包零售					
自行车等代步设备零售					
其他日用品零售					

单位：万元

资产负债

固定资产原价	房屋和构筑物	机器设备	累计折旧	本年折旧	固定资产净额	在建工程	无形资产	土地使用权
228534	145830	54224	128407	11443	100127	10160	37474	20285
588100	358606	72858	225354	33552	352274	62236	118724	97883
57148	18911	10525	21482	3899	29840	61172	26129	25934
23257	20172	1038	4052	904	19004	6	1178	1176
858324	542097	137428	368268	47993	473560	128606	178156	139958
826085	524852	133122	359776	46428	452629	123630	171283	134914
38714	1422	1217	11027	1806	27684	4968	5350	5320
3298	747	481	1709	334	1590		64	
1339		469	437	281	903			
842209	**246135**	**217394**	**364185**	**69249**	**451418**	**190613**	**254616**	**108848**
126384	**7353**	**8448**	**72706**	**24797**	**52623**	**1446**	**1210**	**612**
34480	607	1404	19686	15322	14490	0	213	
84254	4844	2844	50378	8844	33164	1279	926	612
3351	1538	307	1640	41	1672		7	
4300	364	3893	1002	590	3297	167	64	
51419	**17746**	**6658**	**11987**	**1618**	**35631**	**798**	**5822**	**3687**
8643	5290	3353	623	-678	4428	714	1259	1258
25064	30	102	6237	1212	18812		600	600
1345	845	396	248	96	1097		14	
1099	703	396	550	52	549		750	200
8992	5795	2069	2852	680	6140		1567	
1003	297	316	751	27	57		2	
5273	4786	26	724	229	4548	84	1629	1629
9953	**86**	**8084**	**6695**	**1596**	**3238**		**242**	**240**
9456	86	7923	6298	1550	3158		240	240
207			147	28	41		2	
290		161	251	18	39			

13-3 续表 4

（2020年）

指　　标	法人企业数（个）	年初存货	期末		
			流动资产合计	应收账款	存货
文化、体育用品及器材专门零售	**20**	**37523**	**93414**	**13724**	**32297**
文具用品零售	4	2032	4496	634	2063
体育用品及器材零售	1		733	13	700
图书、报刊零售	7	29419	64952	12730	23192
音像制品、电子和数字出版物零售					
珠宝首饰零售	5	5395	20275	281	5161
工艺美术品及收藏品零售	1	34	1781	63	391
乐器零售					
照相器材零售					
其他文化用品零售	2	643	1179	4	791
医药及医疗器材专门零售	**18**	**145817**	**693971**	**107732**	**152606**
西药零售	16	144229	588634	97575	151103
中药零售	2	1588	105337	10157	1502
动物用药品零售					
医疗用品及器材零售					
保健辅助治疗器材零售					
汽车、摩托车、零配件和燃料及其他动力销售	**157**	**461834**	**1532322**	**105092**	**485778**
汽车新车零售	108	349738	1104281	48504	319733
汽车旧车零售	10	33838	148692	10785	37908
汽车零配件零售	3	12599	9923	1352	5014
摩托车及零配件零售	3	2836	4839	901	2741
机动车燃油零售	32	62817	264514	43548	120377
机动车燃气零售	1	6	74	2	5
机动车充电销售					
家用电器及电子产品专门零售	**28**	**69377**	**350048**	**73097**	**66844**
家用视听设备零售	7	7904	132386	16997	12618
日用家电零售	4	5152	35604	1460	4783
计算机、软件及辅助设备零售	8	46190	134920	25137	41221
通信设备零售	8	9257	45508	28980	7337
其他电子产品零售	1	875	1631	524	885
五金、家具及室内装饰材料专门零售	**10**	**10859**	**36362**	**10434**	**14374**
五金零售	1	29	762		153
灯具零售	1	214	439	10	271
家具零售	2	1871	3633	198	2587
涂料零售	1	814	1209	6	1023
卫生洁具零售	1	3587	8773	690	5593
木质装饰材料零售					
陶瓷、石材装饰材料零售	3	3670	14456	8051	4222
其他室内装饰材料零售	1	673	7090	1480	526

单位：万元

资产负债

固定资产原价	房屋和构筑物	机器设备	累计折旧	本年折旧	固定资产净额	在建工程	无形资产	土地使用权
61400	**47841**	**3327**	**22077**	**3274**	**39051**	**1624**	**3591**	**1783**
539			383	56				
90			14	1				
39988	29735	3017	17893	2238	22093	539	3084	1783
18572	18107	283	3595	861	14938	1085	496	
28		28	3	3	25			
2184			188	114	1996		11	
99539	**44012**	**2034**	**52362**	**2177**	**47141**	**221**	**6360**	**35**
93133	43857	2034	47617	1731	45479	192	5914	35
6407	155		4745	446	1662	29	446	
477137	**127420**	**187365**	**189311**	**34923**	**270546**	**186514**	**237368**	**102490**
193802	88049	22530	79623	20839	99194	2293	17252	8539
10864	3070	1186	4619	1122	4534		5	
3268	1700	179	1859	175	1409			
473		168	244	72	229			
264874	30777	163271	101737	12569	162554	184214	211873	85713
3856	3825	31	1231	147	2625	7	8238	8238
14004	**1067**	**1059**	**7784**	**695**	**2357**	**8**	**15**	
9843			5103	386	941		2	
1451	224	32	972	25	479	8	1	
1800	843	582	1103	180	688		13	
865		401	570	100	239			
45		45	35	5	10			
1376	**53**	**206**	**1046**	**96**	**202**	**2**	**1**	
5		5	5					
236			228	1	8			
174	53		48	10	127			
42			0	0				
173		173	123	27	49			
80		29	61	50	19			
668			581	8		2	1	

13–3 续表 5

（2020年）

指　　标	法人企业数（个）	年初存货	期末		
			流动资产合计	应收账款	存货
货摊、无店铺及其他零售业	**13**	**1384**	**6859**	**2999**	**2100**
流动货摊零售					
互联网零售	11	1120	4600	2419	1086
邮购及电视、电话零售					
自动售货机零售					
旧货零售					
生活用燃料零售					
宠物食品用品零售					
其他未列明零售业	2	264	2259	580	1014
2.按登记注册类型分					
内资企业	**331**	**727681**	**2819940**	**354430**	**808675**
国有企业	3	1904	6515	1008	2697
集体企业	3	871	5319	257	1398
股份合作企业					
联营企业					
有限责任公司	83	223119	1022104	158863	238850
国有独资公司	3	17234	37156	114	15926
其他有限责任公司	80	205885	984947	158749	222924
股份有限公司	3	32007	141666	6450	85539
私营企业	238	469760	1644260	187811	480155
私营独资企业	22	6828	15898	3286	7980
私营合伙企业					
私营有限责任公司	212	325149	1050476	88356	330265
私营股份有限公司	4	137782	577885	96169	141910
其他企业	1	20	77	42	36
港、澳、台商投资企业	**12**	**97515**	**317421**	**8861**	**63949**
合资经营企业(港或澳、台资)	2	23262	39736	3265	16039
合作经营企业(港或澳、台资)					
港、澳、台商独资经营企业	10	74253	277685	5596	47909
港、澳、台商投资股份有限公司					
其他港澳台投资企业					
外商投资企业	**13**	**123749**	**442013**	**5889**	**76863**
中外合资经营企业	6	27487	136501	3486	17570
中外合作经营企业					
外资企业	7	96262	305513	2403	59293
外商投资股份有限公司					
其他外商投资企业					

单位：万元

资产负债

固定资产原价	房屋和构筑物	机器设备	累计折旧	本年折旧	固定资产净额	在建工程	无形资产	土地使用权
998	**557**	**212**	**219**	**73**	**629**		**9**	
276		204	82	49	44		9	
723	557	9	137	25	586			
690081	**202787**	**202595**	**286938**	**54065**	**377329**	**188215**	**251681**	**107209**
4102	3784	318	416	6	3686		1258	1258
836	465	92	501	11	335			
256549	81162	29706	110611	30248	136053	38088	99335	65603
72750	5501	3751	22070	3678	50680	34525	72955	49655
183799	75662	25955	88541	26571	85373	3563	26380	15948
162240	7038	146316	66425	7168	95815	148225	127711	29365
266306	110339	26114	108977	16630	141400	1902	23377	10984
10797	1402	1463	2487	1015	7409		543	420
150646	59576	22128	54776	13080	84639	1711	15372	9215
104863	49361	2523	51714	2535	49351	192	7463	1348
50		50	9	2	42			
59678	**24224**	**12496**	**22931**	**4160**	**36016**	**2316**	**1279**	
8555	3576	1546	4230	221	4325			
51123	20648	10951	18700	3938	31691	2316	1279	
92451	**19124**	**2303**	**54317**	**11024**	**38073**	**81**	**1657**	**1639**
31964	8699	1538	21036	3948	10928		1643	1639
60487	10425	765	33282	7076	27145	81	13	

13-3 续表 6

（2020年）

指标	法人企业数(个)	年初存货	期末		
			流动资产合计	应收账款	存货
3.按控股情况分					
国有控股	23	84448	325451	52521	144018
集体控股	6	14265	74745	31301	18188
私人控股	284	541176	2023000	208463	551063
港澳台商控股	13	98646	348935	9830	65057
外商控股	9	116148	382388	2533	74723
其他	21	94262	424856	64532	96437
4.按经营形式分					
独立门店	285	604000	2070124	171264	573370
连锁总店(总部)	20	261788	1176595	130396	307953
连锁直营店	4	1038	17476	1214	7875
连锁加盟店	2	631	2198	246	53
其他	45	81488	312984	66061	60234
5.按单位规模分					
大型	20	356159	1420385	151469	386734
中型	143	486259	1782222	151500	459454
小型	158	93321	314324	52934	98044
微型	35	13206	62444	13279	5255
6.按零售业态分					
有店铺零售	**329**	**939383**	**3525567**	**363386**	**936379**
食杂店	2	304	3498	63	256
便利店	9	6701	32691	3466	9914
折扣店	2	1024	3733	230	1108
超市	37	17379	57892	-6884	18569
大型超市	10	96394	404191	6728	99068
仓储会员店	1	1	254	224	
百货店	19	28642	155098	23382	20243
专业店	111	411966	1641300	204617	440125
专卖店	128	361504	1176346	116423	332647
家居建材商店	3	3121	13604	2346	4254
购物中心	3	12116	18376	1482	9866
厂家直销中心	4	232	18585	11312	331
无店铺零售	**27**	**9562**	**53808**	**5795**	**13107**
电视购物	1	1774	3177	368	1326
邮购					
网上商店	11	1442	5745	2442	1466
自动售货亭					
电话购物					
其他	15	6345	44886	2985	10315

单位：万元

资产负债

固定资产原价	房屋和构筑物	机器设备	累计折旧	本年折旧	固定资产净额	在建工程	无形资产	土地使用权
290626	46961	163436	115340	14056	175285	184148	212913	87538
6817	3009	1999	5135	308	1682	38	124	112
336057	149845	36317	139918	25926	179954	2673	36360	21198
62979	24224	12496	25672	4221	36576	2316	1279	
77029	10425	765	45308	8346	31661	81	14	
68702	11673	2381	32813	16393	26260	1356	3927	
358505	127639	45188	156001	45035	180353	4594	35670	25008
404366	85057	154844	181200	18768	219128	183551	210277	80838
942	53	889	411	113	531	134	2	
183		172	145	74	34			
78214	33386	16300	26429	5259	51371	2333	8667	3003
429900	74206	166161	199560	22934	226625	184362	208579	80814
318804	109246	39983	137064	39614	161869	2809	30440	14857
85287	61007	10159	25989	6319	56249	2556	14605	13177
8219	1677	1091	1572	383	6676	886	993	
810153	**219056**	**215120**	**356216**	**67404**	**427496**	**189528**	**252313**	**106720**
220	104	19	62	20	157			
5459	1722	952	2299	257	3120	41	2970	
353		7	227	49	107		81	
17876	3334	4303	4507	97	8960	1562	1123	740
72794	2544	2349	46759	8369	25975	215	138	112
39508	402	3608	21025	15876	18342	383	546	
512238	142050	185675	212896	26030	290337	185632	227620	91517
157752	67394	17376	65900	16482	79169	1693	19832	14350
796			613	17	96	2	1	
2508	1507	505	1684	136	825		1	
651		326	245	71	406			
32056	**27079**	**2274**	**7969**	**1845**	**23922**	**1085**	**2304**	**2128**
1538			1328	55	211			
313		210	107	76	42		9	
30204	27079	2064	6534	1715	23670	1085	2295	2128

13-3 续表 7

（2020年）

指　　标	法人企业数（个）	年初存货	期末 流动资产合计	应收账款	存货
7.按经营地分					
城镇	341	944290	3560163	361414	945753
其中：城区	276	927830	3515847	355482	925618
乡村	15	4655	19212	7766	3733
8.按港澳台商投资情况分					
港商投资	2	2113	33189	267	1864
澳商投资					
台商投资	1		1423	89	
三、批发业按地区分组	**385**	**2299936**	**21453958**	**4691952**	**2714459**
五华区	68	347147	1923265	541130	405540
盘龙区	43	313370	3791357	207224	379038
官渡区	96	512647	5613016	1280604	545899
西山区	54	350720	5937918	935640	556152
东川区	2	3331	7481	1128	3452
呈贡区	50	499305	2463384	1064770	473877
晋宁区	16	150729	383838	83910	120087
富民县	5	1021	8314	4274	1674
宜良县	8	6475	20201	4414	8913
石林彝族自治县	1	177	1447	1073	1
嵩明县	6	5705	23055	4793	7968
禄劝彝族苗族自治县	2	1613	6492	1295	2590
寻甸回族彝族自治县	7	3378	15911	6266	3531
安宁市	27	104319	1258281	555432	205736
四、零售业按地区分组	**356**	**948945**	**3579375**	**369181**	**949486**
五华区	50	240078	1015866	83778	214622
盘龙区	72	218766	848300	55238	198759
官渡区	65	149713	482833	58032	211738
西山区	58	174149	531167	57429	137367
东川区	5	883	3709	371	1335
呈贡区	16	133052	597459	99179	143091
晋宁区	9	1478	8026	497	1922
富民县	10	1497	5438	798	1819
宜良县	13	1909	5951	202	2975
石林彝族自治县	14	1343	4376	1052	1634
嵩明县	11	10394	22047	5583	11028
禄劝彝族苗族自治县	15	2385	8206	1231	2481
寻甸回族彝族自治县	8	1306	4396	1609	2105
安宁市	10	11992	41603	4182	18611

单位：万元

资产负债

固定资产原价	房屋和构筑物	机器设备	累计折旧	本年折旧	固定资产净额	在建工程	无形资产	土地使用权
811133	240553	217086	357284	67829	427473	190529	252265	106619
783144	224166	212653	347152	64132	411536	190389	247890	102588
31077	5582	308	6901	1420	23944	84	2352	2229
22692	18107	251	3567	921	19125	1933	15	
3517		3517	647	522	2870	33		
897038	**543519**	**138645**	**379295**	**49799**	**501244**	**133574**	**183506**	**145278**
80552	30848	26826	37263	4691	41106	14785	34370	18252
313308	259902	25519	154402	11656	158506	60289	38488	35735
155746	99956	21180	45719	7915	105624	27884	33901	30124
146715	62649	16075	66347	9077	76093	4718	21056	16466
2007	1827	76	507	109	1500		122	
75394	21606	32569	29371	7411	43044	15701	30961	24058
60159	44422	6937	23811	3129	36344	5121	13295	11760
4540	1685	1066	2689	428	1390	21	1400	1400
13637	9712	3417	3398	360	10037	1200	4924	4923
245	245		62	62				
5396		14	1443	341	3953	3490	1817	
1724			412	16	1313			
3927	2866	206	540	290	2781	102	121	121
33688	7802	4759	13333	4314	19554	263	3052	2440
842209	**246135**	**217394**	**364185**	**69249**	**451418**	**190613**	**254616**	**108848**
128014	27068	8348	71408	10942	49015	1671	10595	8574
121617	37349	17952	54948	25267	57111	1781	4888	1501
264132	64174	160224	101660	16278	162057	150168	137414	35337
166672	46504	17650	67838	8928	92081	36586	85484	57028
1232	582	528	423	67	809	68	29	25
99476	49820	2394	47646	2171	51809	232	10288	1665
1760	368	882	677	197	994		726	
2871	1611	608	712	124	2159		472	240
1722	556	240	779	183	802		64	
1999	457	988	452	70	1456		232	232
28170	4858	406	6364	975	21268		1902	1858
4757	2403	379	1695	377	1916	72	137	137
3048	2300	395	1018	239	1799		500	500
16740	8086	6401	8566	3432	8143	33	1886	1751

13-3 续表 8

（2020年）

指标	期末资				
	资产总计	流动负债合计	应付账款	负债合计	所有者权益合计
总计	**39107269**	**20629166**	**4005183**	**23806904**	**15299543**
一、批发业	**33402931**	**17562308**	**3489431**	**19988677**	**13414037**
1.按批发行业小类分					
农、林、牧、渔产品批发	**404526**	**310421**	**18053**	**347803**	**56506**
谷物、豆及薯类批发	314274	266413	15867	272775	41499
种子批发	8752	4607	730	4803	3949
畜牧渔业饲料批发	69131	36986	347	67591	1540
棉、麻批发					
林业产品批发					
牲畜批发	432	90		90	343
渔业产品批发					
其他农牧产品批发	11937	2326	1110	2544	9176
食品、饮料及烟草制品批发	**3786067**	**1461449**	**239829**	**1561121**	**2224945**
米、面制品及食用油批发	712120	490019	15162	569522	142597
糕点、糖果及糖批发	809746	503402	80348	517006	292740
果品、蔬菜批发	7500	268	99	2209	5292
肉、禽、蛋、奶及水产品批发	1976	1629	1317	1629	347
盐及调味品批发	4689	4000		4000	689
营养和保健品批发	12695	7262		7262	5432
酒、饮料及茶叶批发	134828	95635	24980	95687	39141
烟草制品批发	2016269	300110	83081	300110	1716159
其他食品批发	86245	59125	34843	63697	22548
纺织、服装及家庭用品批发	**1181475**	**1173761**	**164625**	**1172807**	**8668**
纺织品、针织品及原料批发	761	27		27	734
服装批发	10059	8982	3543	8986	1073
鞋帽批发					
化妆品及卫生用品批发	34409	40783	18156	40843	-6434
厨具卫具及日用杂品批发					
灯具、装饰物品批发					
家用视听设备批发	29356	26847	1265	27764	1592
日用家电批发	1098983	1092728	141661	1088995	9988
其他家庭用品批发	7908	4394		6194	1714
文化、体育用品及器材批发	**485442**	**212862**	**130687**	**223180**	**262262**
文具用品批发	19335	8340	4245	8368	10968
体育用品及器材批发					
图书批发	387320	131155	120238	131517	255803
报刊批发					
音像制品、电子和数字出版物批发					
首饰、工艺品及收藏品批发	6212	3411	625	5770	442
乐器批发					
其他文化用品批发	72575	69956	5580	77526	-4951

单位：万元

产负债		损益及分配						
实收资本	个人资本	营业收入	主营业务收入	营业成本	税金及附加	其他业务利润	销售费用	管理费用
9513020	**283468**	**67221742**	**66635979**	**63835826**	**313917**	**163476**	**1631374**	**552624**
8804710	**182185**	**57218382**	**56899143**	**55115690**	**290109**	**72037**	**804034**	**352838**
55334	**100**	**978218**	**974327**	**974300**	**328**		**3695**	**5678**
33414	50	507296	505386	509431	149		1609	3691
2500		30115	29568	29047	47		390	612
11000		387999	387999	385805	105		609	342
		32563	32563	32206	11		56	1
8420	50	20244	18811	17811	16		1032	1032
455703	**7379**	**5969983**	**5932035**	**5250593**	**177233**	**6559**	**136821**	**94302**
101455	1075	607605	599097	622850	1070	3371	11580	12131
188266	890	1832955	1828905	1795258	1165	105	7567	9020
181	129	19474	19375	17599	0		735	442
600		9716	9716	7952	22		1018	469
500		14829	14829	14186	12	471	719	139
4800	300	37550	37258	33272	71		2635	1172
12790	1460	156970	152101	114383	628	349	15838	5589
140100		3100647	3081738	2470892	173939	2263	82753	63188
7011	3525	190238	189016	174201	326		13977	2154
19883	**5186**	**646224**	**644093**	**630185**	**206**	**79**	**11566**	**4383**
800		554	554	521	1		49	26
1471	1000	10474	10474	9945	21		111	500
3668	2068	38474	36963	33723	81	79	4740	1089
1618	618	22946	22946	20356	54		1974	1039
10687	500	559929	559826	554408	29		3054	1031
1640	1000	13848	13330	11234	20		1638	698
48507	**1343**	**419662**	**417809**	**379592**	**770**	**541**	**11074**	**6665**
1849	100	58898	58821	58048	121		896	1117
44164	577	291659	289883	254717	562	181	9129	4197
666	666	30665	30665	29485	21		405	741
1828		38440	38440	37342	66	361	644	610

13-3 续表 9

（2020年）

指标	期末资				
	资产总计	流动负债合计	应付账款	负债合计	所有者权益合计
医药及医疗器材批发	**3289633**	**2257985**	**912052**	**2274844**	**1014789**
西药批发	2774260	1914405	773574	1925696	848564
中药批发	304826	209503	76188	212565	92261
动物用药品批发	3309			679	2630
医疗用品及器材批发	207238	134077	62290	135904	71334
矿产品、建材及化工产品批发	**23021733**	**11270464**	**1689788**	**13465343**	**9556390**
煤炭及制品批发	653264	213428	5595	202774	450490
石油及制品批发	417840	277496	31883	315092	102748
非金属矿及制品批发	158342	83083	8698	114878	43463
金属及金属矿批发	12213636	5179867	801844	6074553	6139084
建材批发	1268119	1101493	241124	1109163	158956
化肥批发	7940158	4217363	524655	5445706	2494453
农药批发	23586	16650	12447	16662	6924
农用薄膜批发					
其他化工产品批发	346788	181085	63541	186516	160273
机械设备、五金产品及电子产品批发	**1072356**	**750124**	**260630**	**817336**	**255020**
农业机械批发					
汽车及零配件批发	57210	62737	44149	63207	-5996
摩托车及零配件批发	43535	30537	8254	30537	12998
五金产品批发	128935	96312	8987	96452	32483
电气设备批发	4737	4230	1592	4230	507
计算机、软件及辅助设备批发	44648	33184	16448	33199	11450
通讯设备批发	29673	18214	15833	18214	11459
广播影视设备批发					
其他机械设备及电子产品批发	763617	504908	165368	571497	192120
贸易经纪与代理	**33165**	**27896**	**6706**	**27896**	**5269**
贸易代理	33165	27896	6706	27896	5269
一般物品拍卖					
艺术品、收藏品拍卖					
艺术品代理					
其他贸易经纪与代理					
其他批发业	**128535**	**97347**	**67061**	**98347**	**30188**
再生物资回收与批发					
宠物食品用品批发					
互联网批发					
其他未列明批发业	128535	97347	67061	98347	30188

单位：万元

产负债		损益及分配						
实收资本	个人资本	营业收入	主营业务收入	营业成本	税金及附加	其他业务利润	销售费用	管理费用
319904	**71414**	**4831544**	**4801801**	**4366738**	**8879**	**27505**	**267515**	**75798**
261585	65488	3994416	3972871	3614607	6756	13981	200358	50717
33800	926	574188	566462	540910	1317	13524	47055	15453
		6175	6175	4470	27		1134	246
24519	5000	256765	256293	206752	779		18968	9383
7801096	**79683**	**42267655**	**42041104**	**41524291**	**100925**	**30625**	**304655**	**132705**
317584		654988	622875	643101	1676	516	3649	5256
46646	4524	4864903	4854162	4809070	1173	1228	26134	7165
21463	1769	227111	224084	199599	3062		2893	2829
6294910	58752	23937612	23825140	23659048	13038	7917	49729	55911
88147	5541	3744697	3737771	3652911	2868	1949	17470	18247
915643	1838	8162615	8104128	7907605	4353	16835	191783	35145
2386	1000	103615	103577	95635	89	38	5945	1962
114316	6260	572113	569367	557324	74666	2142	7050	6191
77013	**13000**	**1758467**	**1744273**	**1652034**	**1529**	**4795**	**66139**	**30788**
2950	800	68159	67937	65732	36		4339	795
2100	1300	110200	110200	105504	143		2373	833
20500		54331	44059	51864	51		1264	4382
300		6040	5961	4640	17		1117	183
10228	100	68775	67499	63737	100		2460	1588
5000	5000	487156	486879	461298	140		13808	6923
35935	5800	963807	961739	899260	1042	4795	40779	16085
1600	**1600**	**24022**	**24012**	**21833**	**30**		**1755**	**121**
1600	1600	24022	24012	21833	30		1755	121
25671	**2480**	**322608**	**319688**	**316125**	**210**	**1933**	**814**	**2398**
25671	2480	322608	319688	316125	210	1933	814	2398

13-3 续表 10

（2020年）

指标	期末资				
	资产总计	流动负债合计	应付账款	负债合计	所有者权益合计
2.按登记注册类型分					
内资企业	**32382822**	**17095398**	**3324454**	**19511017**	**12871588**
国有企业	1745949	602582	132077	611972	1133976
集体企业	1936			659	1277
股份合作企业					
联营企业					
有限责任公司	26811927	13780407	2414343	15998474	10813235
国有独资公司	2330528	962231	296253	1106824	1223703
其他有限责任公司	24481400	12818176	2118090	14891650	9589532
股份有限公司	1416404	944102	185923	1052970	363434
私营企业	2404744	1768307	592110	1845001	559743
私营独资企业	1270	878	498	878	392
私营合伙企业					
私营有限责任公司	2349568	1727802	586975	1804496	545071
私营股份有限公司	53907	39627	4638	39627	14280
其他企业	1863			1941	-78
港、澳、台商投资企业	**225826**	**143117**	**82743**	**147667**	**78159**
合资经营企业(港或澳、台资)	34231	17384	8454	21934	12298
合作经营企业(港或澳、台资)					
港、澳、台商独资经营企业	191595	125734	74289	125734	65862
港、澳、台商投资股份有限公司					
其他港澳台投资企业					
外商投资企业	**794282**	**323794**	**82234**	**329993**	**464289**
中外合资经营企业	19299	8264	226	8264	11035
中外合作经营企业					
外资企业	744938	293303	73511	299502	445436
外商投资股份有限公司					
其他外商投资企业	30046	22228	8497	22228	7819
3.按控股情况分					
国有控股	27311934	13183701	2223231	15482863	11829071
集体控股	110833	79022	38332	80466	30367
私人控股	3287042	2339732	865735	2428548	858493
港澳台商控股	191595	125734	74289	125734	65862
外商控股	777919	317683	82234	323882	454037
其他	1723608	1516436	205609	1547183	176207
4.按经营形式分					
独立门店	6059595	4158181	1202278	4275831	1783547
连锁总店(总部)	2928820	1983213	217231	2169032	759788
连锁直营店	79390	42494	13825	46244	33146
连锁加盟店					
其他	24335126	11378421	2056097	13497570	10837557

单位：万元

产负债		损益及分配						
实收资本	个人资本	营业收入	主营业务收入	营业成本	税金及附加	其他业务利润	销售费用	管理费用
8442293	**182185**	**56197805**	**55909124**	**54165134**	**288654**	**71409**	**755783**	**341114**
52026	2450	2328543	2300336	1800299	172996	1014	69740	38340
		2070	2070	2037	1		17	13
7446701	38934	42592259	42461957	41538474	30546	35996	431414	194079
449332		5148334	5135338	5001814	3915	5237	29598	34339
6997369	38934	37443924	37326619	36536660	26631	30759	401816	159740
105033	5300	6059994	6033020	5981986	2156	24491	37780	24676
838433	135401	5211465	5108267	4839219	82954	9908	216701	84000
		2099	1664	1861	1		237	58
831194	129612	5115582	5012818	4752258	82879	9908	213990	82475
7239	5790	93785	93785	85101	74		2474	1466
100	100	3474	3474	3120	0		131	7
42110		**390877**	**390856**	**369794**	**341**	**11**	**11683**	**4053**
1000		39204	39204	32004	25		7607	308
41110		351673	351652	337790	316	11	4076	3746
320307		**629700**	**599163**	**580762**	**1114**	**616**	**36568**	**7671**
7928		46118	45760	41479	73	101	3613	343
312280		525325	495147	492488	834	516	23556	7328
100		58256	58256	46795	207		9400	
7277597	30555	47278453	47131407	45826653	202031	32294	378283	210399
14786	200	205965	204845	195007	399	769	5528	4475
1020414	151231	7149174	7028802	6620963	84907	23116	325362	106085
41110		351673	351652	337790	316	11	4076	3746
313207		609705	579526	564827	1054	516	33504	7494
137596	199	1623412	1602911	1570449	1401	15330	57281	20640
867230	39490	16699146	16664335	16208471	11232	12119	319411	87202
194811	1000	1535742	1534089	1507140	1181		4652	14871
14852	14852	119940	119940	99906	512		14630	2505
7727817	126843	38863554	38580779	37300173	277184	59918	465342	248260

13-3 续表 11

（2020年）

指标	期末资				
	资产总计	流动负债合计	应付账款	负债合计	所有者权益合计
5.按单位规模分					
大型	11218681	4542244	1057611	5027405	6191277
中型	18825037	10663645	1981020	12499635	6325403
小型	1825252	1052390	290121	1165603	659650
微型	1533960	1304029	160679	1296035	237708
6.按经营地分					
城镇	33135061	17411825	3445068	19768306	13366538
其中：城区	32971986	17313617	3415461	19661833	13310154
乡村	267870	150483	44363	220371	47499
7.按港澳台商投资情况分					
港商投资	225826	143117	82743	147667	78159
澳商投资	34231	17384	8454	21934	12298
台商投资					
二、零售业	**5704338**	**3066858**	**515753**	**3818227**	**1885507**
1.按零售行业小类分					
综合零售	**757835**	**414155**	**157826**	**438726**	**318506**
百货零售	226031	141016	48616	152018	73408
超级市场零售	499886	242364	88298	255662	244225
便利店零售	12719	13139	11137	13139	-421
其他综合零售	19200	17635	9775	17906	1294
食品、饮料及烟草制品专门零售	**182263**	**110850**	**21334**	**117376**	**64887**
粮油零售	20813	17187	3592	19199	1614
糕点、面包零售					
果品、蔬菜零售	46027	13189	4874	16063	29964
肉、禽、蛋、奶及水产品零售	5833	3401	657	3654	2179
营养和保健品零售	18413	3567	531	3567	14846
酒、饮料及茶叶零售	67287	58123	7595	58126	9161
烟草制品零售	8476	3568	769	3568	4908
其他食品零售	15415	11815	3316	13198	2217
纺织、服装及日用品专门零售	**159941**	**98338**	**25693**	**99132**	**60810**
纺织品及针织品零售					
服装零售	115557	65585	15561	66378	49179
鞋帽零售	19382	20961	12662	20961	-1579
化妆品及卫生用品零售	24008	10610	-116	10610	13398
厨具卫具及日用杂品零售					
钟表、眼镜零售	994	1183	-2414	1183	-188
箱包零售					
自行车等代步设备零售					
其他日用品零售					

单位：万元

产负债		损益及分配						
实收资本	个人资本	营业收入	主营业务收入	营业成本	税金及附加	其他业务利润	销售费用	管理费用
4696501	49468	14236315	14183932	13191404	183221	19241	334408	112500
2990740	89514	38316157	38064150	37381900	101991	49731	404401	210939
907659	36784	2685191	2678960	2577569	2879	3065	54897	27562
209811	6420	1980719	1972101	1964818	2018	0.4	10328	1837
8263273	169299	56468089	56151999	54392275	289671	69572	788991	346229
8131030	164934	56099170	55785268	54035000	289171	68088	783727	340840
541437	12886	750293	747144	723415	438	2465	15043	6610
42110		390877	390856	369794	341	11	11683	4053
1000		39204	39204	32004	25		7607	308
708310	**101283**	**10003361**	**9736837**	**8720136**	**23808**	**91440**	**827340**	**199785**
152012	**5524**	**1212653**	**1144190**	**956081**	**3656**	**30550**	**154428**	**33216**
58805	3559	317511	278228	249169	1667	3491	26606	9466
85067	1921	816560	789035	643264	1816	27054	111300	22114
3975		27648	27621	23324	100		4916	31
4166	44	50935	49305	40324	72	5	11606	1605
36167	**13820**	**173919**	**170202**	**131524**	**494**	**1818**	**29588**	**9271**
4821	3000	37140	35045	31794	44	210	6196	1318
6032	4620	60406	60199	52206	104		3564	1519
1288	500	7413	7359	6145	7	36	799	464
10000	500	3923	3923	2442	2		966	358
8551	3180	34321	33614	15086	267	1048	13821	4094
3215	1870	15755	15107	11774	46	346	2025	539
2260	150	14961	14956	12077	25	178	2217	977
31758	**1780**	**294488**	**282841**	**204404**	**1229**	**1903**	**67319**	**14471**
28008	1185	189125	178953	151135	432	1903	22945	12789
750	350	18577	18577	16752	20		1910	138
3000	245	85742	84267	36049	776		41929	1355
		1045	1045	468	2		536	189

13-3 续表 12

（2020年）

指　　标	期末资				
	资产总计	流动负债合计	应付账款	负债合计	所有者权益合计
文化、体育用品及器材专门零售	**149380**	**104842**	**50701**	**109161**	**40219**
文具用品零售	4864	3924	1926	3924	939
体育用品及器材零售	733	427		433	300
图书、报刊零售	100038	74710	47842	78511	21527
音像制品、电子和数字出版物零售					
珠宝首饰零售	38612	23749	615	23949	14663
工艺美术品及收藏品零售	1820	1807	318	1808	12
乐器零售					
照相器材零售					
其他文化用品零售	3314	224	0.4	537	2778
医药及医疗器材专门零售	**983230**	**431660**	**35020**	**446404**	**536827**
西药零售	864322	381013	26651	395511	468811
中药零售	118908	50647	8370	50893	68016
动物用药品零售					
医疗用品及器材零售					
保健辅助治疗器材零售					
汽车、摩托车、零配件和燃料及其他动力销售	**3057034**	**1556790**	**129663**	**2250474**	**806560**
汽车新车零售	1406995	1016817	86719	1059346	347649
汽车旧车零售	277941	160084	8454	182728	95213
汽车零配件零售	12645	15385	1549	15385	-2740
摩托车及零配件零售	5027	2655	610	2655	2372
机动车燃油零售	1343465	357327	32268	985838	357627
机动车燃气零售	10961	4522	62	4522	6439
机动车充电销售					
家用电器及电子产品专门零售	**369736**	**315881**	**81838**	**322613**	**47123**
家用视听设备零售	149196	105325	61552	111123	38073
日用家电零售	36225	32414	2249	32414	3810
计算机、软件及辅助设备零售	136635	133249	9110	133299	3336
通信设备零售	46005	44554	8824	45439	566
其他电子产品零售	1676	338	102	338	1337
五金、家具及室内装饰材料专门零售	**37174**	**28114**	**9864**	**28114**	**9060**
五金零售	901				901
灯具零售	447	284	9	284	164
家具零售	3775	3689	39	3689	86
涂料零售	1250	349	199	349	902
卫生洁具零售	8822	7451	102	7451	1371
木质装饰材料零售					
陶瓷、石材装饰材料零售	14489	13357	9515	13357	1132
其他室内装饰材料零售	7490	2984		2984	4506

单位：万元

产负债		损益及分配						
实收资本	个人资本	营业收入	主营业务收入	营业成本	税金及附加	其他业务利润	销售费用	管理费用
31928	**5220**	**142567**	**138874**	**115617**	**749**	**1268**	**18082**	**11531**
1000		5396	5396	4518	24		741	327
		618	608	535	4		98	75
9154	4920	88334	85562	65988	480	1122	15357	8624
20391	300	45339	44428	42340	187	146	1707	1945
135		1640	1640	1401	4		15	196
1248		1242	1241	835	50		165	364
95800	**33366**	**1242679**	**1217808**	**858772**	**2809**	**17521**	**258529**	**37007**
70750	31266	1002184	983495	693596	2387	17198	209377	34591
25050	2100	240495	234314	165175	422	323	49152	2416
318170	**34429**	**6350699**	**6200398**	**5936231**	**13983**	**36058**	**242018**	**75935**
233611	24611	2994198	2938647	2808093	6589	25860	97159	58036
33708	2650	384351	370680	361871	1256	2118	11201	4215
2489	2489	56746	54676	56481	152	9	2198	527
1100	300	15796	15732	13704	15	35	1188	602
41261	4379	2895881	2817024	2693407	5925	8035	130272	12316
6000		3727	3640	2676	46			240
32993	**4465**	**495651**	**492211**	**445743**	**708**	**2158**	**46368**	**14090**
20251	100	233352	231577	210385	354	1184	29937	6676
2735	618	26349	25927	22005	59	43	3718	1074
4007	2047	187768	186525	172452	252	930	9772	3890
4900	600	46183	46183	39341	38		2863	2266
1100	1100	1999	1999	1561	6		78	185
8244	**2100**	**62066**	**61689**	**50136**	**151**	**151**	**5575**	**2954**
1000	1000	1907	1907	1588	1		80	240
500	500	1443	1283	984	3	151	338	113
550	500	3278	3278	2277	35		613	375
500		2801	2801	2289	6		118	179
960		18165	18165	15023	31		845	857
600	100	25786	25760	20029	53		2610	1165
4134		8686	8495	7946	23		971	25

13-3 续表 13

（2020年）

指标	期末资				
	资产总计	流动负债合计	应付账款	负债合计	所有者权益合计
货摊、无店铺及其他零售业	**7744**	**6229**	**3814**	**6229**	**1515**
流动货摊零售					
互联网零售	4886	3982	1943	3982	905
邮购及电视、电话零售					
自动售货机零售					
旧货零售					
生活用燃料零售					
宠物食品用品零售					
其他未列明零售业	2858	2247	1871	2247	611
2.按登记注册类型分					
内资企业	**4676993**	**2532685**	**403925**	**3251653**	**1424736**
国有企业	11459	6209	647	6209	5251
集体企业	5667	4639	4046	4679	988
股份合作企业					
联营企业					
有限责任公司	1837562	879144	143815	1432795	404163
国有独资公司	539790	80047	7711	536687	3103
其他有限责任公司	1297772	799096	136104	896108	401060
股份有限公司	616579	224858	8561	324586	291993
私营企业	2205601	1417791	246844	1483339	722262
私营独资企业	24808	12658	5790	14047	10760
私营合伙企业					
私营有限责任公司	1318861	1020911	225255	1070936	247925
私营股份有限公司	861932	384222	15799	398356	463576
其他企业	125	46	12	46	79
港、澳、台商投资企业	**502948**	**265469**	**26541**	**288113**	**214835**
合资经营企业(港或澳、台资)	47660	33417	3168	33417	14244
合作经营企业(港或澳、台资)					
港、澳、台商独资经营企业	455288	232052	23374	254696	200591
港、澳、台商投资股份有限公司					
其他港澳台投资企业					
外商投资企业	**524397**	**268704**	**85287**	**278461**	**245936**
中外合资经营企业	160896	102437	22469	103365	57531
中外合作经营企业					
外资企业	363501	166267	62818	175096	188405
外商投资股份有限公司					
其他外商投资企业					

单位：万元

产负债		损益及分配						
实收资本	个人资本	营业收入	主营业务收入	营业成本	税金及附加	其他业务利润	销售费用	管理费用
1236	**579**	**28638**	**28624**	**21629**	**31**	**13**	**5434**	**1311**
1053	529	27203	27189	20447	29	13	5344	1159
183	50	1435	1435	1182	2		90	152
514344	**99183**	**8355503**	**8133823**	**7315587**	**19019**	**54421**	**678668**	**160896**
1321		18430	18417	16056	33	223	1013	577
136	10	23939	23939	22975	12		1315	407
239369	10720	3722059	3599242	3253027	8942	18482	293537	49168
2748		1011084	982694	966162	1705		35872	1166
236622	10720	2710975	2616548	2286865	7237	18482	257665	48003
9925		1179395	1149648	1110164	2996	7365	51241	6092
263543	88403	3410738	3341736	2912522	7035	28352	331521	104616
7171	1674	98144	95143	90839	216	288	3883	2632
188633	56878	2319415	2272178	2121836	4312	12461	129033	68198
67740	29851	993180	974415	699846	2507	15603	198605	33786
50	50	941	841	843			40	36
106667		**807211**	**794911**	**722898**	**2857**	**9930**	**49861**	**20192**
3199		230018	229894	217417	504	5918	5234	8116
103469		577193	565017	505481	2353	4012	44627	12076
87299	**2100**	**840647**	**808103**	**681651**	**1932**	**27088**	**98812**	**18697**
35013	2100	255133	247343	203122	697	7383	29835	7842
52286		585514	560760	478529	1235	19705	68977	10855

13-3 续表 14

(2020年)

指　　标	期末资				
	资产总计	流动负债合计	应付账款	负债合计	所有者权益合计
3.按控股情况分					
国有控股	1426670	397563	43693	1026035	400634
集体控股	77493	72763	16480	72804	4689
私人控股	2726882	1702845	294717	1788705	937573
港澳台商控股	539585	293250	32417	315894	223691
外商控股	449146	215154	78990	224911	224235
其他	484563	385282	49456	389878	94685
4.按经营形式分					
独立门店	2689432	1843246	336940	2003606	685221
连锁总店(总部)	2501199	928414	136157	1511269	989930
连锁直营店	20660	18252	10237	18347	2314
连锁加盟店	2238	1676	219	1676	562
其他	490809	275270	32200	283330	207480
5.按单位规模分					
大型	2760621	1111259	157384	1692167	1068454
中型	2300304	1586464	281905	1693288	607017
小型	567711	335140	73402	389212	178498
微型	75702	33996	3062	43560	31538
6.按零售业态分					
有店铺零售	**5620413**	**3013204**	**509551**	**3762621**	**1857189**
食杂店	3793	2810	58	2810	984
便利店	40975	32973	20096	33384	7591
折扣店	6765	7808	2405	7808	-1043
超市	84915	45294	13208	50485	33825
大型超市	457439	236430	102515	246173	211266
仓储会员店	254	248	234	248	6
百货店	239816	139863	38278	149100	90716
专业店	3148133	1358848	201087	2024144	1123989
专卖店	1583788	1144459	129524	1201777	382011
家居建材商店	14125	9353	1519	9353	4772
购物中心	21032	21689	96	23689	-2657
厂家直销中心	19379	13431	531	13650	5729
无店铺零售	**83925**	**53653**	**6202**	**55607**	**28318**
电视购物	3673	1507	613	1507	2166
邮购					
网上商店	7203	4684	2173	4684	2519
自动售货亭					
电话购物					
其他	73049	47462	3415	49416	23634

单位：万元

产负债		损益及分配						
实收资本	个人资本	营业收入	主营业务收入	营业成本	税金及附加	其他业务利润	销售费用	管理费用
67160		3067061	2983228	2832510	6919	11210	159778	18981
2811	10	84932	83134	77130	58	1798	7346	2432
385314	96123	4381460	4288855	3719829	9126	38085	433563	123930
114667	2100	813397	800774	726025	2939	10253	52106	20747
68299		771576	741614	623154	1678	24604	92241	17007
70058	3050	884935	839232	741489	3088	5490	82306	16689
478150	55596	5357368	5202634	4796141	13264	41077	309521	118830
141110	37241	3891380	3785994	3289338	8743	46524	419338	60057
5550		75997	73083	67299	96	1919	15897	1806
675		2829	2829	2298	24		333	144
82824	8446	675787	672297	565061	1681	1920	82251	18950
170894	29851	4611985	4495379	3850443	10516	54180	535874	76594
409205	36428	4213296	4089941	3827746	10577	29682	216878	94930
95975	32250	1084898	1060046	952444	2404	7499	71550	25778
32236	2753	93182	91471	89502	311	78	3038	2484
678870	**97984**	**9853416**	**9588012**	**8587289**	**23575**	**90152**	**816192**	**194187**
639	500	3779	3779	3244	6		162	264
12796	2030	103677	101148	89856	224	1919	18377	1969
1300		26992	26992	22747	21		3398	1071
35276	4165	151073	146979	131028	197	343	15225	6230
55939	2000	749472	721952	590259	1537	26215	105094	17858
7	7	981	981	736	1		155	160
60736	1409	321951	283151	233777	2016	3976	32757	10624
265798	51810	5694707	5536513	4960157	12598	39255	493831	99522
235345	31964	2677488	2644490	2480899	6176	18358	105875	53619
4734	600	15538	15347	13269	63		1798	674
4100	3000	7840	7706	6217	40		1736	647
2200	500	99920	98974	55100	698	87	37785	1549
29440	**3298**	**149944**	**148825**	**132846**	**233**	**1287**	**11148**	**5598**
4200		2457	2307	1512	6		1523	418
1522	542	27328	27211	20625	94	13	5234	1024
23718	2756	120160	119307	110710	133	1274	4392	4157

13-3 续表 15

（2020年）

指标	期末资				
	资产总计	流动负债合计	应付账款	负债合计	所有者权益合计
7.按经营地分					
城镇	5658096	3052881	513149	3799369	1858123
其中：城区	5589009	3017916	501149	3757852	1830553
乡村	46242	13977	2604	18858	27384
8.按港澳台商投资情况分					
港商投资	58089	35814	176	35814	22275
澳商投资					
台商投资	4327	4635	2892	4635	-308
三、批发业按地区分组	**33402931**	**17562308**	**3489431**	**19988677**	**13414037**
五华区	2489251	1448474	494596	1490846	998404
盘龙区	9588473	2694488	283271	3253185	6335288
官渡区	6594245	4203137	899612	4477221	2117024
西山区	9990030	5791967	776876	7193976	2796055
东川区	9255	5884	722	7038	2217
呈贡区	2741388	1959224	608479	1982520	758868
晋宁区	487421	267114	36085	360053	127369
富民县	11241	4646	2915	4803	6438
宜良县	36618	26988	5134	33457	2944
石林彝族自治县	2996	516	167	1301	1695
嵩明县	34669	12380	1825	12380	22289
禄劝彝族苗族自治县	7854	6367	1314	6367	1488
寻甸回族彝族自治县	26523	10794	5025	13597	12927
安宁市	1382967	1130331	373409	1151935	231032
四、零售业按地区分组	**5704338**	**3066858**	**515753**	**3818227**	**1885507**
五华区	1210822	803083	231464	834610	376212
盘龙区	1186413	695889	56791	720246	465563
官渡区	1111614	546756	73175	694064	417550
西山区	1156201	534142	104272	1056666	99535
东川区	4870	4475	486	4475	395
呈贡区	883986	401412	23746	417014	466972
晋宁区	10183	6987	591	7320	2863
富民县	8096	2801	1546	5169	2927
宜良县	7480	6468	1584	7279	201
石林彝族自治县	5392	2277	764	2884	2509
嵩明县	48775	15205	5365	19433	29342
禄劝彝族苗族自治县	11286	4453	1331	5779	5507
寻甸回族彝族自治县	7090	4804	2478	5089	2001
安宁市	52129	38106	12160	38199	13930

单位：万元

产负债		损益及分配						
实收资本	个人资本	营业收入	主营业务收入	营业成本	税金及附加	其他业务利润	销售费用	管理费用
704423	99509	9947910	9681486	8670557	23773	91262	825877	197876
684523	94243	9803565	9538583	8543256	23425	90060	817797	191040
3887	1774	55451	55351	49578	35	178	1464	1910
28998		16784	16778	17500	25		110	1578
1480		8213	7579	6165	3		3277	
8804710	**182185**	**57218382**	**56899143**	**55115690**	**290109**	**72037**	**804034**	**352838**
470867	69992	8487806	8466108	8204821	6884	18002	175394	64596
4665632	12788	6263301	6210043	5497189	253252	16077	146425	104269
1371956	40777	11716712	11650972	11472960	8410	15478	89574	67384
1147100	26490	18657646	18587983	18261935	10356	17664	201593	59869
500615		17617	17617	15691	25		1902	605
253372	17064	4878938	4784191	4636957	4289	481	93036	29388
198507	6800	1245573	1240505	1196045	3414	1419	22707	10927
3975	560	18917	18741	16647	17		859	1030
2065	1330	79724	77994	78231	218	288	1375	1203
600		5071	5071	4549	0.7		108	294
16670	670	95715	95417	92199	139	0.4	1441	1162
839	500	10491	10491	10077	7		215	304
3929	625	54222	54194	51769	23		596	866
168582	4591	5686649	5679818	5576621	3075	2627	68811	10942
708310	**101283**	**10003361**	**9736837**	**8720136**	**23808**	**91440**	**827340**	**199785**
186480	13768	1649112	1597848	1355829	4085	26606	216347	49233
195669	16678	2170118	2093238	1905094	5538	21422	150050	43326
119627	19435	2491111	2430837	2288141	5447	10309	133731	28691
103559	13244	2448542	2394273	2261776	6035	13381	107853	33272
914	549	4702	4702	4137	11		12	429
74900	29883	985240	966901	683768	2254	15783	201798	35745
2916	1900	18424	17485	16162	31	932	1626	540
1928	1080	13247	13240	11241	11		783	486
1891	523	15722	15548	13824	27	5	1490	643
1376	889	16575	16472	14918	10	2	750	806
6590	1229	91459	90372	83932	189	1175	3138	2082
1654	1654	24460	24460	20521	86	20	1492	1540
307	307	15007	14836	12713	19		559	1442
10499	144	59643	56625	48080	64	1806	7710	1552

13-3 续表 16

（2020年）

指　　标	损益			
	研发费用	财务费用	利息收入	利息费用
总计	**4575**	**386078**	**107439**	**353728**
一、批发业	**4401**	**343092**	**98303**	**321367**
1.按批发行业小类分				
农、林、牧、渔产品批发	**41**	**1444**	**-802**	**1657**
谷物、豆及薯类批发	10	1109	-156	568
种子批发		36	1	23
畜牧渔业饲料批发		466	-868	1066
棉、麻批发				
林业产品批发				
牲畜批发		1		
渔业产品批发				
其他农牧产品批发	31	-168	222	0.3
食品、饮料及烟草制品批发	**1142**	**-8728**	**44096**	**30685**
米、面制品及食用油批发	48	10899	1519	12413
糕点、糖果及糖批发		15182	1442	14378
果品、蔬菜批发				
肉、禽、蛋、奶及水产品批发		13		
盐及调味品批发		212	0.3	211
营养和保健品批发		225	2	214
酒、饮料及茶叶批发	286	730	214	532
烟草制品批发	809	-36464	40874	2482
其他食品批发		477	46	455
纺织、服装及家庭用品批发	**318**	**1505**	**216**	**1195**
纺织品、针织品及原料批发				
服装批发		73	-41	96
鞋帽批发				
化妆品及卫生用品批发	318	115	72	64
厨具卫具及日用杂品批发				
灯具、装饰物品批发				
家用视听设备批发		37	19	53
日用家电批发		1234	167	942
其他家庭用品批发		47	-1	41
文化、体育用品及器材批发		**836**	**223**	**799**
文具用品批发		-66	-105	
体育用品及器材批发				
图书批发		186	301	61
报刊批发				
音像制品、电子和数字出版物批发				
首饰、工艺品及收藏品批发		17	0.6	14
乐器批发				
其他文化用品批发		698	27	724

单位：万元

及分配						人工成本及增值税		从事批发和零售业活动的从业人员平均人数(人)
投资收益	营业利润	营业外收入	营业外支出	利润总额	所得税费用	应付职工薪酬(本年贷方累计发生额)	应交增值税	
266180	**955267**	**36956**	**54243**	**937998**	**212398**	**778993**	**1032165**	**86682**
251699	**741130**	**21536**	**45947**	**716716**	**161102**	**437310**	**791668**	**28628**
	2135	**766**	**37**	**2864**	**183**	**3651**	**241**	**487**
	99	432	14	517	-10	1849	37	155
	-17	15	0.2	-3	5	348	96	37
	1069	2	16	1054	116	733	65	93
	290	0.2		290	24	37		6
	694	317	6	1006	47	684	43	196
22615	**396924**	**7359**	**29022**	**375269**	**92654**	**169742**	**665987**	**4999**
641	-178	3531	408	2945	156	8555	609	829
1946	8122	1549	1177	8501	1727	7022	5398	362
	284	2		286	3	286		103
1	246	1	1	246	21	597	128	73
1	32	2		35	9	401	11	85
	175	50	13	212	67	980	179	161
46	19444	372	121	19696	4738	7912	6998	649
19968	368201	1659	27214	342647	85686	139523	648090	2008
12	599	192	88	703	248	4467	4574	729
14	**-1559**	**143**	**890**	**-2306**	**986**	**6587**	**1699**	**1265**
	-43	4		-39		54	6	15
	-134	1	-2	-131	16	167	2217	49
14	-1429	111	0.8	-1319	973	3187	383	467
	-514	5	22	-531		1688	220	467
	345	9	811	-457	-3	474	-1112	110
	215	14	58	171	-0.1	1017	-15	157
29479	**36342**	**640**	**171**	**36810**	**1290**	**10012**	**1473**	**671**
	-1269	147		-1123	1	1177	416	164
29479	38173	438	98	38512	1276	7926	942	415
	-4	35	7	25	13	278		50
	-559	20	66	-604		632	115	42

13-3 续表 17

（2020年）

指标	损益			
	研发费用	财务费用	利息收入	利息费用
医药及医疗器材批发	**170**	**22016**	**4211**	**17663**
西药批发	170	18365	4145	15110
中药批发		1577	-111	919
动物用药品批发		73		
医疗用品及器材批发		2000	177	1634
矿产品、建材及化工产品批发	**2467**	**314445**	**47044**	**260098**
煤炭及制品批发		-5560	151	-6291
石油及制品批发		4237	2	4095
非金属矿及制品批发		82	155	69
金属及金属矿批发	2309	188079	13955	159606
建材批发		6780	3529	7110
化肥批发	158	120004	28766	94810
农药批发	0.1	-260	279	18
农用薄膜批发				
其他化工产品批发		1083	208	682
机械设备、五金产品及电子产品批发	**263**	**10022**	**2863**	**8071**
农业机械批发				
汽车及零配件批发		334	37	359
摩托车及零配件批发		65	-23	13
五金产品批发	263	506	13	3
电气设备批发		-0.2		
计算机、软件及辅助设备批发		489		39
通讯设备批发		-4	-5	18
广播影视设备批发				
其他机械设备及电子产品批发		8632	2842	7637
贸易经纪与代理		**123**	**9**	**98**
贸易代理		123	9	98
一般物品拍卖				
艺术品、收藏品拍卖				
艺术品代理				
其他贸易经纪与代理				
其他批发业		**1430**	**443**	**1102**
再生物资回收与批发				
宠物食品用品批发				
互联网批发				
其他未列明批发业		1430	443	1102

单位：万元

及分配						人工成本及增值税		从事批发和零售业活动的从业人员平均人数(人)
投资收益	营业利润	营业外收入	营业外支出	利润总额	所得税费用	应付职工薪酬(本年贷方累计发生额)	应交增值税	
1153	**117165**	**4641**	**5008**	**116791**	**19860**	**100541**	**51312**	**11445**
887	91809	3695	3918	91586	14705	82683	36101	9168
235	6367	519	763	6115	1488	10257	7051	1528
	446			446	195	195	288	32
30	18543	427	326	18644	3473	7406	7872	717
190888	**174057**	**7017**	**7761**	**173311**	**41761**	**107487**	**60232**	**6124**
73850	81834	9	7	81836	154	5011	1607	281
320	24442	213	206	24449	7888	5593	5213	847
146	14205	111	95	14221	3363	2737	4450	269
56015	34656	2740	3758	33634	17466	43956	24599	2201
-4548	35431	646	96	35982	5490	15922	11450	722
58767	-24853	2161	3365	-26057	6746	26658	11362	1038
	247	614	49	812	243	2604	50	316
6338	8096	523	185	8434	411	5006	1501	450
7528	**10047**	**886**	**1075**	**9857**	**3340**	**37430**	**9766**	**3385**
	-3758	18	1	-3741	27	913	-301	215
	1282	5	20	1267	313	1055	496	125
1475	141	5	32	114	1	4050	278	156
	84		10	74	4	69	138	20
	401	9	111	299	33	839	540	172
	4991	229	136	5084	1271	8394	1630	722
6052	6905	621	765	6761	1691	22109	6986	1975
16	**123**	**3**	**3**	**123**	**22**	**321**	**249**	**34**
16	123	3	3	123	22	321	249	34
7	**5897**	**82**	**1981**	**3998**	**1007**	**1539**	**710**	**218**
7	5897	82	1981	3998	1007	1539	710	218

13-3 续表 18

（2020年）

指标	损益			
	研发费用	财务费用	利息收入	利息费用
2.按登记注册类型分				
内资企业	**4401**	**346593**	**97837**	**327222**
国有企业	815	-24433	32706	8478
集体企业				
股份合作企业				
联营企业				
有限责任公司	2815	337715	60242	290823
国有独资公司	10	12028	8816	15670
其他有限责任公司	2805	325687	51426	275153
股份有限公司	263	9399	2443	8941
私营企业	508	23913	2445	18981
私营独资企业		14		
私营合伙企业				
私营有限责任公司	487	23649	2292	18632
私营股份有限公司	20	250	154	349
其他企业				
港、澳、台商投资企业		**1396**	**387**	**1996**
合资经营企业(港或澳、台资)		295	49	300
合作经营企业(港或澳、台资)				
港、澳、台商独资经营企业		1101	338	1696
港、澳、台商投资股份有限公司				
其他港澳台投资企业				
外商投资企业		**-4897**	**79**	**-7852**
中外合资经营企业		76	16	
中外合作经营企业				
外资企业		-4969	59	-7852
外商投资股份有限公司				
其他外商投资企业		-3	4	
3.按控股情况分				
国有控股	3599	305394	94464	300887
集体控股		169	584	458
私人控股	538	34802	2976	20589
港澳台商控股		1101	338	1696
外商控股		-4976	67	-7852
其他	263	6603	-127	5588
4.按经营形式分				
独立门店	102	34935	13690	47698
连锁总店(总部)	114	44250	0.9	65
连锁直营店		1724		
连锁加盟店				
其他	4185	262183	84612	273604

单位：万元

及分配						人工成本及增值税		从事批发和零售业活动的从业人员平均人数（人）
投资收益	营业利润	营业外收入	营业外支出	利润总额	所得税费用	应付职工薪酬(本年贷方累计发生额)	应交增值税	
177391	**654426**	**21328**	**45166**	**630584**	**159546**	**419253**	**786526**	**27069**
31	307338	772	19719	288392	70446	116769	647189	2117
	1			1		5	0.1	7
168253	286528	12815	19730	279612	74553	195924	82417	11625
51804	123659	1658	10553	114764	20235	29181	11621	1118
116449	162869	11157	9177	164848	54318	166743	70796	10507
7460	17360	2413	1228	18537	3641	31116	6421	3238
1647	43397	5328	4489	44240	10904	75437	50499	10041
	-72			-72		70	-11	9
1731	39152	5214	4457	39915	10642	73298	50282	9633
-84	4316	113	33	4397	261	2070	228	399
	-198			-198	3	2		41
268	**3554**	**0.8**	**20**	**3534**	**1101**	**6625**	**1838**	**690**
	-1035	0.6	14	-1048	-3	3032		557
268	4588	0.2	7	4582	1104	3593	1838	133
74040	**83150**	**208**	**760**	**82598**	**454**	**11433**	**3304**	**869**
	702	54	54	702	137	945	741	48
74040	80589	128	701	80017	-157	7433	1121	530
	1860	26	6	1879	475	3055	1441	291
174096	587386	11142	37337	561190	142248	297097	718694	10416
	573	941	138	1376	388	3136	-304	374
1571	57301	8734	6482	59557	14310	111927	62604	15167
268	4588	0.2	7	4582	1104	3593	1838	133
74040	82303	154	709	81748	318	10821	2621	833
1724	8979	566	1274	8263	2734	10736	6215	1705
32363	149111	6935	4158	151896	20570	104723	40980	10077
65076	28079	1318	269	29128		6393	3039	612
10	673	537	499	711	178	1865	4393	468
154250	563267	12746	41021	534981	140353	324328	743256	17471

13-3 续表 19

（2020年）

指标	损益			
	研发费用	财务费用	利息收入	利息费用
5.按单位规模分				
大型	3098	100726	43012	114089
中型	1273	221754	54396	194800
小型	31	16126	864	9053
微型		4486	32	3424
6.按经营地分				
城镇	4401	340387	99201	318521
其中：城区	4328	338272	99156	316925
乡村	0.1	2705	-898	2846
7.按港澳台商投资情况分				
港商投资		1396	387	1996
澳商投资		295	49	300
台商投资				
二、**零售业**	**174**	**42986**	**9135**	**32362**
1.按零售行业小类分				
综合零售		**9262**	**5930**	**1853**
百货零售		2288	130	1382
超级市场零售		6809	5799	471
便利店零售		-16	0.6	
其他综合零售		181	0.1	
食品、饮料及烟草制品专门零售	**20**	**1270**	**168**	**841**
粮油零售		231	-6	236
糕点、面包零售				
果品、蔬菜零售		747	9	281
肉、禽、蛋、奶及水产品零售	2	68	0.3	52
营养和保健品零售	18	3	1	
酒、饮料及茶叶零售		-38	160	103
烟草制品零售		92	4	81
其他食品零售		168	0.3	88
纺织、服装及日用品专门零售		**1971**	**24**	**178**
纺织品及针织品零售				
服装零售		1898	-124	29
鞋帽零售		137	24	140
化妆品及卫生用品零售		-64	124	8
厨具卫具及日用杂品零售				
钟表、眼镜零售		0.4		
箱包零售				
自行车等代步设备零售				
其他日用品零售				

单位：万元

及分配						人工成本及增值税		从事批发和零售业活动的从业人员平均人数（人）
投资收益	营业利润	营业外收入	营业外支出	利润总额	所得税费用	应付职工薪酬(本年贷方累计发生额)	应交增值税	
49697	379186	4535	24161	359559	94662	218511	699825	10727
199895	348373	14009	19233	343141	64825	200235	77332	15254
1698	13906	2630	1719	14822	1238	17878	14574	2454
409	-335	363	834	-807	377	686	-62	193
251402	738506	21456	45708	714254	160150	428106	790127	27479
250793	737895	19395	45456	711834	159908	425150	789591	26712
297	2624	80	239	2462	951	9204	1542	1149
268	3554	0.8	20	3534	1101	6625	1838	690
	-1035	0.6	14	-1048	-3	3032		557
14482	**214137**	**15419**	**8296**	**221281**	**51296**	**341683**	**240496**	**58054**
394	**46304**	**3276**	**978**	**48607**	**9238**	**59422**	**32951**	**13201**
389	6989	598	74	7513	2000	11419	21786	2026
29	42848	2664	893	44624	6804	42257	10178	10000
-30	-703	5	1	-699	431	860	489	176
6	-2830	10	10	-2831	3	4887	499	999
14	**1803**	**1411**	**453**	**2760**	**355**	**13186**	**2449**	**2616**
	-2233	1041	290	-1482		3627	197	894
	2087	182	31	2238	5	2818	205	703
4	-66	5		-61	2	821	36	111
	134	15	48	101	25	545	2	95
4	1112	47	79	1080	63	2931	1592	376
	978	13	5	986	254	1385	300	176
6	-209	107	1	-102	6	1059	117	261
3722	**8459**	**206**	**41**	**8625**	**2223**	**27337**	**9387**	**2681**
3722	3240	161	36	3366	704	12589	3230	1222
	-380	0.6	2	-381	0.7	1283	160	213
	5749	45	3	5790	1519	13344	5983	1204
	-150			-150		121	14	42

13-3 续表 20

（2020年）

指标	损益			
	研发费用	财务费用	利息收入	利息费用
文化、体育用品及器材专门零售	**55**	**796**	**33**	**603**
文具用品零售		36		13
体育用品及器材零售		10		
图书、报刊零售		733	-15	563
音像制品、电子和数字出版物零售				
珠宝首饰零售		-5	47	17
工艺美术品及收藏品零售		22		10
乐器零售				
照相器材零售				
其他文化用品零售	55	0.3	0.7	0.1
医药及医疗器材专门零售		**778**	**1845**	**1899**
西药零售		552	1766	1899
中药零售		226	79	
动物用药品零售				
医疗用品及器材零售				
保健辅助治疗器材零售				
汽车、摩托车、零配件和燃料及其他动力销售		**27504**	**1451**	**26667**
汽车新车零售		13739	951	12358
汽车旧车零售		-703	88	382
汽车零配件零售		143	7	82
摩托车及零配件零售		7	0.6	1
机动车燃油零售		14313	406	13844
机动车燃气零售		5		
机动车充电销售				
家用电器及电子产品专门零售		**1225**	**-327**	**282**
家用视听设备零售		169	-41	-125
日用家电零售		355	-287	109
计算机、软件及辅助设备零售		285	0.4	290
通信设备零售		410	0.6	6
其他电子产品零售		6		
五金、家具及室内装饰材料专门零售		**167**	**1**	**37**
五金零售				
灯具零售		3		
家具零售		28	-0.2	18
涂料零售				
卫生洁具零售		88		
木质装饰材料零售				
陶瓷、石材装饰材料零售		26	1.3	19
其他室内装饰材料零售		21		

单位：万元

及分配						人工成本及增值税		从事批发和零售业活动的从业人员平均人数（人）
投资收益	营业利润	营业外收入	营业外支出	利润总额	所得税费用	应付职工薪酬(本年贷方累计发生额)	应交增值税	
-1	**-3755**	**635**	**1324**	**-4444**	**-60**	**17765**	**1278**	**2054**
	-247	3		-244	3	453	83	129
	-7			-7		38		15
3	-2885	598	1310	-3598	-12	14960	580	1676
-4	-405	24	9	-389	0.2	1709	561	156
	3	9		12		192	38	30
	-214	0.1	5	-218	-51	414	16	48
3216	**82863**	**2070**	**376**	**84557**	**13947**	**102598**	**25054**	**21832**
3196	63028	2039	283	64784	10720	74761	20385	17529
21	19835	31	93	19773	3227	27837	4669	4303
7059	**93113**	**6833**	**4877**	**95083**	**25477**	**99961**	**143422**	**12136**
4534	39157	4594	2420	41352	13020	60387	112472	7728
2162	16006	716	280	16442	2913	7569	7499	848
	-2747	11	4	-2741	3	1420	-21	188
	281	7	0.3	287	25	323	153	46
362	39656	1216	2173	38693	9376	30125	23184	3303
	760	290		1050	140	136	136	23
68	**-16271**	**831**	**224**	**-15664**	**-379**	**17260**	**24094**	**2760**
27	-14131	294	158	-13995	-173	5410	1788	1205
17	-938	20	4	-922	-227	954	3	160
24	760	495	42	1213	5	7914	21577	921
	-2127	22	19	-2124	5	2821	684	461
	164			164	12	161	41	13
	1429	**59**	**4**	**1484**	**412**	**2959**	**1781**	**565**
	-3			-3		114	6	22
	3	0.1		3	0.3	197	22	47
	-50	7		-43	4	425	260	66
	209	0.7		210	24	161		33
	1341	22		1363	353	230		96
	229	24	3	250	29	1322	389	265
	-300	5	1.2	-296	2	510	1104	36

13-3 续表 21

（2020年）

指标	损益			
	研发费用	财务费用	利息收入	利息费用
货摊、无店铺及其他零售业	**99**	**14**	**10**	**3**
流动货摊零售				
互联网零售	99	14	-0.2	3
邮购及电视、电话零售				
自动售货机零售				
旧货零售				
生活用燃料零售				
宠物食品用品零售				
其他未列明零售业		-0.2	10	0.5
2.按登记注册类型分				
内资企业	**174**	**37852**	**2670**	**31524**
国有企业		193	-3	191
集体企业		45	1.1	
股份合作企业				
联营企业				
有限责任公司	73	17341	965	14838
国有独资公司	55	7119	2	7114
其他有限责任公司	18	10221	963	7724
股份有限公司		5225	30	4724
私营企业	101	15049	1676	11771
私营独资企业		143	-0.1	95
私营合伙企业				
私营有限责任公司	101	14075	-153	9469
私营股份有限公司		831	1829	2207
其他企业				
港、澳、台商投资企业		**-722**	**1415**	**455**
合资经营企业(港或澳、台资)		397	-36	96
合作经营企业(港或澳、台资)				
港、澳、台商独资经营企业		-1119	1451	359
港、澳、台商投资股份有限公司				
其他港澳台投资企业				
外商投资企业		**5856**	**5050**	**383**
中外合资经营企业		514	24	0.1
中外合作经营企业				
外资企业		5342	5026	383
外商投资股份有限公司				
其他外商投资企业				

单位：万元

及分配						人工成本及增值税		从事批发和零售业活动的从业人员平均人数(人)
投资收益	营业利润	营业外收入	营业外支出	利润总额	所得税费用	应付职工薪酬(本年贷方累计发生额)	应交增值税	
10	**194**	**99**	**20**	**273**	**82**	**1195**	**80**	**209**
10	177	81	19	239	82	1075	64	184
	17	19	1.2	34	0.3	120	17	25
9116	**136762**	**10596**	**6193**	**141185**	**35907**	**281729**	**215470**	**47120**
	768	918	215	1472	342	833	76	87
	-813		63	-876	6	696	388	79
5009	78494	3493	1915	80082	20039	117239	116476	15716
	-974	906	643	-710	-31	5726	7172	1285
5009	79468	2587	1272	80792	20069	111514	109304	14431
-33	3629	122	1048	2703	431	17334	11107	1150
4141	54662	6063	2953	57782	15090	145599	87424	30079
	3294	176	46	3424	668	2758	546	617
945	-12314	3732	2708	-11280	3165	74541	61270	13186
3196	63682	2154	199	65637	11257	68300	25608	16276
	23			23	0.1	29	0.1	9
5252	**33643**	**2990**	**1345**	**35288**	**7675**	**24433**	**15945**	**3404**
	4530	258	122	4667	1167	2573	3096	347
5252	29112	2732	1223	30621	6509	21860	12849	3057
114	**43733**	**1833**	**758**	**44808**	**7714**	**35520**	**9081**	**7530**
114	13479	631	111	13999	2216	14110	3693	2285
	30254	1202	646	30810	5497	21410	5389	5245

13-3 续表 22

（2020年）

指标	损益			
	研发费用	财务费用	利息收入	利息费用
3.按控股情况分				
国有控股	55	14610	504	13984
集体控股		756	39	325
私人控股	119	18634	2009	14257
港澳台商控股		-700	1415	455
外商控股		5650	5050	383
其他		4036	119	2958
4.按经营形式分				
独立门店	57	22047	2886	17504
连锁总店(总部)		18581	6823	14124
连锁直营店		271	8	18
连锁加盟店		10	-0.5	0.2
其他	117	2078	-581	715
5.按单位规模分				
大型		19707	6923	14429
中型	75	17376	1651	14436
小型		4881	-124	3441
微型	99	1022	685	56
6.按零售业态分				
有店铺零售	**75**	**42778**	**9048**	**32201**
食杂店		63		63
便利店		162	38	45
折扣店		79	-8	
超市		1299	747	143
大型超市		6111	5040	408
仓储会员店		0.1		0.1
百货店		2298	134	1382
专业店	55	22029	2205	20053
专卖店	20	9826	808	10083
家居建材商店		32	0.3	
购物中心		949	17	1
厂家直销中心		-71	67	24
无店铺零售	**99**	**208**	**88**	**161**
电视购物		-0.2	1	
邮购				
网上商店	99	73	-0.2	3
自动售货亭				
电话购物				
其他		136	87	158

单位：万元

及分配						人工成本及增值税		从事批发和零售业活动的从业人员平均人数(人)
投资收益	营业利润	营业外收入	营业外支出	利润总额	所得税费用	应付职工薪酬(本年贷方累计发生额)	应交增值税	
332	34907	2358	2445	34815	9158	50083	24572	4962
	-2787	111	73	-2749	95	4129	283	733
4479	93026	7034	3328	96757	22758	198780	119832	38109
5252	33797	2998	1363	35432	7675	25468	16110	3607
29	41794	1746	730	42810	7214	31527	7875	6943
4391	13400	1172	357	14216	4397	31695	71825	3700
7708	102284	9845	4502	107652	30344	147851	141536	23632
3219	102881	4878	3598	104162	18095	146842	48837	28848
6	-1014	21	25	-1018	321	8136	987	1288
	35	0.9		36	0.7	118	198	37
3549	9951	674	171	10449	2535	38736	48939	4249
6471	138452	5840	3027	141265	23338	207344	81267	36666
6989	51215	6401	4343	53288	19508	108840	124486	16261
893	25560	2224	893	26897	8333	23414	33957	4132
129	-1090	954	33	-169	117	2085	786	995
14442	**212790**	**15130**	**8244**	**219702**	**50449**	**336953**	**239557**	**57318**
	40	5		45	2	453	2	108
-30	628	75	39	663	922	6515	1364	996
	-283	47	1	-237		1076	110	145
	-1511	860	210	-855	46	10772	1197	3563
35	38556	1882	722	39716	5958	37093	8131	8346
	-71			-71		13	0.6	12
912	11257	684	153	11788	3005	12149	23511	1911
6915	121526	6488	4652	123382	27703	187466	87921	32228
6609	39528	5010	2437	42101	11441	66999	109867	8717
	-297	13	1	-285	9	947	1394	92
	-1752	47	12	-1718		1208	246	158
	5170	19	16	5173	1363	12262	5813	1042
40	**1347**	**289**	**52**	**1579**	**848**	**4730**	**940**	**736**
	-1003	17	0.3	-986		569	3	72
10	335	91	31	395	83	1063	63	223
30	2015	182	21	2170	765	3097	874	441

13-3 续表 23

（2020年）

指　　标	损益			
	研发费用	财务费用	利息收入	利息费用
7.按经营地分				
城镇	174	42479	9135	32018
其中：城区	174	41632	9106	31468
乡村		507	0.8	344
8.按港澳台商投资情况分				
港商投资		786	681	0.1
澳商投资				
台商投资		18		
三、批发业按地区分组	**4401**	**343092**	**98303**	**321367**
五华区	190	18102	4768	17178
盘龙区	3098	93944	40175	106925
官渡区	368	37077	15757	43144
西山区	400	162234	29729	121760
东川区		249	-0.9	150
呈贡区	274	11140	4187	12795
晋宁区	0.1	1014	311	2688
富民县	31	131	0.3	18
宜良县		874	4	858
石林彝族自治县		96		
嵩明县	42	285	-4	265
禄劝彝族苗族自治县		129	2	130
寻甸回族彝族自治县		143	44	163
安宁市		17675	3331	15293
四、零售业按地区分组	**174**	**42986**	**9135**	**32362**
五华区	20	9100	5748	2771
盘龙区		3215	734	2128
官渡区	154	11737	586	9081
西山区		16722	210	15098
东川区		4	8	10
呈贡区		605	1786	2070
晋宁区		51	-1	45
富民县		68	0.4	48
宜良县		12	17	0.2
石林彝族自治县		31	2	24
嵩明县		667	0.8	550
禄劝彝族苗族自治县		243	-0.1	168
寻甸回族彝族自治县		50	3	34
安宁市		481	43	334

单位：万元

及分配						人工成本及增值税		从事批发和零售业活动的从业人员平均人数(人)
投资收益	营业利润	营业外收入	营业外支出	利润总额	所得税费用	应付职工薪酬(本年贷方累计发生额)	应交增值税	
14482	212158	15209	8291	219086	51255	339688	240450	5751
14465	211303	14153	8004	217461	51205	330432	239032	5494
	1979	210	5	2196	42	1995	47	54
	-1644	441	1	-1204		933	211	717
	-1242	0.3	8	-1249		161		205
251699	**741130**	**21536**	**45947**	**716716**	**161102**	**437310**	**791668**	**28628**
26724	83535	5332	11033	77827	15304	59522	25732	6473
73281	307488	2951	21868	288571	79242	182021	660602	6399
86815	178753	3630	2998	179385	16372	69716	39996	4788
61601	26635	3800	6069	24373	24073	49479	39246	4137
	-853	892	9	27		405		79
877	111741	709	2232	110218	17419	45547	19378	3649
275	18645	1248	415	19478	4771	15213	5444	1432
4	600	226	37	789	44	822	53	176
609	-407	829	31	390	55	415	133	185
	24			24	0.1	63	1	12
	445	212	2	654	15	735	81	156
	-241	378	0.4	137	8	101	38	42
	828	445	5	1268	30	681	26	126
1513	13937	886	1248	13574	3769	12589	938	974
14482	**214137**	**15419**	**8296**	**221281**	**51296**	**341683**	**240496**	**58054**
259	27730	4188	2636	29278	8062	81012	44039	14771
6142	61922	2424	854	63493	12551	83569	131721	11475
435	28812	1391	1726	28492	9585	45311	22581	4807
4434	31392	4003	2481	32914	9851	48013	21950	6562
	111	0.6	4	107	2	267	92	62
3196	63073	2190	248	65025	11092	68832	18207	16520
	19	35	22	32	7	1307	144	231
	360	8	3	364	9	954	45	285
	-268	9	1	-261	7	938	98	277
17	288	3	2	289	10	1139	46	421
	1016	1004	266	1755	26	4069	501	940
	658	28	14	672	34	1908	401	536
	299	12	0.2	310	2	1215	76	345
	-1273	124	39	-1188	60	3149	597	822

13-4 限额以上住宿和

（2020年）

指　　标	法人企业数（个）	从业人员期末人数（人）	营业额	客房收入	通过公共网络实现的客房收入	通过非自营平台实现的客房收入
总计	**358**	**31245**	**546876**	**142611**	**25748**	**4999**
一、住宿业	**185**	**15265**	**233837**	**137822**	**25573**	**4991**
1.按住宿业行业小类分						
旅游饭店	**98**	**11183**	**175441**	**92561**	**16430**	**3481**
旅游饭店	98	11183	175441	92561	16430	3481
一般旅馆	**78**	**3484**	**49579**	**38976**	**7585**	**1511**
经济型连锁酒店	14	504	8302	7141	1020	105
其他一般旅馆	64	2980	41277	31834	6565	1406
民宿服务						
民宿服务						
露营地服务						
露营地服务						
其他住宿业	**9**	**598**	**8818**	**6286**	**1558**	
其他住宿业	9	598	8818	6286	1558	
2.按登记注册类型分						
内资企业	**179**	**14090**	**216816**	**127568**	**23533**	**4858**
国有企业	19	2719	36630	14117	2055	354
集体企业	1	76	932	752	23	
股份合作企业						
联营企业	1	96	1018	603	46	
国有联营企业	1	96	1018	603	46	
集体联营企业						
国有与集体联营企业						
其他联营企业						
有限责任公司	42	5342	95307	50414	9142	2674
国有独资公司	4	1101	14732	3036	78	
其他有限责任公司	38	4241	80576	47378	9064	2674
股份有限公司	4	335	3725	2264	415	400
私营企业	112	5522	79203	59418	11852	1431
私营独资企业	8	404	3637	2579	331	144
私营合伙企业						
私营有限责任公司	102	5073	74878	56163	11149	914
私营股份有限公司	2	45	688	676	372	372
其他企业						

餐饮业法人企业经营情况

单位：万元

餐费收入	通过公共网络实现的餐费收入	通过非自营平台实现的餐费收入	商品销售额收入	其他收入	外卖送餐服务收入	客房数(间)	床位数(个)	餐位数(位)	年末餐饮营业面积(平方米)
347066	**44180**	**3095**	**16745**	**40453**	**298**	**66118**	**107499**	**199522**	**1254979**
59486	**3847**	**901**	**6995**	**29535**	**1**	**64831**	**104794**	**57266**	**735126**
52485	**3438**	**682**	**6667**	**23728**	**0.4**	**27451**	**42937**	**41253**	**492408**
52485	3438	682	6667	23728	0.4	27451	42937	41253	492408
6487	**356**	**219**	**316**	**3800**	**0.6**	**35630**	**59069**	**15423**	**215573**
1117			1	43		1732	2736	1605	35698
5370	356	219	315	3758	0.6	33898	56333	13818	179875
513	**52**		**12**	**2007**		**1750**	**2788**	**590**	**27145**
513	52		12	2007		1750	2788	590	27145
54353	**3546**	**811**	**6895**	**28000**	**1**	**62912**	**101973**	**54222**	**687735**
9094	9	3	1281	12138		10462	15748	10835	83716
101			2	78		172	254	204	1100
359				56		156	303	220	7000
359				56		156	303	220	7000
30571	2907	582	5317	9005		10273	18540	20231	203650
4887	329		5006	1802		984	1667	4022	60272
25684	2578	582	311	7203		9289	16873	16209	143378
812	207	207	76	574		713	1162	750	29737
13416	423	20	219	6150	1	41136	65966	21982	362532
693			5	360		8455	12592	1508	20057
12714	415	11	211	5790	1	32375	52844	20388	342275
9	9	9	3	0.1		306	530	86	200

13-4 续表 1

（2020年）

指　　标	法人企业数（个）	从业人员期末人数（人）	营业额	客房收入	通过公共网络实现的客房收入	通过非自营平台实现的客房收入
港、澳、台商投资企业	**6**	**1175**	**17022**	**10254**	**2041**	**133**
与港澳台商合资经营企业	3	563	7808	4225	1335	133
与港澳台商合作经营企业						
港澳台商独资企业	3	612	9214	6029	706	
港澳台商投资股份有限公司						
其他港澳台投资企业						
外商投资企业						
3.按控股情况分						
国有控股	37	5602	84246	34639	2979	487
集体控股	1	76	932	752	23	
私人控股	133	7470	113499	83128	19085	3325
港澳台商控股	3	612	9214	6029	706	
外商控股						
其他	11	1505	25946	13274	2780	1180
4.按经营形式分						
独立门店	157	13775	208420	116403	20955	2764
连锁总店(总部)	1	189	4802	4342		
连锁直营店	3	192	4325	4148	966	
连锁加盟店	17	424	8153	7859	1972	668
其他	7	685	8138	5070	1680	1560
5.按单位规模分						
大型	2	957	28165	14962	1095	1095
中型	26	6652	101745	46059	9166	1804
小型	151	7629	102118	75397	14798	1987
微型	6	27	1809	1404	514	105
6.按星级分						
五星	9	1769	34562	19300	7222	2509
四星	20	3322	48249	18316	2227	470
三星	19	1607	22770	14380	898	245
二星	4	223	2983	1733	200	
一星						
其他	133	8344	125273	84095	15026	1767
7.按经营地分						
城镇	178	14524	224013	132905	25037	4619
其中：城区	156	13449	212868	124839	23969	4425
乡村	7	741	9824	4918	537	372

单位：万元

餐费收入	通过公共网络实现的餐费收入	通过非自营平台实现的餐费收入	商品销售额收入	其他收入	外卖送餐服务收入	客房数(间)	床位数(个)	餐位数(位)	年末餐饮营业面积(平方米)
5132	**301**	**91**	**100**	**1535**		**1919**	**2821**	**3044**	**47391**
2587	241	91	100	897		1029	1685	1726	21054
2546	60			639		890	1136	1318	26337
25738	616	93	6306	17563		14230	22299	20121	221582
101			2	78		172	254	204	1100
21475	3058	808	459	8438	1	46765	76632	28735	454473
2546	60			639		890	1136	1318	26337
9626	113		228	2818		2774	4473	6888	31634
56746	3251	311	6749	28522	1	58516	93568	54503	646423
141			55	264		1736	4536	480	19800
21			49	106		1403	1945	206	4848
214	9	9	5	75		2071	3028	511	50198
2364	587	582	136	567		1105	1717	1566	13857
11426	112			1778		1282	2141	2741	10718
31145	3151	671	6326	18215		16208	26067	21970	233051
16807	578	230	653	9261	1	47055	76178	32525	483007
108	6		16	282		286	408	30	8350
12562	2677	580	178	2523		3377	4728	6246	64593
14410	716	91	5732	9792		12401	21879	13276	93143
4080	18	3	380	3931		4432	9006	7135	72873
521			2	727		624	1068	1047	20204
27913	436	228	704	12562	1	43997	68113	29562	484313
55383	3833	893	6959	28767	1	63712	103030	53698	677963
53299	3820	880	6662	28069	1	52210	82208	47448	614489
4103	14	9	36	768		1119	1764	3568	57163

13-4 续表 2

（2020年）

指标	法人企业数(个)	从业人员期末人数(人)	营业额	客房收入	通过公共网络实现的客房收入	通过非自营平台实现的客房收入
8.按港澳台商投资情况分						
港商投资	6	1175	17022	10254	2041	133
澳商投资	2	458	6005	3457	1672	
台商投资						
二、餐饮业	**173**	**15980**	**313038**	**4789**	**175**	**8**
1.按餐饮业行业小类分						
正餐服务	**160**	**9646**	**185333**	**4789**	**175**	**8**
正餐服务	160	9646	185333	4789	175	8
快餐服务	**4**	**4779**	**91399**			
快餐服务	4	4779	91399			
饮料及冷饮服务	**3**	**362**	**12012**			
茶馆服务						
咖啡馆服务	1	79	4559			
酒吧服务						
其他饮料及冷饮服务	2	283	7453			
餐饮配送及外卖送餐服务	**3**	**1084**	**21685**			
餐饮配送服务	3	1084	21685			
外卖送餐服务						
其他餐饮业	**3**	**109**	**2610**			
小吃服务	1	25	1215			
其他未列明餐饮业	2	84	1395			
2.按登记注册类型分						
内资企业	**167**	**10997**	**225993**	**4789**	**175**	**8**
国有企业	1	60	850			
集体企业	1	180	2214	849	72	
股份合作企业						
联营企业						
有限责任公司	33	3155	57020	593	16	
国有独资公司	3	512	6810	4		
其他有限责任公司	30	2643	50210	589	16	
股份有限公司						
私营企业	132	7602	165908	3347	87	8
私营独资企业	13	271	4539	98		
私营合伙企业						
私营有限责任公司	118	7113	157229	3249	87	8
私营股份有限公司	1	218	4140			
其他企业						

单位：万元

餐费收入	通过公共网络实现的餐费收入	通过非自营平台实现的餐费收入	商品销售额收入	其他收入	外卖送餐服务收入	客房数(间)	床位数(个)	餐位数(位)	年末餐饮营业面积(平方米)
5132	301	91	100	1535		1919	2821	3044	47391
2293	60		100	155		840	1232	1989	22242
287580	**40333**	**2194**	**9751**	**10919**	**297**	**1287**	**2705**	**142256**	**519853**
166073	**14011**	**1376**	**9406**	**5065**	**297**	**1287**	**2705**	**123598**	**461769**
166073	14011	1376	9406	5065	297	1287	2705	123598	461769
88603	**20834**		**24**	**2773**				**16869**	**45029**
88603	20834		24	2773				16869	45029
11435	**5374**	**818**	**321**	**257**				**311**	**4096**
4130			213	216				58	1740
7305	5374	818	108	40				253	2356
18860				**2824**				**250**	**3549**
18860				2824				250	3549
2610	**115**							**1228**	**5410**
1215								328	1130
1395	115							900	4280
206561	**19500**	**2194**	**9537**	**5106**	**297**	**1287**	**2705**	**132594**	**485997**
838			12					700	2385
1237			1	127		266	519	800	38535
47907	2460	1092	6189	2331		263	471	38853	162970
6644			22	141		30	66	3831	24212
41263	2460	1092	6168	2190		233	405	35022	138758
156579	17040	1102	3335	2648	297	758	1715	92241	282107
4433	26		8			76	127	7721	18036
148598	17015	1102	2734	2648	297	682	1588	81320	254271
3548			592					3200	9800

13-4 续表 3

（2020年）

指　　标	法人企业数（个）	从业人员期末人数（人）	营业额	客房收入	通过公共网络实现的客房收入	通过非自营平台实现的客房收入
港、澳、台商投资企业	**2**	**878**	**17125**			
与港澳台商合资经营企业	1	728	12625			
与港澳台商合作经营企业						
港澳台商独资企业	1	150	4501			
港澳台商投资股份有限公司						
其他港澳台投资企业						
外商投资企业	**4**	**4105**	**69920**			
中外合资经营企业						
中外合作经营企业						
外资企业	4	4105	69920			
外商投资股份有限公司						
其他外商投资企业						
3.按控股情况分						
国有控股	8	1212	28234	41		
集体控股	2	250	3390	849	72	
私人控股	153	9413	193128	3899	103	8
港澳台商控股	2	878	17125			
外商控股	4	4105	69920			
其他	4	122	1241			
4.按经营形式分						
独立门店	147	8119	141012	4752	175	8
连锁总店(总部)	9	5361	117044			
连锁直营店	3	291	7937			
连锁加盟店	1	169	2211			
其他	13	2040	44834	37		
5.按单位规模分						
大型	3	5405	99553			
中型	16	4082	92505	3879	72	
小型	144	6440	116295	910	103	8
微型	10	53	4685			
6.按经营地分						
城镇	165	15754	308602	4789	175	8
其中：城区	132	14699	292409	4500	119	8
乡村	8	226	4436			

单位：万元

餐费收入	通过公共网络实现的餐费收入	通过非自营平台实现的餐费收入	商品销售额收入	其他收入	外卖送餐服务收入	客房数(间)	床位数(个)	餐位数(位)	年末餐饮营业面积(平方米)
14301				**2824**				**680**	**4000**
9801				2824					
4501								680	4000
66718	**20834**		**213**	**2989**				**8982**	**29856**
66718	20834		213	2989				8982	29856
20111	52		5929	2153		145	278	17667	92408
2413			1	127		266	519	1150	40535
182796	19242	2115	3607	2826	297	876	1908	112736	350486
14301				2824				680	4000
66718	20834		213	2989				8982	29856
1241	207	78						1041	2568
128855	7352	239	3362	4044	281	1172	2493	93482	365554
114248	25900		24	2773				25168	63043
7758	5589	941	122	57	17			645	3541
2205	1142	1014		6				3686	1590
34515	351		6243	4040		115	212	19275	86125
96705	20834		24	2824				16605	44527
76318	11371	1897	8201	4107	250	668	1645	24474	146573
109873	7923	182	1526	3988	47	619	1060	89501	320320
4685	205	115						11676	8433
283301	40333	2194	9619	10894	287	1287	2705	140818	512752
268214	40333	2194	8913	10782	267	1024	2283	121156	453445
4279			132	25	11			1438	7101

13-4 续表 4

（2020年）

指　　标	法人企业数（个）	从业人员期末人数（人）	营业额	客房收入	通过公共网络实现的客房收入	通过非自营平台实现的客房收入
7.按港澳台商投资情况分						
港商投资	2	878	17125			
澳商投资						
台商投资						
三、住宿业按地区分组	**185**	**15265**	**233837**	**137822**	**25573**	**4991**
五华区	27	2566	35925	23861	4509	420
盘龙区	29	2460	40616	22365	3318	241
官渡区	48	4345	66678	34738	7822	1824
西山区	29	3032	57922	35022	6642	1719
东川区	3	270	1497	900		
呈贡区	15	664	8447	6452	1572	477
晋宁区	2	77	723	415	67	
富民县	4	174	2671	1520	448	
宜良县	3	218	1525	1220	326	142
石林彝族自治县	12	696	8250	5521	149	53
嵩明县	1	329	3771	1598	20	
禄劝彝族苗族自治县	1	70	770	537	5	
寻甸回族彝族自治县	4	170	1630	1086	48	
安宁市	7	194	3414	2587	648	117
四、餐饮业按地区分组	**173**	**15980**	**313038**	**4789**	**175**	**8**
五华区	26	2283	56322	1440	13	
盘龙区	37	5555	95733			
官渡区	23	2437	41510			
西山区	26	2221	39145	68		
东川区						
呈贡区	15	2038	57576	2610	82	
晋宁区	3	113	1177	252	16	
富民县	5	127	1449	37		
宜良县	2	128	3250			
石林彝族自治县	9	325	4906	18		
嵩明县	9	299	4770	234	56	
禄劝彝族苗族自治县	8	150	2449			
寻甸回族彝族自治县	3	77	1030			
安宁市	7	227	3723	130	8	8

单位：万元

餐费收入	通过公共网络实现的餐费收入	通过非自营平台实现的餐费收入	商品销售额收入	其他收入	外卖送餐服务收入	客房数(间)	床位数(个)	餐位数(位)	年末餐饮营业面积(平方米)
14301				2824				680	4000
59486	**3847**	**901**	**6995**	**29535**	**1**	**64831**	**104794**	**57266**	**735126**
7587	419	207	407	4069		7526	13968	10880	99063
10586	463	3	4065	3601		5591	8377	8700	86111
15367	373	91	1029	15543	1	10197	16444	15557	227209
17685	2507	580	1131	4085	0	11317	16840	9874	125221
440				158		225	381	138	2000
1584	61	9	25	385		2047	3521	1145	66177
249				59		168	278	1550	3743
799	5		151	200		260	485	1316	6335
236	1	1	14	55		368	587	328	6243
2256	12	11	143	330		2252	4212	4858	29769
1540				634		440	732	750	44670
226				7		118	196	1000	1800
533			9	2		8629	15488	1100	21500
398	7		20	408		15693	23285	70	15285
287580	**40333**	**2194**	**9751**	**10919**	**297**	**1287**	**2705**	**142256**	**519853**
50584	5803	1034	334	3965		162	252	25413	71016
94603	30900	818	258	873				21575	82816
31284	1106	140	6277	3950				19576	50550
36384	2114	202	1326	1368	160	51	101	27156	109314
53538	410		785	642	107	631	1631	22974	118422
889			36			104	158	1790	9040
1313			17	81	11	115	212	1916	4485
3250								1160	5200
4604			284			52	97	4035	14000
4340			176	21		96	113	3499	22717
2429				20	20			7488	13238
799			231					2015	3185
3564			29			76	141	3659	15870

13-5 限额以上住宿和

（2020年）

指 标	法人企业数（个）	年初存货	期末 流动资产合计	应收帐款	存货
总计	**358**	**20686**	**742193**	**42684**	**17703**
一、住宿业	**185**	**10668**	**407354**	**17813**	**9518**
1.按住宿业行业小类分					
旅游饭店	**98**	**8906**	**324069**	**15035**	**8562**
旅游饭店	98	8906	324069	15035	8562
一般旅馆	**78**	**1741**	**73494**	**2718**	**929**
经济型连锁酒店	14	91	5949	381	182
其他一般旅馆	64	1649	67545	2337	747
民宿服务					
露营地服务					
其他住宿业	**9**	**22**	**9792**	**60**	**28**
其他住宿业	9	22	9792	60	28
2.按登记注册类型分					
内资企业	**179**	**8943**	**355403**	**16115**	**8225**
国有企业	19	1337	48053	1763	1845
集体企业	1	31	324	1	11
股份合作企业					
联营企业	1	17	567	14	17
国有联营企业	1	17	567	14	17
集体联营企业					
国有与集体联营企业					
其他联营企业					
有限责任公司	42	2964	198279	7584	2807
国有独资公司	4	913	19520	2938	877
其他有限责任公司	38	2052	178760	4646	1930
股份有限公司	4	162	3948	141	152
私营企业	112	4432	104233	6613	3394
私营独资企业	8	172	3579	259	154
私营合伙企业					
私营有限责任公司	102	4260	100596	6350	3240
私营股份有限公司	2		57	4	
其他企业					
港、澳、台商投资企业	**6**	**1725**	**51951**	**1698**	**1293**
与港澳台商合资经营企业	3	1585	41306	1027	1169
与港澳台商合作经营企业					
港澳台商独资企业	3	140	10646	671	124
港澳台商投资股份有限公司					
其他港澳台投资企业					

餐饮业法人企业财务状况

单位：万元

资产负债

固定资产原价	房屋和构筑物	机器设备	累计折旧	本年折旧	固定资产净额	在建工程	无形资产	土地使用权
954348	**402620**	**74728**	**462599**	**37616**	**389668**	**146219**	**111947**	**42345**
780068	**384288**	**48354**	**389532**	**26660**	**310639**	**142053**	**105072**	**39713**
706948	**347246**	**42281**	**353849**	**22974**	**277663**	**18317**	**103092**	**39500**
706948	347246	42281	353849	22974	277663	18317	103092	39500
62552	**28185**	**6070**	**33519**	**3310**	**25261**	**123736**	**1980**	**212**
4492	3003	281	1195	451	3007	24	35	
58060	25181	5789	32324	2860	22254	123713	1945	212
10568	**8858**	**3**	**2164**	**377**	**7715**			
10568	8858	3	2164	377	7715			
668394	**313633**	**43222**	**318450**	**23875**	**270047**	**142020**	**100052**	**34891**
142698	75576	16844	98402	3649	42316	1455	18153	9718
549			416	416	133			
2426	1536	328	2228	59	198		788	
2426	1536	328	2228	59	198		788	
388777	171478	16332	165886	11742	154039	29319	75524	21499
64602	26960	3172	29501	4722	16060	363	38852	1215
324175	144519	13160	136385	7020	137978	28956	36672	20284
13179	4182	1775	7714	259	1603		952	944
120764	60861	7942	43804	7751	71757	111246	4635	2731
12921	8702	1362	6104	401	3710		920	800
107780	52159	6581	37640	7348	68047	111246	3715	1931
64			60	2				
111674	**70655**	**5132**	**71082**	**2785**	**40592**	**32**	**5020**	**4821**
17377	10234	1566	14800	492	2578	32	828	828
94297	60421	3566	56283	2294	38014		4192	3993

13-5 续表 1

（2020年）

指标	法人企业数(个)	年初存货	期末		
			流动资产合计	应收帐款	存货
外商投资企业					
3.按控股情况分					
国有控股	37	3189	161856	5990	3512
集体控股	1	31	324	0.8	11
私人控股	133	5355	141621	9624	4310
港澳台商控股	3	140	10646	671	124
外商控股					
其他	11	1954	92908	1528	1561
4.按经营形式分					
独立门店	157	10508	382708	16764	9361
连锁总店(总部)	1		5279		
连锁直营店	3	21	1970	724	18
连锁加盟店	17	60	3880	109	43
其他	7	79	13517	216	96
5.按单位规模分					
大型	2	475	39889	480	413
中型	26	4569	162974	7911	4185
小型	151	5491	203221	9389	4898
微型	6	133	1269	34	22
6.按星级分					
五星	9	1808	86100	1871	1808
四星	20	3342	81929	2503	3168
三星	19	557	23055	1893	590
二星	4	74	2146	106	45
一星					
其他	133	4887	214124	11441	3908
7.按经营地分					
城镇	178	9817	401596	14332	8668
其中：城区	156	7689	324824	12822	6631
乡村	7	851	5758	3481	850

单位：万元

资产负债

固定资产原价	房屋和构筑物	机器设备	累计折旧	本年折旧	固定资产净额	在建工程	无形资产	土地使用权
396561	134709	27733	210744	10390	159572	2663	74004	11761
549			416	416	133			
192167	122244	9870	63216	10231	75316	139032	19711	17259
94297	60421	3566	56283	2294	38014		4192	3993
96495	66915	7186	58873	3331	37603	358	7165	6700
767499	381153	47369	384800	25825	304637	114518	104838	39713
1772			1079	72	234	693		
507	131		499	87	9			
4525	3003	270	1247	511	3015	24	35	
5765		715	1907	166	2744	26818	199	
169201	44208	222	74328	1729	94873		9566	1510
376108	239002	27862	204634	14492	104731	1341	73090	22490
234349	101077	20021	110363	10394	110835	140712	22416	15713
411		249	208	45	200			
178430	137483	3158	90068	5623	40719	574	20831	20031
134748	44882	12486	86865	7198	42434	95705	46829	6355
44334	20112	5504	24363	1451	15257	693	3575	1960
4928	3867	432	3168	598	1760		7600	7580
417629	177945	26775	185068	11790	210470	45081	26237	3787
750529	362310	46045	381805	24776	307449	142053	103471	38497
678414	322910	40866	363321	21922	254070	5498	103030	38270
29539	21978	2309	7727	1884	3190		1601	1215

13-5 续表 2

（2020年）

指　　标	法人企业数(个)	年初存货	期末 流动资产合计	应收帐款	存货
8.按港澳台商投资情况分					
港商投资	6	1725	51951	1698	1293
澳商投资	2	1453	44733	668	1037
台商投资					
二、餐饮业	**173**	**10018**	**334839**	**24871**	**8185**
1.按餐饮业行业小类分					
正餐服务	**160**	**5243**	**289667**	**18257**	**6738**
正餐服务	160	5243	289667	18257	6738
快餐服务	**4**	**1058**	**25409**	**149**	**1184**
快餐服务	4	1058	25409	149	1184
饮料及冷饮服务	**3**	**36**	**1749**	**100**	**86**
茶馆服务					
咖啡馆服务	1		895	1	
酒吧服务					
其他饮料及冷饮服务	2	36	854	100	86
餐饮配送及外卖送餐服务	**3**	**3639**	**14122**	**2927**	**164**
餐饮配送服务	3	3639	14122	2927	164
外卖送餐服务					
其他餐饮业	**3**	**43**	**3893**	**3437**	**14**
小吃服务	1	6	3637	3435	6
其他未列明餐饮业	2	37	256	2	7
2.按登记注册类型分					
内资企业	**167**	**9223**	**308970**	**21914**	**7348**
国有企业	1	8	189	86	7
集体企业	1	22	744	145	30
股份合作企业					
联营企业					
有限责任公司	33	1212	31132	11418	1220
国有独资公司	3	66	3630	1436	99
其他有限责任公司	30	1146	27502	9982	1121
股份有限公司					
私营企业	132	7980	276905	10265	6091
私营独资企业	13	145	3982	321	171
私营合伙企业					
私营有限责任公司	118	7657	272395	9916	5743
私营股份有限公司	1	178	527	27	178
其他企业					

单位：万元

资产负债

固定资产原价	房屋和构筑物	机器设备	累计折旧	本年折旧	固定资产净额	在建工程	无形资产	土地使用权
111674	70655	5132	71082	2785	40592	32	5020	4821
32130	2025		28974	87	3155			
174280	**18332**	**26374**	**73067**	**10955**	**79029**	**4166**	**6875**	**2632**
141699	**17595**	**12722**	**55531**	**8219**	**66411**	**1632**	**5060**	**2534**
141699	17595	12722	55531	8219	66411	1632	5060	2534
22871		**10829**	**12133**	**1181**	**10738**	**749**	**1714**	
22871		10829	12133	1181	10738	749	1714	
625		**622**	**120**	**60**	**505**	**31**		
4		1	1	1	3			
621		621	119	59	502	31		
8371	**30**	**2194**	**4733**	**1327**	**1219**		**3**	
8371	30	2194	4733	1327	1219		3	
715	**707**	**7**	**550**	**168**	**156**	**1754**	**98**	**98**
699	699		545	166	154	1754	89	89
16	9	7	5	2	3		9	9
157216	**18303**	**24177**	**62732**	**9848**	**72300**	**3417**	**5692**	**2632**
2272			1506	80	766			
170			55	34	116			
18375	6552	5889	9954	3178	8210	38	1	
669	482	163	394	34	256			
17707	6070	5726	9560	3145	7954	38	1	
136398	11750	18288	51217	6556	63208	3379	5691	2632
3263	1280	268	1523	96	328		115	111
124719	9089	17640	47361	5840	62880	3379	5575	2521
8416	1382	380	2333	620				

13-5 续表 3

（2020年）

指标	法人企业数(个)	年初存货	期末		
			流动资产合计	应收帐款	存货
港、澳、台商投资企业	**2**	**201**	**11482**	**2927**	**195**
与港澳台商合资经营企业	1	180	10081	2927	164
与港澳台商合作经营企业					
港澳台商独资企业	1	21	1402		31
港澳台商投资股份有限公司					
其他港澳台投资企业					
外商投资企业	**4**	**594**	**14387**	**29**	**643**
中外合资经营企业					
中外合作经营企业					
外资企业	4	594	14387	29	643
外商投资股份有限公司					
其他外商投资企业					
3.按控股情况分					
国有控股	8	479	20380	9000	485
集体控股	2	36	1350	146	63
私人控股	153	8657	286610	12772	6790
港澳台商控股	2	201	11482	2927	195
外商控股	4	594	14387	29	643
其他	4	50	629	-5	9
4.按经营形式分					
独立门店	147	4548	259903	8297	4725
连锁总店(总部)	9	1267	41219	6021	2640
连锁直营店	3	27	774	7	85
连锁加盟店	1	96	1374	13	160
其他	13	4081	31569	10532	576
5.按单位规模分					
大型	3	1152	27508	3073	1310
中型	16	5090	239853	9936	2125
小型	144	3622	66039	11721	4581
微型	10	153	1439	141	170
6.按经营地分					
城镇	165	9681	330338	24819	7901
其中：城区	132	8718	325339	23717	6934
乡村	8	337	4502	52	284

单位：万元

资产负债								
固定资产原价	房屋和构筑物	机器设备	累计折旧	本年折旧	固定资产净额	在建工程	无形资产	土地使用权
6373	**30**	**2194**	**4865**	**575**	**1508**		**3**	
5165	30	2194	3947	541	1219		3	
1207			918	34	289			
10692		**3**	**5471**	**533**	**5221**	**749**	**1180**	
10692		3	5471	533	5221	749	1180	
17181	6179	3634	9162	2480	7974		1	
278			162	106	116			
139530	12124	20538	53378	7248	64097	3417	5691	2632
6373	30	2194	4865	575	1508		3	
10692		3	5471	533	5221	749	1180	
227		5	30	14	114			
128354	11907	8133	49631	7454	60130	1594	5008	2543
24916	699	11846	13040	1534	11222	2503	1862	89
616		592	75	55	541	31		
233		120	105	44	128	38		
20162	5726	5683	10217	1869	7008		4	
26552	30	13023	15222	2328	11330	749	1717	
106892	9935	6082	39287	4635	57476	69	2844	2123
40607	8330	7133	18477	3966	10075	3348	2313	509
229	38	137	81	26	148			
171576	17252	26196	72530	10859	78384	4166	6875	2632
160894	13920	25534	69125	10299	74078	4116	6118	1962
2704	1080	178	538	97	645			

13-5 续表 4

（2020年）

指　　标	法人企业数（个）	年初存货	期末		
			流动资产合计	应收帐款	存货
7.按港澳台商投资情况分					
港商投资	2	201	11482	2927	195
澳商投资					
台商投资					
三、住宿业按地区分组	**185**	**10668**	**407354**	**17813**	**9518**
五华区	27	1668	76581	1665	718
盘龙区	29	836	37803	2540	1064
官渡区	48	3670	110432	5535	3378
西山区	29	1158	86580	2000	1181
东川区	3	98	1883	119	93
呈贡区	15	166	8827	169	162
晋宁区	2	84	536	60	81
富民县	4	123	473	37	21
宜良县	3	22	3983	166	25
石林彝族自治县	12	1995	11052	1829	1804
嵩明县	1	702	3575	2526	689
禄劝彝族苗族自治县	1		100	12	26
寻甸回族彝族自治县	4	88	5793	337	232
安宁市	7	60	59736	818	45
四、餐饮业按地区分组	**173**	**10018**	**334839**	**24871**	**8185**
五华区	26	841	30107	5179	813
盘龙区	37	782	22117	984	1109
官渡区	23	972	37077	11750	2370
西山区	26	1586	211971	3738	1575
东川区					
呈贡区	15	4539	26312	2017	1059
晋宁区	3	34	73	-110	
富民县	5	321	700	169	264
宜良县	2	128	1106	7	132
石林彝族自治县	9	184	1243	413	224
嵩明县	9	199	1085	318	283
禄劝彝族苗族自治县	8	160	606	152	42
寻甸回族彝族自治县	3	234	777	95	264
安宁市	7	38	1666	159	52

单位：万元

资产负债								
固定资产原价	房屋和构筑物	机器设备	累计折旧	本年折旧	固定资产净额	在建工程	无形资产	土地使用权
6373	30	2194	4865	575	1508		3	
780068	**384288**	**48354**	**389532**	**26660**	**310639**	**142053**	**105072**	**39713**
157315	80507	13524	109367	3978	46108	1692	15319	4937
100820	50103	11051	60189	3894	38846	11	45315	800
155626	104452	8713	96017	6004	57593	2547	11886	11414
244140	76743	5697	88169	7139	104459	1224	30506	21119
9375	8102	1018	5073	287	1372			
7246	3003	262	3121	455	3169	24	2	
3090		557	805	3	2285			
26494	8211	2456	9044	1005	16650	358	343	
2976	2345	591	206	108	2770	26818	1	
42706	24289	2744	9562	2707	32984	13596	288	227
23797	21902	1593	5930	615			1384	1215
500	500		40	40	460			
5001	4131	62	1323	228	3645	95000	2	
983		86	687	198	296	783	26	
174280	**18332**	**26374**	**73067**	**10955**	**79029**	**4166**	**6875**	**2632**
8277	3178	1990	5133	143	3094	1801	157	89
16376	407	1325	8360	3411	7199	852	3181	300
23500	6489	6887	14036	1338	7457		1467	1462
49074	2357	3349	16845	2405	25826	1365		
63243	346	11820	24257	2985	30092	98	1198	
56	56		47	2	9			
2035	1726	177	115	55	1798			
2466	350	200	338	169	472	50	711	661
1808	811	214	458	46	1346			
4498	1378	69	1879	178	793		36	9
1052	130	180	649	139	194		10	
70	7		32	16	15			
1824	1097	162	919	70	734		115	111

13-5 续表 5

（2020年）

指标	期末				
	资产总计	流动负债合计	应付账款	负债合计	所有者权益
总计	**1553545**	**726651**	**79434**	**1016375**	**537018**
一、住宿业	**1057189**	**519070**	**46266**	**693682**	**363355**
1.按住宿业行业小类分					
旅游饭店	**885196**	**438487**	**32867**	**584039**	**301158**
旅游饭店	885196	438487	32867	584039	301158
一般旅馆	**152272**	**64587**	**12923**	**92902**	**59219**
经济型连锁酒店	11199	6438	588	6833	4365
其他一般旅馆	141074	58149	12335	86068	54854
民宿服务					
露营地服务					
其他住宿业	**19721**	**15996**	**475**	**16742**	**2979**
其他住宿业	19721	15996	475	16742	2979
2.按登记注册类型分					
内资企业	**945704**	**511364**	**45119**	**660697**	**284854**
国有企业	128504	29523	4533	32051	96452
集体企业	594	399	10	399	195
股份合作企业					
联营企业	1661	300	38	318	1344
国有联营企业	1661	300	38	318	1344
集体联营企业					
国有与集体联营企业					
其他联营企业					
有限责任公司	556604	338972	17029	430084	126520
国有独资公司	96611	38877	1916	48082	48529
其他有限责任公司	459993	300095	15113	382003	77991
股份有限公司	11549	1189	174	2210	9339
私营企业	246792	140982	23334	195635	51006
私营独资企业	8991	6155	166	6178	2813
私营合伙企业					
私营有限责任公司	237740	134738	23106	189366	48223
私营股份有限公司	62	89	62	92	-30
其他企业					
港、澳、台商投资企业	**111486**	**7706**	**1147**	**32985**	**78501**
与港澳台商合资经营企业	57253	5129	569	11267	45986
与港澳台商合作经营企业					
港澳台商独资企业	54232	2577	578	21718	32515
港澳台商投资股份有限公司					
其他港澳台投资企业					

单位：万元

资产负债		损益及分配						
实收资本	个人资本	营业收入	主营业务收入	营业成本	税金及附加	其他业务利润	销售费用	管理费用
900843	**577289**	**535608**	**518880**	**283901**	**4080**	**4297**	**141519**	**125205**
335086	**67913**	**232581**	**220102**	**112117**	**2128**	**2500**	**60458**	**86020**
298470	**57759**	**175899**	**164866**	**83250**	**1698**	**2000**	**44764**	**68511**
298470	57759	175899	164866	83250	1698	2000	44764	68511
34346	**9134**	**47941**	**46507**	**23622**	**413**	**498**	**13948**	**16243**
4169	1700	8642	8507	4207	69	11	2286	2264
30177	7434	39299	38000	19415	344	487	11663	13979
2270	**1020**	**8741**	**8729**	**5245**	**17**	**2**	**1746**	**1266**
2270	1020	8741	8729	5245	17	2	1746	1266
236812	**67913**	**216522**	**204046**	**109210**	**1898**	**2500**	**53989**	**77036**
73968	14073	36284	29704	19547	427	22	12829	13872
120		926	926	259	7	39	442	386
422		974	917	227	8		465	366
422		974	917	227	8		465	366
77169	5180	96881	92935	51864	844	888	15910	37580
25180		15750	12939	12299	195		594	3987
51989	5180	81131	79997	39566	650	888	15316	33592
9166		4151	4151	1599	64		1080	1210
75967	48660	77306	75413	35714	548	1551	23265	23622
3701	1100	3595	3595	2422	13	421	718	575
72266	47560	73151	71261	33037	535	1127	22478	22831
		560	557	255	0.2	3	69	216
98275		**16059**	**16056**	**2907**	**229**		**6469**	**8984**
40913		7363	7360	2086	16		2225	3600
57362		8696	8696	821	213		4244	5385

13-5 续表 6

（2020年）

指标	期末				
	资产总计	流动负债合计	应付账款	负债合计	所有者权益
外商投资企业					
3.按控股情况分					
国有控股	472192	303636	11087	363366	108826
集体控股	594	399	10	399	195
私人控股	387577	173390	31242	237776	149649
港澳台商控股	54232	2577	578	21718	32515
外商控股					
其他	142595	39067	3348	70423	72172
4.按经营形式分					
独立门店	987833	496843	40211	668641	319041
连锁总店(总部)	10177	1638		1638	8539
连锁直营店	4230	1853	1773	3065	1166
连锁加盟店	9753	6352	291	7138	2615
其他	45195	12384	3991	13201	31994
5.按单位规模分					
大型	146913	143856	2183	150206	-3293
中型	452555	139885	13443	205763	246792
小型	455685	233870	30568	336151	119534
微型	2036	1458	71	1561	323
6.按星级分					
五星	198884	18445	4379	36952	161932
四星	200196	73409	11079	114732	85464
三星	69334	23147	1223	26785	42549
二星	13985	3572	187	3726	10259
一星					
其他	574791	400496	29398	511487	63152
7.按经营地分					
城镇	1020287	476363	41724	650629	369506
其中：城区	836428	379198	26874	505220	331056
乡村	36902	42707	4541	43053	-6150

单位：万元

资产负债		损益及分配						
实收资本	个人资本	营业收入	主营业务收入	营业成本	税金及附加	其他业务利润	销售费用	管理费用
125674	14255	84878	74721	45812	911	22	21592	35712
120		926	926	259	7	39	442	386
92766	53657	113570	111470	55313	656	2049	29505	35722
57362		8696	8696	821	213		4244	5385
59165		24512	24289	9913	341	390	4675	8815
323384	66123	205961	193666	92940	2061	2480	56626	77925
		4538	4538	5398	2	2	132	1096
250		4155	4155	3152	1		993	1035
3116	1790	7661	7482	3822	39	14	1797	2405
8336		10267	10262	6805	24	5	908	3558
3000		26481	26284	5874	216	313	5208	15493
201120	31684	104621	96229	52735	845	192	28471	33785
130602	35921	100107	96361	52440	1051	1995	26728	36472
364	308	1373	1228	1068	16		50	271
88131		35239	35227	13083	308	313	5587	15318
74639	29703	47978	39894	26145	587	566	12127	14802
25608	1070	22489	21337	14801	137	662	4471	6627
6186		2863	2661	2310	87	48	574	1195
140522	37140	124012	120984	55778	1009	912	37698	48079
334362	67482	222983	210507	104548	2104	2497	58750	84792
292618	48872	211952	199767	96473	1926	2491	57108	81324
724	431	9598	9595	7570	24	3	1708	1228

13-5 续表 7

（2020年）

指标	期末 资产总计	流动负债合计	应付账款	负债合计	所有者权益
8.按港澳台商投资情况分					
港商投资	111486	7706	1147	32985	78501
澳商投资	50874	3514	610	3514	47360
台商投资					
二、餐饮业	**496356**	**207582**	**33168**	**322694**	**173662**
1.按餐饮业行业小类分					
正餐服务	**416776**	**169632**	**24902**	**275210**	**141566**
正餐服务	416776	169632	24902	275210	141566
快餐服务	**50399**	**25144**	**4526**	**29004**	**21396**
快餐服务	50399	25144	4526	29004	21396
饮料及冷饮服务	**3870**	**4395**	**1891**	**4562**	**-692**
茶馆服务					
咖啡馆服务	1302	2428	1254	2428	-1126
酒吧服务					
其他饮料及冷饮服务	2568	1968	636	2134	434
餐饮配送及外卖送餐服务	**19409**	**4721**	**1807**	**10198**	**9212**
餐饮配送服务	19409	4721	1807	10198	9212
外卖送餐服务					
其他餐饮业	**5901**	**3690**	**43**	**3720**	**2181**
小吃服务	5634	3674	28	3704	1930
其他未列明餐饮业	267	17	15	17	251
2.按登记注册类型分					
内资企业	**453578**	**184677**	**26405**	**296502**	**157076**
国有企业	955	9	3	9	946
集体企业	877	1543	128	1543	-667
股份合作企业					
联营企业					
有限责任公司	50612	25473	10362	27357	23255
国有独资公司	3934	2759	1757	2759	1175
其他有限责任公司	46678	22714	8605	24598	22080
股份有限公司					
私营企业	401134	157651	15913	267593	133541
私营独资企业	5662	8211	466	8213	-2550
私营合伙企业					
私营有限责任公司	388225	147335	15442	257275	130950
私营股份有限公司	7246	2106	5	2105	5141
其他企业					

单位：万元

资产负债		损益及分配						
实收资本	个人资本	营业收入	主营业务收入	营业成本	税金及附加	其他业务利润	销售费用	管理费用
98275		16059	16056	2907	229		6469	8984
51296		5669	5669	505	20		2126	3173
565756	**509377**	**303027**	**298778**	**171783**	**1952**	**1798**	**81061**	**39185**
556744	**509111**	**182495**	**179351**	**103402**	**1800**	**1798**	**45831**	**28652**
556744	509111	182495	179351	103402	1800	1798	45831	28652
6345		**87331**	**86265**	**41847**	**41**		**31163**	**7014**
6345		87331	86265	41847	41		31163	7014
150	**50**	**11402**	**11402**	**7571**	**4**		**2870**	**706**
		4289	4289	5182	1		-44	312
150	50	7113	7113	2389	2		2914	394
1922		**19189**	**19151**	**17706**	**105**		**330**	**2659**
1922		19189	19151	17706	105		330	2659
595	**216**	**2610**	**2610**	**1258**	**3**		**867**	**154**
379		1215	1215	626			477	103
216	216	1395	1395	631	3		390	51
561467	**509377**	**221323**	**218179**	**120282**	**1821**	**1798**	**63072**	**30696**
788		871	850	598	0		165	196
260		2087	2020	388	15	68	926	784
22228	610	55740	55277	39430	194	267	8533	8665
2300		6719	6719	6173	46	6	432	469
19928	610	49020	48558	33257	148	260	8102	8196
538192	508767	162626	160032	79867	1611	1464	53448	21051
1418	113	4460	4414	2739	23	21	902	918
535434	508654	154025	151478	75297	1587	1442	51521	18983
1340		4140	4140	1832	1		1026	1150

13-5 续表 8

（2020年）

指　　标	期末				
	资产总计	流动负债合计	应付账款	负债合计	所有者权益
港、澳、台商投资企业	**13308**	**5739**	**2415**	**5739**	**7569**
与港澳台商合资经营企业	11906	4712	1807	4712	7194
与港澳台商合作经营企业					
港澳台商独资企业	1402	1027	607	1027	375
港澳台商投资股份有限公司					
其他港澳台投资企业					
外商投资企业	**29470**	**17166**	**4349**	**20453**	**9017**
中外合资经营企业					
中外合作经营企业					
外资企业	29470	17166	4349	20453	9017
外商投资股份有限公司					
其他外商投资企业					
3.按控股情况分					
国有控股	32751	9816	5139	9816	22934
集体控股	1504	2049	386	2049	-545
私人控股	418394	172664	20749	284417	133977
港澳台商控股	13308	5739	2415	5739	7569
外商控股	29470	17166	4349	20453	9017
其他	929	148	131	219	710
4.按经营形式分					
独立门店	362286	139211	15875	244039	118247
连锁总店(总部)	83197	53358	10830	57512	25685
连锁直营店	2958	792	554	1295	1663
连锁加盟店	1809	2650	677	2650	-841
其他	46106	11571	5232	17198	28908
5.按单位规模分					
大型	52958	27708	4812	29650	23308
中型	323728	107862	9915	206670	117059
小型	117586	69978	17992	84004	33582
微型	2083	2034	449	2370	-287
6.按经营地分					
城镇	489512	207561	33166	319940	169572
其中：城区	474999	203100	32173	315343	159656
乡村	6844	21	2	2753	4091

单位：万元

资产负债		损益及分配						
实收资本	个人资本	营业收入	主营业务收入	营业成本	税金及附加	其他业务利润	销售费用	管理费用
2023		**14630**	**14592**	**12519**	**89**		**1590**	**2002**
1917		10130	10091	9778	89		102	1930
106		4501	4501	2741			1488	71
2267		**67074**	**66008**	**38982**	**42**		**16400**	**6488**
2267		67074	66008	38982	42		16400	6488
17084		27266	27059	23784	159	6	828	2791
360		3264	3196	876	16	68	1431	784
543523	509147	189580	186713	94743	1646	1464	60548	26916
2023		14630	14592	12519	89		1590	2002
2267		67074	66008	38982	42		16400	6488
500	230	1214	1212	880	0.4	260	265	205
542051	508847	140663	138029	82970	1670	737	31749	24692
8475	30	111011	109551	50308	51	261	43590	8764
600		7597	7597	2674	2		2922	587
513		2211	2211	770			1567	188
14118	500	41545	41390	35062	229	800	1233	4954
6605		92990	91927	49721	120		30205	7826
25833	719	91672	88713	50334	1532	629	26229	13648
532311	508515	113855	113653	68287	298	1090	23799	17332
1007	143	4510	4485	3442	2	79	829	379
564341	508011	298703	294483	168537	1928	1798	80827	38892
556432	506186	282574	278396	157724	1846	1768	78539	36742
1416	1366	4324	4295	3247	24		235	293

13-5 续表 9

（2020年）

指　　标	期末 资产总计	流动负债合计	应付账款	负债合计	所有者权益
7.按港澳台商投资情况分					
港商投资	13308	5739	2415	5739	7569
澳商投资					
台商投资					
三、住宿业按地区分组	**1057189**	**519070**	**46266**	**693682**	**363355**
五华区	158455	53359	6330	100936	57519
盘龙区	152649	66234	3556	81870	70779
官渡区	212080	61826	10527	82341	129588
西山区	281129	177566	5697	217321	63809
东川区	4819	3829	77	3829	991
呈贡区	20813	11644	517	12664	8149
晋宁区	3797	2307	247	3826	-29
富民县	19996	16693	561	21074	-1078
宜良县	34089	8553	3314	8639	25450
石林彝族自治县	60606	37577	6627	44661	15946
嵩明县	22532	30768	1097	30768	-8236
禄劝彝族苗族自治县	560	3	3	460	100
寻甸回族彝族自治县	17115	13512	6423	15016	2100
安宁市	68548	35201	1291	70279	-1731
四、餐饮业按地区分组	**496356**	**207582**	**33168**	**322694**	**173662**
五华区	42465	26688	8727	29349	13116
盘龙区	43093	26480	4164	32668	10425
官渡区	63540	34618	9633	34770	28770
西山区	254431	36094	5280	130100	124332
东川区					
呈贡区	73848	75497	3705	87467	-13619
晋宁区	318	667	327	667	-350
富民县	2721	1173	33	1244	1477
宜良县	4164	993	243	993	3171
石林彝族自治县	3054	1468	470	1470	1584
嵩明县	3501	254	208	264	3236
禄劝彝族苗族自治县	1574	597	41	650	924
寻甸回族彝族自治县	999	-3		-3	1001
安宁市	2649	3055	337	3055	-406

单位：万元

资产负债		损益及分配						
实收资本	个人资本	营业收入	主营业务收入	营业成本	税金及附加	其他业务利润	销售费用	管理费用
2023		14630	14592	12519	89		1590	2002
335086	**67913**	**232581**	**220102**	**112117**	**2128**	**2500**	**60458**	**86020**
78813	2397	35705	34642	15126	470	596	12264	17013
74007	18758	41091	37245	22251	429	-90	8477	14799
92235	20539	64429	58569	30597	508	1559	20912	19300
36899	3086	59184	57780	23160	429	-38	12696	25776
1551	1020	1486	1486	824	9	421	472	307
6112	2376	8313	8299	3896	80	11	1960	3703
2100	100	693	693	576	0.1	36	2	148
4051	51	2686	2681	2481	5		76	519
8230	160	1519	1465	613	8	5	323	759
26184	18580	8198	7968	5104	123	0.5	2009	2184
		3557	3557	3778	0.8		89	330
100	100	756	756	354	24		5	360
310	50	1598	1598	843	33		348	366
4496	696	3365	3363	2516	9		826	457
565756	**509377**	**303027**	**298778**	**171783**	**1952**	**1798**	**81061**	**39185**
9396	2020	55263	54776	31670	92	7	17490	5514
507131	501575	92557	91434	47770	72	282	24629	8800
16066	1722	36632	36481	26574	242	282	5727	6146
14627	700	40371	38380	21725	1049	900	9825	10138
8057	30	55641	55223	28110	396	298	20966	5623
232	20	1166	1166	1043	0.2		1	295
1118	518	1432	1415	924	2	10	173	281
2500	500	3252	3252	1532	0.9		1116	364
1742	742	4793	4793	3732	40	20	463	625
3096	1103	4753	4704	3324	30		275	379
558	67	2436	2436	1734	15		121	447
200	200	1010	1010	691	5		157	97
1033	180	3720	3709	2955	8		120	477

13-5 续表 10

（2020年）

指标	损益				
	研发费用	财务费用	利息收入	利息费用	投资收益
总计	**38**	**9491**	**3238**	**9142**	**3**
一、住宿业	**0.7**	**6159**	**527**	**5019**	**462**
1.按住宿业行业小类分					
旅游饭店	**0.3**	**5582**	**410**	**4601**	**499**
旅游饭店	0.3	5582	410	4601	499
一般旅馆	**0.4**	**395**	**117**	**243**	**-36**
经济型连锁酒店		34	4	34	-72
其他一般旅馆	0.4	360	112	208	36
民宿服务					
露营地服务					
其他住宿业		**182**	**0.5**	**176**	
其他住宿业		182	0.5	176	
2.按登记注册类型分					
内资企业	**0.7**	**6209**	**485**	**5041**	**186**
国有企业		-335	287	55	58
集体企业		7		7	
股份合作企业					
联营企业		0.9	0.5		
国有联营企业		0.9	0.5		
集体联营企业					
国有与集体联营企业					
其他联营企业					
有限责任公司	0.2	3705	113	2710	200
国有独资公司		797	34	43	38
其他有限责任公司	0.2	2908	79	2666	162
股份有限公司		13	-1	1	
私营企业	0.5	2819	86	2269	-72
私营独资企业		10	0	9	
私营合伙企业					
私营有限责任公司	0.5	2807	86	2261	-35
私营股份有限公司		2			-37
其他企业					
港、澳、台商投资企业		**-50**	**42**	**-22**	**276**
与港澳台商合资经营企业		103	38	133	276
与港澳台商合作经营企业					
港澳台商独资企业		-153	4	-155	
港澳台商投资股份有限公司					
其他港澳台投资企业					

单位：万元

及分配					人工成本及增值税		从事住宿和餐饮业活动的从业人员平均人数(人)
营业利润	营业外收入	营业外支出	利润总额	所得税费用	应付职工薪酬(本年贷方累计发生额)	应交增值税	
-23463	**9122**	**6933**	**-21325**	**3692**	**131650**	**4457**	**29980**
-28669	**3826**	**2038**	**-26859**	**1542**	**72057**	**2228**	**14907**
-21845	**2716**	**1948**	**-21055**	**1367**	**55815**	**2534**	**10930**
-21845	2716	1948	-21055	1367	55815	2534	10930
-7111	**1074**	**86**	**-6122**	**79**	**13643**	**-376**	**3395**
-123	45	8	-86	17	1832	161	494
-6988	1030	78	-6036	63	11811	-537	2901
287	**36**	**4**	**319**	**96**	**2599**	**70**	**582**
287	36	4	319	96	2599	70	582
-26529	**3656**	**1993**	**-24845**	**1542**	**65435**	**1634**	**13703**
-7032	839	73	-6267	697	17061	697	2735
-175	83		-92		407	7	54
-93	42		-51	0.5	525	50	102
-93	42		-51	0.5	525	50	102
-11596	1766	237	-10080	664	28231	422	5220
-2046	294	21	-1774		4829	316	1065
-9550	1472	215	-8306	664	23402	106	4155
-552	58	15	-509		843	12	336
-7081	869	1668	-7846	181	18369	445	5256
-143	22	2	-123	10	1163	12	368
-6864	846	1666	-7649	171	17049	433	4848
-74	0.4	0.2	-74		156		40
-2140	**170**	**45**	**-2014**		**6622**	**594**	**1204**
-326		33	-359		2926	300	570
-1814	170	12	-1655		3696	294	634

13-5 续表 11

（2020年）

指标	损益				
	研发费用	财务费用	利息收入	利息费用	投资收益
外商投资企业					
3.按控股情况分					
国有控股		1895.9	403.2	1441.7	527.8
集体控股		6.7		6.7	
私人控股	0.7	3030.3	112.8	2374.9	-71.9
港澳台商控股		-153.3	3.6	-154.9	
外商控股					
其他		1379.4	7.2	1350.8	6.3
4.按经营形式分					
独立门店	0.6	5959.5	526.2	4882.1	534.4
连锁总店(总部)		30.4			
连锁直营店		4.3			
连锁加盟店		46.2	0.5	30.7	-72.2
其他	0.1	118.6	0.1	106.4	
5.按单位规模分					
大型		477.7	23.8	328.6	25.6
中型		2998.5	371.8	2398.1	193.1
小型	0.7	2678.3	131.2	2292.4	243.5
微型		4.5		0.1	
6.按星级分					
五星		-163.6	22.7	-153.2	0.3
四星	0.6	3983.1	164.0	3423.3	63.2
三星		50.3	86.5	24.2	276.5
二星		47.7	1.7	47.1	
一星					
其他	0.1	2241.5	251.9	1677.8	122.2
7.按经营地分					
城镇	0.6	6102.5	525.6	4998.5	462.2
其中：城区	0.1	5256.4	500.7	4191.0	456.0
乡村	0.1	56.5	1.2	20.7	

单位：万元

及分配					人工成本及增值税		从事住宿和餐饮业活动的从业人员平均人数(人)
营业利润	营业外收入	营业外支出	利润总额	所得税费用	应付职工薪酬(本年货方累计发生额)	应交增值税	
-16527.0	1386.2	245.7	-15399.1	756.3	33358.8	1349.8	5665.0
-174.7	82.6		-92.1		406.9	7.1	54.0
-9916.3	1815.5	1711.0	-9777.5	159.0	27466.3	-212.1	7124.0
-1813.8	170.4	11.8	-1655.2		3695.6	294.0	634.0
-237.3	371.6	69.1	65.2	627.0	7129.5	789.0	1430.0
-23987.6	2846.0	2000.0	-23120.0	1560.2	66296.4	2971.8	13497.0
-2121.4	647.0	23.6	-1498.0			-890.4	168.0
-1031.1	150.2	2.3	-883.2	1.4	322.9	-22.4	192.0
-454.0	122.2	6.5	-338.3	8.9	1531.3	80.8	404.0
-1075.0	60.9	5.2	-1019.2	-28.2	3906.5	88.0	646.0
-450.0	156.6	10.6	-316.6	623.8	7307.8	482.3	902.0
-11693.0	1996.4	245.3	-9941.9	597.7	33086.8	658.6	6589.0
-16519.4	1672.8	1781.7	-16594.0	318.3	31511.0	1050.7	7380.0
-6.7	0.5		-6.2	2.5	151.5	36.2	36.0
896.4	169.5	54.2	1011.7	606.3	11629.3	946.5	1694.0
-7205.2	1187.2	55.6	-6073.6	678.1	16561.4	876.7	3225.0
-3248.5	713.9	79.9	-2614.5	13.6	6132.3	-672.0	1575.0
-720.5	96.2	2.5	-626.8	1.8	1864.3	87.0	255.0
-18391.3	1659.5	1845.4	-18555.5	242.5	35869.8	989.6	8158.0
-27589.7	3796.8	2030.6	-25801.8	1540.4	70052.1	2211.0	14208.0
-25919.1	3707.0	548.9	-22739.3	1507.0	66522.6	2078.3	13223.0
-1079.4	29.5	7.0	-1056.9	1.9	2005.0	16.8	699.0

13-5 续表 12

（2020年）

指　　标	损益				
	研发费用	财务费用	利息收入	利息费用	投资收益
8.按港澳台商投资情况分					
港商投资		-50	42	-22	276
澳商投资		-149		-154	
台商投资					
二、餐饮业	**37**	**3332**	**2711**	**4123**	**-459**
1.按餐饮业行业小类分					
正餐服务	**37**	**3534**	**2442**	**4118**	**-470**
正餐服务	37	3534	2442	4118	-470
快餐服务		**-139**	**157**	**5**	**11**
快餐服务		-139	157	5	11
饮料及冷饮服务		**15**	**0.1**	**-0.1**	
茶馆服务					
咖啡馆服务		0.2			
酒吧服务					
其他饮料及冷饮服务		15	0.1	-0.1	
餐饮配送及外卖送餐服务		**-95**	**99**	**0.2**	
餐饮配送服务		-95	99	0.2	
外卖送餐服务					
其他餐饮业	**0.1**	**17**	**14**		
小吃服务		14	14		
其他未列明餐饮业	0.1	3			
2.按登记注册类型分					
内资企业	**37**	**3554**	**2459**	**4123**	**-459**
国有企业		0.7			
集体企业		3	0.7	3	
股份合作企业					
联营企业					
有限责任公司	0.1	291	82	108	23
国有独资公司		-3	6	0.9	23
其他有限责任公司	0.1	293	76	107	
股份有限公司					
私营企业	37	3261	2377	4011	-482
私营独资企业		7	0.4	0.6	
私营合伙企业					
私营有限责任公司	37	3218	2377	4011	-482
私营股份有限公司		35			
其他企业					

单位：万元

及分配					人工成本及增值税		从事住宿和餐饮业活动的从业人员平均人数(人)
营业利润	营业外收入	营业外支出	利润总额	所得税费用	应付职工薪酬(本年货方累计发生额)	应交增值税	
-2140	170	45	-2014		6622	594	1204
19	21	37	3		1790	212	442
5207	**5295**	**4896**	**5534**	**2149**	**59593**	**2229**	**15073**
-1143	**3250**	**2429**	**-321**	**595**	**38849**	**1344**	**9051**
-1143	3250	2429	-321	595	38849	1344	9051
7417	**1852**	**2380**	**6889**	**1589**	**16512**	**282**	**4657**
7417	1852	2380	6889	1589	16512	282	4657
208	**20**	**21**	**207**	**333**	**1892**	**12**	**290**
-1163	1	15	-1177		370		79
1371	19	5	1384	333	1522	12	211
-1586	**93**	**66**	**-1632**	**-368**	**1929**	**591**	**966**
-1586	93	66	-1632	-368	1929	591	966
311	**80**		**392**	**0.9**	**411**	**0.3**	**109**
-7	79		73		80		25
318	1		319	0.9	331	0.3	84
1304	**5060**	**3913**	**2379**	**1102**	**45516**	**1381**	**10269**
-89			-89		245	5	60
-28	24		-4		1247	74	87
-1385	407	1035	-2013	145	11957	730	2936
-369	179	1	-191		2580	20	456
-1016	227	1034	-1822	145	9378	711	2480
2807	4630	2878	4486	957	32066	572	7186
-272	76	28	-225	7	829	41	269
2983	4529	2850	4589	940	30090	531	6711
96	25		121	9	1147		206

13-5 续表 13

（2020年）

指标	损益				
	研发费用	财务费用	利息收入	利息费用	投资收益
港、澳、台商投资企业		**-81**	**97**		
与港澳台商合资经营企业		-96	97		
与港澳台商合作经营企业					
港澳台商独资企业		15			
港澳台商投资股份有限公司					
其他港澳台投资企业					
外商投资企业		**-142**	**155**		
中外合资经营企业					
中外合作经营企业					
外资企业		-142	155		
外商投资股份有限公司					
其他外商投资企业					
3.按控股情况分					
国有控股		-62	78	0.9	23
集体控股		4	0.7	3	
私人控股	37	3609	2378	4117	-482
港澳台商控股		-81	97		
外商控股		-142	155		
其他	0.1	4	3	2	
4.按经营形式分					
独立门店	37	3335	2361	3965	75
连锁总店(总部)		41	185	141	-479
连锁直营店		14	0.7	2	
连锁加盟店		94		15	
其他		-153	165	0.5	-56
5.按单位规模分					
大型		-124	139	5	11
中型		1791	2406	3846	-431
小型	37	1685	165	295	-39
微型		-20	0.4	-22	
6.按经营地分					
城镇	34	3237	2710	4123	-459
其中：城区	32	3168	2708	4075	-453
乡村	3	95	1		

单位：万元

及分配					人工成本及增值税		从事住宿和餐饮业活动的从业人员平均人数(人)
营业利润	营业外收入	营业外支出	利润总额	所得税费用	应付职工薪酬(本年货方累计发生额)	应交增值税	
-1401	**13**	**54**	**-1442**	**-368**	**2467**	**588**	**761**
-1586	7	53	-1632	-369	1763	588	610
185	6	0.6	190	1	704		151
5304	**222**	**929**	**4596**	**1415**	**11610**	**260**	**4043**
5304	222	929	4596	1415	11610	260	4043
-114	231	12	105	57	6830	599	1136
154	36	17	173	13	1566	74	155
1405	4767	3883	2216	1031	36544	707	8851
-1401	13	54	-1442	-368	2467	588	761
5304	222	929	4596	1415	11610	260	4043
-140	26		-115	1	575	2	127
-2605	3036	1201	-770	524	31270	855	7539
7423	2085	3595	5913	1587	19131	195	5251
1387	5	5	1386	333	1631	0.1	213
-408	5	7	-409		733		169
-590	165	88	-585	-295	6828	1180	1901
5340	1840	2310	4870	1147	17469	741	5166
-1632	2355	1367	-717	421	17320	725	3668
1799	1090	239	2651	575	24399	750	6157
-300	11	980	-1269	6	406	13	82
4780	5295	4896	5107	2137	58833	2217	14853
4137	5104	4863	4306	2103	55569	2124	13856
427	0.4		427	12	760	13	220

13-5 续表 14

（2020年）

指标	损益				
	研发费用	财务费用			投资收益
			利息收入	利息费用	
7.按港澳台商投资情况分					
港商投资		-81	97		
澳商投资					
台商投资					
三、住宿业按地区分组	**0.7**	**6159**	**527**	**5019**	**462**
五华区		1811	132	1787	30
盘龙区		1497	82	1217	196
官渡区	0.1	359		458	239
西山区		1531	39	683	25
东川区		2	0.1	2	
呈贡区		58	2	44	-72
晋宁区		-0.3	-0.5		38
富民县	0.1	222	0.3	220	6
宜良县		88	0.4	85	
石林彝族自治县	0.2	443	33	442	
嵩明县		5	0.2		
禄劝彝族苗族自治县		5			
寻甸回族彝族自治县	0.3	134		76	
安宁市		5	-4	7	0.2
四、餐饮业按地区分组	**37**	**3332**	**2711**	**4123**	**-459**
五华区		1600	141	261	-435
盘龙区	3	109	56	14	
官渡区	0.1	-89	178	52	-52
西山区	29	1188	2293	3276	23
东川区					
呈贡区	0.1	448	39	468	11
晋宁区		0.2			
富民县		19	1.1	18	
宜良县		12	1.2	0.3	-6
石林彝族自治县		25	0.3	24	
嵩明县	3	8	0.1	1	
禄劝彝族苗族自治县	2	8	0.1	5	
寻甸回族彝族自治县		-0.3	0.3		
安宁市	0.5	3	0.9	3	

单位：万元

及分配					人工成本及增值税		从事住宿和餐饮业活动的从业人员平均人数（人）
营业利润	营业外收入	营业外支出	利润总额	所得税费用	应付职工薪酬(本年货方累计发生额)	应交增值税	
-1401	13	54	-1442	-368	2467	588	761
-28669	**3826**	**2038**	**-26859**	**1542**	**72057**	**2228**	**14907**
-12009	1077	77	-11009	12	12072	-326	2590
-5756	985	24	-4795	64	12536	330	2441
-2970	862	312	-2386	1293	21206	1473	4253
-4215	693	38	-3573	105	17467	575	2928
-128	7	2	-123		618	4	232
-1377	87	98	-1388	24	2271	87	651
42		0.4	42	3	262	2	69
-627	5	21	-642	4	678	21	169
-262	21	0.6	-242	1.4	812	9	195
-165	62	1462	-1565	18	1739	59	586
-645	13	4	-636		754		351
8			8	8	252	14	70
-126	7		-120	5	551	43	157
-439	10	0.7	-430	7	839	-62	215
5207	**5295**	**4896**	**5534**	**2149**	**59593**	**2229**	**15073**
-678	254	1447	-1872	112	9948	199	2161
10392	352	1784	8960	1966	17734	263	5409
-1647	543	70	-1174	-273	9436	1210	2257
-3947	1402	29	-2574	25	7617	252	2046
111	2513	1505	1046	268	10269	195	1816
-174	3		-171	4	375	4	110
59		0.1	59	3	353	4	98
227	3	12	218	7	497		117
-100	179	1	78	17	634	65	302
654	5	18	641	11	1261	21	303
89	1.3		91	5	518	10	149
60	2	2	60	0.8	211	2	77
161	39	29	171	3	739	3	228

主要统计指标解释

社会消费品零售总额　是指企业（单位、个体经营户）通过交易直接售给个人、社会集团非生产、非经营用的实物商品金额，以及提供餐饮服务所取得的收入金额。其中，商品包括售给个人用于生活消费的商品，也包括售给社会集团用于非生产、非经营的商品。该指标不包括企业和个体经营户用于生产经营和固定资产投资所使用的原材料、燃料和其他消耗品的价值量，也不包括居民用于购买商品房的支出和农民用于购买农业生产资料的支出费用等。

社会消费品零售总额主要用于反映国内消费品市场的总规模和地域分布情况，也能基本反映城乡居民和社会集团对实物商品消费需求的总量和变化趋势。

商品购进额　指从本企业以外的单位和个人购进（包括从国外直接进口）作为转卖或加工后转卖的商品金额（含增值税）。本指标反映批发和零售业从国内外市场上购进商品的总价。

商品销售额　指对本单位以外的单位和个人出售的商品金额（包括售给本单位消费用的商品，含增值税），在批发和零售业中，本指标反映在国内市场上销售商品以及出口商品的总价。

通过公共网络实现的商品销售额　企业（单位）通过公共网络交易平台（包括自建网站和第三方平台）取得订单，对本单位以外的单位和个人出售的实物商品金额（含增值税），付款可以在网上进行，也可以在网下进行。公共网络包括计算机互联网、移动互联网等。

服务营业额　指批发和零售业单位在经营活动中，因提供服务取得的收入（含增值税），包括贸易经济代理服务、拍卖服务、汽车维修和装饰服务、各种商务服务和商品代理、互联网交易平台服务、场地和商品租赁、充电服务等。

2021昆明统计年鉴

KUNMING STATISTICAL YEARBOOK 2021

14 对外贸易、旅游

14-1 主要年份海关进出口贸易总额

单位：万美元

年 份	海关进出口贸易总额	出 口	进 口
1993	67548	43653	23895
1994	129676	80411	49265
1995	174372	105267	69105
1996	139791	75497	64294
1997	122115	81106	41009
1998	116410	74055	42355
1999	108930	61843	47087
2000	115068	71298	43770
2001	134097	78033	56064
2002	148131	89501	58630
2003	177972	100570	77402
2004	261462	138396	123066
2005	344940	173602	171338
2006	470385	232961	237424
2007	667728	323921	343807
2008	731091	354145	376946
2009	563411	297197	266214
2010	1016285	532598	483686
2011	1199977	660318	539659
2012	1441975	568633	873342
2013	1689710	1012278	677432
2014	1777057	1159388	617668
2015	1232405	943833	288571
2016	661276	405931	255345
2017	782987	294236	488751
2018	1308711	376453	932258
2019	1318704	360589	958115
2020	1623303	774340	848963

注：此表数据来源于昆明海关。

14-2 主要年份市属外商直接投资

单位：万美元

年 份	项目个数(个)	合同利用外资	实际利用外资
1991	16	1546	
1992	102	12736	
1993	199	31903	4362
1994	117	11103	6930
1995	142	26612	6051
1996	66	5898	5919
1997	60	12352	3142
1998	36	22233	4430
1999	52	15396	2403
2000	35	10749	1228
2001	48	11384	2592
2002	76	12830	3703
2003	58	15408	5148
2004	104	17443	6228
2005	77	26332	8261
2006	122	51887	20933
2007	89	44697	30038
2008	143	93110	60178
2009	115	110944	73000
2010	83	72941	100900
2011	78	68796	127443
2012	63	44664	158800
2013	56	51641	179800
2014	73	59934	223714
2015	75	75134	226146
2016	70	190076	73996
2017	115	191315	80133
2018	111	502877	85013
2019	118	358818	64861
2020	163	171995	66169

注：此表数据来源于昆明市商务局。

14–3 主要年份旅游业发展情况

年 份	国际旅游		国内旅游		旅游业总收入（万元）
	旅游人数（人次）	旅游外汇收入（万美元）	旅游人数（万人次）	旅游收入（万元）	
1990	148166	1581	-	-	-
1991	160165	2223	-	-	-
1992	231749	2943	389	35028	59455
1993	271065	3314	420	47027	74533
1994	378672	7409	520	101966	163461
1995	397562	9253	710	145125	221925
1996	450568	11751	820	295796	393331
1997	510116	15666	952	424674	555171
1998	384023	10059	933	695754	779542
1999	549207	14550	1150	1057294	1178494
2000	520247	13707	1106	904744	1018925
2001	590827	15824	1897	1280360	1412178
2002	699683	18080	1936	1263632	1414237
2003	426667	11325	1549	1090471	1184804
2004	493251	13073	1708	1266131	1375025
2005	696481	17251	1971	1240838	1384543
2006	707489	18979	2169	1405603	1563699
2007	713448	20784	2437	1533330	1689213
2008	700685	20416	2664	1832342	1971173
2009	778321	21759	3037	2114789	2263402
2010	860632	24252	3471	2683182	2848097
2011	1004040	29788	4002	2586701	3672490
2012	1137364	33863	4581	4052744	4266757
2013	1231265	40338	5479.06	4909193	5158887
2014	1192057	39729	6149.45	5903394	6147729
2015	1144868	44033	6796.91	6962941	7234624
2016	1234688	48201	9990.00	10437876	10735279
2017	1340690	53222	13208.45	15727398	16086647
2018	1422016	68406	15911.23	21347932	21800781
2019	1494442	87484	18494.59	26731560	27336073
2020	99054	5878	13631.45	18965109	19005723

注：此表数据来源于昆明市文化和旅游局。

主要统计指标解释

进出口总额　　又称进出口贸易或进出口总值，是以货币表现的一定时期内一国全部实际进出口商品的总金额，也就是同一时期的进口总额与出口总额之和。它反映一国对外贸易的总体规模和发展水平，是研究一国对外贸易往来和国际收支平衡状况的重要依据。

进口总额　　又称进口贸易额或进口总值，是以货币表示的一定时期内从国外进口的商品和总金额。

出口总额　　又称出口贸易额或出口总值，是以货币表示的一定时期内向国外出口的商品和总金额。

利用外资　　指我国各级政府、部门、企业和其他经济组织通过对外借款、吸收外商直接投资以及用其他方式筹措的境外现汇、设备和技术等。

旅游人数　　指来我国参观、访问、旅行、探亲、访友、休养、考察、参加会议和从事经济、科技、文化、教育、体育、宗教等活动的外国人、华侨、港澳和台湾同胞的人数。不包括外国在我国的常驻机构，如使领馆、通讯社、企业办事处的工作人员；来我国常住的外国专家、留学生以及在岸逗留不过夜人员。

国际旅游(外汇)收入　　指入境旅游的外国人、华侨、港澳台胞在中国大陆旅游过程中发生的一切旅游支出，对国家来说就是国际旅游(外汇)收入。

2021昆明统计年鉴

KUNMING STATISTICAL YEARBOOK 2021

15 城市建设、环境保护

15-1 城市市政设施水平

（2020年）

指　　标	单位	昆明	昆明市区
人均日生活用水量	升	155.62	161.09
供水普及率	%	99.06	100.00
燃气普及率	%	92.52	99.77
建成区供水管道密度	公里/平方公里	8.82	8.49
人均城市道路面积	平方米	13.48	12.66
建成区排水管道密度	公里/平方公里	11.03	10.93
污水处理率	%	98.29	98.99
#污水处理厂集中处理率	%	96.83	97.37
建成区绿地率	%	38.38	39.20
建成区绿化覆盖率	%	41.79	42.31
生活垃圾处理率	%	100.00	100.00
#生活垃圾无害化处理率	%	100.00	100.00

注：1.昆明市区是指五华区、盘龙区、官渡区、西山区、呈贡区数据；
　　2.此表数据来源于昆明市住房和城乡建设局。

15-2 城市供水

（2020年）

指　　标	单位	昆明	昆明市区
综合生产能力	万立方米/日	232.49	195.55
供水管道长度	公里	6805.47	5224.68
供水总量	万立方米	55945.34	47942.02
#生产运营用水	万立方米	7835.24	6814.69
居民家庭用水	万立方米	24399.58	20499.47
用水户数	万户	197.92	170.53
用水人口	万人	487.73	384.02

注：1.昆明市区是指五华区、盘龙区、官渡区、西山区、呈贡区数据；
2.此表数据来源于昆明市住房和城乡建设局。

15-3 城市供气

（2020年）

指　　标	单位	昆明	昆明市区
一、天然气			
供气管道长度	公里	5250.92	4289.60
供气总量	万立方米	41799.32	32376.56
#家庭用气	万立方米	14053.13	11876.45
用气户数	户	1859385	1696297
#家庭用气户数	户	1855328	1694695
用气人口	万人	426.96	375.13
二、液化石油气			
供气总量	吨	95333	85000
#家庭用气	吨	18287	12750
用气户数	户	206342	150000
#家庭用气户数	户	171442	120000
用气人口	万人	26.03	8.00

注：1.昆明市区是指五华区、盘龙区、官渡区、西山区、呈贡区数据；
2.此表数据来源于昆明市住房和城乡建设局。

15-4 城市道路和桥梁

（2020年）

指　　标	单位	昆明	昆明市区
道路长度	公里	3151.36	2220.00
道路面积	万平方米	6638.98	4860.50
#人行道面积	万平方米	1406.11	1006.38
年末实有桥梁数	座	883	773
#立交桥	座	74	74
道路照明灯盏数	盏	205268	143190
安装路灯的道路长度	公里	2550.32	1969.42

注：1.昆明市区是指五华区、盘龙区、官渡区、西山区、呈贡区数据；
　　2.此表数据来源于昆明市住房和城乡建设局。

15-5 园林绿化

（2020年）

指　　标	单 位	昆明	昆明市区
绿化覆盖面积	公顷	25077.42	19333.84
绿地面积	公顷	22905.28	17914.40
公园绿地面积	公顷	5954.42	4629.49
公园个数	个	617	470
公园面积	公顷	4345.17	3069.63

注：1.昆明市区是指五华区、盘龙区、官渡区、西山区、呈贡区数据；
2.此表数据来源于昆明市住房和城乡建设局。

15-6 城市环境卫生情况

（2020年）

指　　标	单位	昆明	昆明市区
道路清扫保洁面积	万平方米	9387.27	7759.36
#机械清扫面积	万平方米	6847.54	5711.64
生活垃圾清运量	万吨	251.98	203.01
生活垃圾处理量	万吨	251.98	203.01
生活垃圾无害化处理量	万吨	251.98	203.01
生活垃圾转运站	座	136	109
公共厕所	座	2492	1593
市容环卫专用车辆设备总数	辆	2546	1959

注：1.昆明市区是指五华区、盘龙区、官渡区、西山区、呈贡区数据；
　　2.此表数据来源于昆明市住房和城乡建设局。

15-7 环境保护情况

指　　标	单位	2019年	2020年
一、水质状况			
废水排放总量	万吨	84645.70	2322.39
#工业废水排放总量	万吨	3204.17	1775.90
工业化学需氧量排放总量	吨	2823.68	1136.89
二、废气排放			
工业二氧化硫排放量	吨	28010	23552.63
工业颗粒物排放量	吨		27579.63
三、声环境质量状况			
主城区区域环境昼间噪声平均值	分贝	53.1	53.9
主城区交通干线昼间噪声平均等效声级	分贝	67.4	67.3
四、固体、废物综合利用			
工业固体废物处置利用量	万吨	3323.42	2522.60
工业固体废物处置利用率	%	90.65	76.34

注：此表数据来源于昆明市生态环境局。

主要统计指标解释

自来水生产能力　指年底城建部门管理的自来水厂实际生产能力。

生活用水量　指居民日常生活与公共福利设施的用水量。包括居民、饮食店、旅馆、医院、理发店、浴池、洗衣店、游泳池、商店、学校、机关、部队等单位的用水量。

实有桥梁　指城市范围内，修建在河道上的桥梁和道路与道路立交、道路跨越铁路的立交桥，以及人行天桥。包括永久性桥和半永久性桥，不包括临时性桥、铁路桥、涵洞。

公共绿地面积　指供游览休息的各种公园、运动场、植物园、陵园以及花园、游园和供游览休息用的林荫道绿地、广场绿地。不包括一般栽植的行道树及林荫道的面积。

2021昆明统计年鉴

KUNMING STATISTICAL YEARBOOK 2021

16 科技、教育、文化、卫生和其他

16–1 规模以上工业企业R&D活动及相关情况

指　　标	单位	2020年
一、企业基本情况		
单位数	个	997
有R&D活动单位数	个	320
有研发机构单位数	个	181
其中：享受研究开发费用加计扣除的企业数	个	203
二、R&D人员情况		
1.R&D人员合计	人	12857
项目研究开发人员	人	11934
管理和服务人员	人	923
其中：女性	人	3069
其中：研究人员	人	5283
其中：①全时人员	人	8445
②非全时人员	人	4412
2.R&D人员折合全时当量合计	人年	9196
其中：研究人员	人年	3791
其中：①基础研究人员	人年	30
②应用研究人员	人年	351
③试验发展人员	人年	8815
三、R&D经费支出情况		
1.R&D经费内部支出合计	万元	454460.5
其中：①经常费支出	万元	429102.4
其中：人员劳务费	万元	145509.5
②资产性支出	万元	25358.1
其中：土建工程	万元	914.9
仪器和设备	万元	24443.2
其中：①基础研究支出	万元	2423.1
②应用研究支出	万元	15741.3
③试验发展支出	万元	436296.1

16-1 续表 1

指　　　标	单位	2020年
其中：①政府资金	万元	13144.5
②企业资金	万元	437100.7
③境外资金	万元	
④其他资金	万元	4215.3
2.R&D经费外部支出合计	万元	36440.9
其中：对境内研究机构支出	万元	4317.9
对境内高等学校支出	万元	6221.4
对境内企业支出	万元	23909.1
对境外支出	万元	1992.5
四、企业办研发机构情况		
1.机构数	个	204
2.企业在境外设立的研发机构数	个	9
3.机构人员合计	人	8572
其中：博士毕业	人	199
硕士毕业	人	1297
4.机构经费支出	万元	326622.2
5.科技机构仪器和设备原价	万元	431353.8
五、研发产出及相关情况		
(一)自主知识产权情况		
1.专利申请数	件	6265
其中：发明专利	件	2426
2.有效发明专利数	件	5621
其中：已被实施	件	2389
(二)新产品生产及销售情况		
1.新产品开发项目数	项	2861

16-1 续表 2

指 标	单位	2020年
2.新产品开发经费支出	万元	481702.3
3.新产品销售收入	万元	5663157.7
其中：出口	万元	80854.9
(三)其他情况		
1.发表科技论文	篇	1579
2.拥有注册商标	件	11453
3.形成国家或行业标准	项	158
六、其他情况		
(一)政府相关政策落实情况		
1.来自政府部门的研发资金	万元	185082.9
2.研究开发费用加计扣除减免税	万元	49885.8
3.高新技术企业减免税	万元	33308.4
(二)技术获取和技术改造情况		
1.引进境外技术经费支出	万元	7823.8
2.引进境外技术的消化吸收经费支出	万元	81.5
3.购买境内技术经费支出	万元	72559.7
4.技术改造经费支出	万元	311118.1

16-2 非工业企业R&D活动及相关情况

指　　标	单位	2020年
一、企业基本情况		
单位数	个	1006
有R&D活动单位数	个	168
有研发机构单位数	个	87
其中：享受研究开发费用加计扣除的企业数	个	135
二、R&D人员情况		
1.R&D人员合计	人	11332
项目研究开发人员	人	10338
管理和服务人员	人	994
其中：女性	人	2082
其中：研究人员	人	5128
其中：①全时人员	人	5318
②非全时人员	人	6014
2.R&D人员折合全时当量合计	人年	7526
其中：研究人员	人年	3373
其中：①基础研究人员	人年	204
②应用研究人员	人年	921
③试验发展人员	人年	6401
三、R&D经费支出情况		
1.R&D经费内部支出合计	万元	234544.5
其中：①经常费支出	万元	231494.6
其中：人员劳务费	万元	133949.9
②资产性支出	万元	3049.9
其中：土建工程	万元	118.7
仪器和设备	万元	2931.2
其中：①基础研究支出	万元	1787.1
②应用研究支出	万元	22869.1
③试验发展支出	万元	209888.3
其中：①政府资金	万元	6669.6
②企业资金	万元	227687.7
③境外资金	万元	30.9
④其他资金	万元	156.3

16-2 续表

指　　标	单位	2020年
2.R&D经费外部支出合计	万元	17300.2
其中：对境内研究机构支出	万元	1064.4
对境内高等学校支出	万元	1231.0
对境内企业支出	万元	14862.0
对境外支出	万元	142.8
四、企业办研发机构情况		
1.机构数	个	96
2.企业在境外设立的研发机构数	个	3
3.机构人员合计	人	5652
其中：博士毕业	人	83
硕士毕业	人	831
4.机构经费支出	万元	204128.7
5.科技机构仪器和设备原价	万元	89678.0
五、研发产出及相关情况		
1.专利申请数	件	1999
其中：发明专利	件	470
2.有效发明专利数	件	1283
其中：已被实施	件	588
3.形成国家或行业标准	项	78
六、其他情况		
1.来自政府部门的研发资金	万元	108277.6
2.研究开发费用加计扣除减免税	万元	19101.5
3.高新技术企业减免税	万元	22182.6

16-3 主要年份全市医疗卫生机构数、卫生技术人员、医疗床位数

年份	卫生机构数合计(个)	医院	卫生技术人员合计(人)	医生	卫生机构床位数合计(张)	医院
1978	1253	218	17754	8035	14304	13151
1980	1335	229	20336	8459	16697	13682
1985	1523	228	25363	12528	18421	15897
1990	1622	270	28820	14576	24356	20917
1995	1586	288	30527	15094	27044	22143
1996	2474	274	31115	15107	24906	20646
1997	2326	277	33146	16074	25906	21690
1998	2715	280	32637	15705	26043	22111
1999	2922	155	33186	16310	26127	19558
2000	2753	157	32190	15220	25027	19756
2001	2580	153	31171	14428	25345	19268
2002	1427	169	27173	12136	24610	20793
2003	1977	174	29647	13405	25704	20514
2004	2072	197	31660	14324	27104	21757
2005	2575	218	33123	15381	28710	22744
2006	2777	207	34143	15441	28955	22958
2007	2798	202	35031	16017	31003	24501
2008	2730	205	35664	16700	32457	25952
2009	2755	201	37015	18101	33607	26887
2010	3004	218	40165	18636	38056	30434
2011	3103	225	42371	18812	41363	33387
2012	3163	236	46647	19920	44507	35878
2013	4552	253	53742	22128	48087	39467
2014	4492	268	57626	22595	50702	42409
2015	4490	282	64279	24109	55191	46984
2016	4755	307	71000	26049	57776	49785
2017	4823	308	75964	27317	60959	53072
2018	4892	322	79205	28606	63612	55755
2019	5068	314	86992	31763	64081	56598
2020	5526	322	92800	33487	65650	58293

注：1.2000年卫生系统统计报表制度变动，口径有所调整；
2.此表数据来源于昆明市卫生健康委员会。

16-4 卫生机构、床位、人员数

（2020年）

指标	机构数(个)	卫生技术人员数合计(人)	执业(助理)医师	实有床位数(张)
总计	**5526**	**92800**	**33487**	**65650**
医院	322	63812	20662	58293
疗养院	5	253	99	875
社区卫生服务中心(站)	391	5727	2211	1788
卫生院	104	3664	1436	3933
门诊部	228	3357	1542	68
急救中心(站)	2	212	86	
采供血机构	1	152	22	
妇幼保健院(所、站)	17	2036	767	653
专科疾病防治院(所、站)	1	16	6	40
疾病预防控制中心	17	1323	738	
卫生监督所(中心)	16	259		
医学科学研究机构	6	139	84	
健康教育所(站、中心)	2	18	8	
临床检验中心(所、站)	5	257	38	
统计信息中心	2	3		
其他	19	400	114	
诊所、卫生所、医务室	3124	10615	5244	
计划生育技术服务机构	1			
村卫生室	1263	557	430	

注：此表数据来源于昆明市卫生健康委员会。

16-5 民政事业基本情况

指　　标	单位	2019年	2020年
民政经费	万元	274581	252803
城市居民最低生活保障人数	人	56040	49664
农村社会救助人数	人	155602	111824
其中：农村居民最低生活保障人数	人	64191	64088
提供住宿的社会工作机构数	个	103	136
其中：养老机构数	个	100	125
提供住宿的社会工作机构床位数	张	23253	22515
其中：养老机构床位数	张	20833	20338
不提供住宿的社会工作机构和设施总数	个	1957	1998
其中：社区服务机构和设施数	个	1949	1988
结婚办理	对	42935	38924
离婚办理	对	20763	20064
社会组织单位数	个	5210	5164

注：此表数据来源于昆明市民政局，统计口径有变化。

16-6 分地区各类办学类型学校数情况

（2020年）　　单位：所

地　区	基础教育						中职教育
	幼儿园	小学	初中	普通高中	特殊教育	工读学校	
昆明市	**1448**	**758**	**201**	**133**	**10**	**1**	**80**
五华区	138	45	15	23	1		14
盘龙区	125	62	23	13	2	1	14
官渡区	215	91	28	30	1		10
西山区	158	72	22	19	2		11
东川区	34	36	9	3			1
呈贡区	65	20	4	13			4
晋宁区	63	19	12	2			3
富民县	40	26	6	2			2
宜良县	104	69	13	3	1		3
石林县	99	16	5	3			2
嵩明县	81	56	8	3	1		6
禄劝县	71	40	16	3			2
寻甸县	153	154	17	4	1		3
安宁市	55	12	10	8	1		3
经开区	29	16	9	4			2
阳宗海	18	24	4				

注：此表数据来源于昆明市教育体育局。

16-7 分地区各类办学类型在校生情况

（2020年） 单位：人

地 区	基础教育						中职教育
	幼儿园	小学	初中	高中	特殊教育	工读学校	
昆明市	**268293**	**524322**	**222867**	**131289**	**985**	**46**	**181395**
五华区	34234	66809	27662	19725	140		50934
盘龙区	27309	57074	18939	8431	187	46	11214
官渡区	53805	101764	30404	16865	107		11690
西山区	32012	52365	22731	12854	265		28659
东川区	8571	19576	10872	5237			1126
呈贡区	14873	27950	15888	10756			22234
晋宁区	10201	19854	7951	4315			2139
富民县	3905	11019	6754	4181			794
宜良县	10254	21814	11879	6476	74		6043
石林县	8875	16863	7879	5513			933
嵩明县	13989	25061	10252	5795	32		27095
禄劝县	10281	25414	13307	8333			3461
寻甸县	16950	34406	19080	13290	163		1458
安宁市	12997	23632	11823	7066	17		10502
经开区	7155	14818	4878	2452			3113
阳宗海	2882	5903	2568				

注：此表数据来源于昆明市教育体育局。

16-8 分地区各类办学类型专任教师情况

（2020年）　　　　单位：人

地　区	基础教育						中职教育
	幼儿园	小学	初中	高中	特殊教育	工读学校	
昆明市	**17150**	**31775**	**18751**	**10206**	**274**	**38**	**4026**
五华区	2529	3797	2087	1524	50		524
盘龙区	1969	2886	1506	661	68	38	582
官渡区	3605	6070	2509	1429	33		416
西山区	2313	3169	1909	1066	67		436
东川区	368	1529	952	418			52
呈贡区	1045	1638	1238	993			254
晋宁区	657	1230	819	299			139
富民县	187	749	573	236			40
宜良县	650	1353	1025	448	10		270
石林县	458	1230	733	381			77
嵩明县	750	1276	835	390	5		536
禄劝县	528	1926	1392	590			213
寻甸县	577	2380	1563	967	34		93
安宁市	882	1353	979	619	7		330
经开区	456	740	373	185			64
阳宗海	176	449	258				

注：此表数据来源于昆明市教育体育局。

16-9 分地区各类办学类型

（2020年）

地 区	基础			
	幼儿园		小学	
	离园幼儿人数	入园幼儿数	毕业生数	招生数
昆明市	**84231**	**104210**	**78918**	**94488**
五华区	10428	13951	9789	12542
盘龙区	7631	10465	8136	11094
官渡区	19124	20667	16022	22702
西山区	9537	11791	8013	9711
东川区	3103	3442	3522	3006
呈贡区	4200	7288	3795	5749
晋宁区	3262	4129	3019	3315
富民县	1404	2188	2266	1428
宜良县	3896	4936	4760	3863
石林县	2961	3400	2448	2694
嵩明县	5004	5233	3713	4490
禄劝县	3831	4547	3840	3983
寻甸县	5580	7092	5469	5718
安宁市	4270	5081	4126	4193

注：此表数据来源于昆明市教育体育局。

毕业、招生学生基本情况

单位：人

教育				中职教育	
初中		高中			
毕业生数	招生数	毕业生数	招生数	毕业生数	招生数
74380	**75637**	**38607**	**47746**	**55849**	**65703**
8453	10319	6308	7029	16389	17369
5810	6880	2691	3206	3956	3090
10492	13097	5463	7137	5550	5150
7456	7891	2824	4705	7829	11375
3944	3374	1498	1960	48	690
4226	5713	3160	3723	5349	10181
2769	2513	1355	1507	372	580
2128	2310	1163	1603		434
5339	4589	1957	2328	2845	1325
3275	2301	1603	1818	182	350
3989	3290	1789	2137	9580	6712
5187	3715	2539	2857	765	1301
7271	5395	4086	4810	135	957
4041	4250	2171	2926	2849	6189

16-10 昆明市辖区高等教育情况

（2020年）

指　　标	学校数（所）	毕业生数（人）	招生数（人）	在校生数（人）
研究生	**14**	**12463**	**20334**	**52794**
科研机构研究生	2	24	33	100
普通高等学校研究生	12	12439	20301	52694
普通高等教育	**52**	**167768**	**251164**	**697961**
本科	20	83852	108284	360728
专科	32	83916	142880	337233
成人高等教育	**1**	**45353**	**74527**	**213192**
本科	1	19716	43675	129425
专科		25637	30852	83767

注：此表数据来源于昆明市教育体育局。

16-11 文化事业基本情况(市属)

指　　标	单位	2020年
国家文物保护单位	个	27
省级文物保护单位	个	73
广播电视台(含融媒体中心)	个	16
剧团	个	2
群众艺术馆、文化馆	个	16
文化站	个	139
公共图书馆	个	15
博物馆	个	39
剧场演出场次	场	169
国内艺术表演场次(惠民演出)	场	1715
国内艺术表演观众	万人次	140
公共图书馆藏书	千册	6192

注：此表数据来源于昆明市文化和旅游局、广电局。

主要统计指标解释

科技活动　指在自然科学、农业科学、医药科学、工程与技术科学、人文与社会科学领域（简称科学技术领域）中，与科技知识的产生、发展、传播和应用密切相关的系统的活动。企业的科技活动包括：1.在科学技术领域，为增加知识总量，以及运用这些知识去创造新的应用进行的系统的创造性的活动。其中较为常见的活动是利用现有知识和实际经验，为产生新的产品、材料和装置，建立新的工艺、系统和服务，以及对已产生和建立的上述各项做实质性的改进而进行的系统性工作。这些活动的成果形式主要是专利、专有技术、新产品原型或样机样件等。2.为产生新的产品、材料和装置，建立的新工艺、系统和服务以及做实质性改进后的上述各项能够投入生产或实际应用，解决所存在的技术问题而进行的系统性的工作。这些活动的成果形式大多是可供生产和实际操作的带有技术和工艺参数的图纸、技术标准和操作规范。企业的科技活动不包括企业从事的常规性技术升级或对某项科研成果直接应用等活动（如直接采用新的工艺、材料、装置、产品、服务或知识等）。在企业中只有列入企业工作计划的科技活动才予以统计，而独立发明人等在企业外或计划外进行的科技活动不在统计范围之内。

R&D 活动　为增加知识总量，以及运用这些知识去创造新的应用进行的系统的创造性的活动。包括基础研究、应用研究和试验发展。

非 R&D 活动　为使产生的新产品、材料和装置，建立的新工艺、系统和服务以及做实质性改进后的上述各项能够投入生产或实际应用，解决所存在的技术问题而进行的系统性的工作。

基础研究　为了获得关于现象和可观察事实的基本原理的新知识（揭示客观事物的本质、运动规律，获得新发现、新学说）而进行的实验性或理论性研究，它不以任何专门或特定的应用或使用为目的。其成果以科学论文和科学著作为主要形式。

应用研究　为获得新知识而进行的创造性研究，主要针对某一特定的目的或目标。应用研究是为了确定基础研究成果可能的用途，或是为达到预定的目标探索应采取的新方法（原理性）或新途径。其成果形式以科学论文、专著、原理性模型或发明专利为主。

试验发展　利用从基础研究、应用研究和实际经验所获得的现有知识，为产生新的产品、材料和装置，建立新的工艺、系统和服务，以及对已产生和建立的上述各项作实质性的改进而进行的系统性工作。其成果形式主要是专利、专有技术、具有新产品基本特征的产品原型或具有新装置基本特征的原始样机等。

R&D 经费支出　指统计年度内规模以上工业企业实际用于基础研究、应用研究和试验发展的经费支出。

科技活动人员合计　指报告期内企业内部直接参加科技项目人员，以及科技活动的管理和直接服务的人员。不包括全年累计从事科技活动时间占制度工作时间10%以下的人员。

全部科技项目数 指在报告期当年企业立项并开展研究工作、以前年份立项报告期仍继续进行的科技项目数，包括当年完成和报告期内研究工作已告失败的科技项目数，但不包括委托外单位进行的科技项目数。

专利申请数 指报告期内企业作为第一申请人向境内外知识产权行政部门提出专利申请并被受理的件数。

专利申请数中发明专利 指报告期内企业作为第一申请人向境内外知识产权行政部门提出发明专利申请并被受理的件数。

卫生技术人员 指卫生事业机构支付工资的全部固定职工和合同制职工中现任职务为卫生技术工作的专业人员。包括中医师、西医师、中西医结合高级医师、护师、中药师、西药师、检验师、其他技工、其他中医、护理员、中药剂师、西药剂员、检验员、其他初级卫生技术人员。

普通高等学校 指按国家规定的审批程序批准举办，通过全国统一招生考试，招收高级中等学校毕业生和具有同等学历者，实施高等教育，培养高等专门人才的学校。包括大学、专门学院、专科学校和短期职业大学。

在校学生数 指学年初具有学籍的在校生总数。

学龄儿童入学率 指调查范围内已入小学学习的学龄儿童占校内外学龄儿童总数(包括弱智儿在内，但不包括盲聋哑儿童)的比重。

计算公式：

$$学龄儿童入学率=\frac{已入学的小学学龄儿童数}{校内外学龄儿童总数}\times 100\%$$

专任教师 指主要从事教学工作的人员。包括临时(一年以内)调去帮助做其他工作的教学人员。高等学校函授部、夜大学校的专任教师和承担科研任务，为担任教学工作仍属教师编制的人员，应计入专任教师中。专任教师不包括调离教学岗位，担任行政领导工作或其他工作的原教学人员。

艺术表演观众人数(人次) 指售票、包场演出或民族地区免费演出的艺术表演观众人次数。不包括彩排审查和内部观摩演出的观看人次数。

2021昆明统计

KUNMING STATISTICAL YEARBOOK 2021

年鉴

17 开发区建设

17-1 昆明经济技术开发区建设发展情况

指　　标	单位	2020年
开发区土地面积(管辖面积)	平方公里	148.20
规模以上工业总产值	亿元	510.88
外商投资企业工业总产值	亿元	16.66
高新技术企业工业总产值	亿元	201.47
规模以上工业增加值增速	%	5.7
全区“四上”企业主营业务收入	亿元	2628.38
#规模以上工业企业主营业务收入	亿元	518.77
一般公共预算收入	亿元	42.31
一般公共预算支出	亿元	32.58
税收收入	亿元	90.88
进出口总额	亿美元	41.42
#出口总额	亿美元	40.48
进口总额	亿美元	0.94
高新技术产品进出口额	亿美元	1.94
实际利用外资	万美元	23947
新增内资企业注册资本金(不含增资)	亿元	899.68
固定资产投资增速	%	17.5
限额以上消费品零售总额	亿元	133.85
期末研发机构数	个	156

注：此表数据由昆明经济技术开发区根据商务部制定的国家级开发区统计制度统计。

17-2 昆明高新技术产业开发区建设发展情况

指　　标	单位	2020年
规划面积(含马金铺新城产业基地)	平方公里	48.65
已开发面积(含马金铺新城产业基地)	平方公里	16.0
基础设施建设	亿元	4.10
高新区工商分局注册企业	个	13093
实际利用外资	万美元	2297
规上工业增加值增速	%	4.2
固定资产投资增速	%	24.7
社会消费品零售总额	亿元	77.96
一般公共预算收入	亿元	24.41
一般公共预算支出	亿元	15.60

注：此表数据由昆明高新技术产业开发区提供。

17-3 昆明滇池国家旅游度假区建设发展情况

指　　标	单位	2020年
一般公共预算收入	亿元	14.75
一般公共预算支出	亿元	14.00
招商引资实际到位内资	亿元	63.30
招商引资实际到位外资	万美元	515.90
固定资产投资增速	%	20.5
社会消费品零售总额	亿元	99.60
#限额以上消费品零售额	亿元	60.10
旅游收入	亿元	36.27
接待人次	万人次	1138.20

注：此表数据由昆明滇池国家旅游度假区提供。

17-4 阳宗海风景名胜区建设发展情况

指　　标	单位	2020年
规划面积	平方公里	564
工商分局注册企业	个	227
规模以上工业总产值	亿元	216.8
规模以上工业增加值增速	%	3
固定资产投资增速	%	29
限额以上消费品零售总额	亿元	47.9
旅游服务总收入	亿元	13.2
招商引资实际到位资金(内资)	亿元	46.16
招商引资实际到位资金(外资)	万美元	4705.42
一般公共预算收入	亿元	7.03
一般公共预算支出	亿元	7.99

注：此表数据由昆明阳宗海风景名胜区提供。

2021昆明统计年鉴

KUNMING STATISTICAL YEARBOOK 2021

18 各州市主要经济指标

18-1 各州市年末常住人口及城镇人口比重

（2020年）

地　区	年末常住人口（万人）	城镇人口比重（%）
全　省	**4722.0**	**50.05**
昆明市	**846.3**	**79.67**
曲靖市	576.6	49.03
玉溪市	225.0	53.82
保山市	243.1	35.09
昭通市	509.3	39.52
丽江市	125.5	47.65
普洱市	240.5	40.54
临沧市	225.8	35.08
楚雄州	241.7	44.81
红河州	447.8	47.70
文山州	350.3	37.20
西双版纳州	130.4	47.09
大理州	333.8	42.87
德宏州	131.8	48.94
怒江州	55.3	52.44
迪庆州	38.8	31.19

18-2 各州市生产总值

（2020年）

地　区	生产总值（万元）	第一产业增加值	第二产业增加值	第三产业增加值	人均生产总值（元）
全　省	**24521.90**	**3598.91**	**8287.54**	**12635.45**	**51975**
昆明市	**6733.79**	**312.35**	**2102.93**	**4318.51**	**80586**
曲靖市	2959.35	553.53	1094.92	1310.90	51244
玉溪市	2058.14	207.26	864.29	986.59	91290
保山市	1052.58	243.30	392.61	416.67	43200
昭通市	1288.74	226.12	482.78	579.84	25255
丽江市	512.75	77.53	165.50	269.72	40841
普洱市	945.42	235.13	228.62	481.67	39172
临沧市	821.32	242.34	203.84	375.14	36213
楚雄州	1372.16	261.93	545.89	564.34	56433
红河州	2417.48	344.78	940.44	1132.26	53925
文山州	1185.12	241.28	396.78	547.06	33798
西双版纳州	604.18	138.26	151.56	314.36	46619
大理州	1484.04	338.96	405.94	739.14	44346
德宏州	575.54	120.41	121.52	333.61	43817
怒江州	210.73	30.63	74.01	106.09	38141
迪庆州	266.94	18.47	102.67	145.80	68711

18–3 各州市生产总值指数

（2020年）

地区	生产总值(%)	第一产业增加值	第二产业增加值	第三产业增加值
全省	**104.0**	**105.7**	**103.6**	**103.8**
昆明市	**102.3**	**105.6**	**101.4**	**102.5**
曲靖市	106.6	105.9	107.0	106.5
玉溪市	102.1	105.8	99.4	104.4
保山市	104.8	105.6	104.5	104.6
昭通市	104.2	105.7	102.9	105.0
丽江市	104.6	105.5	109.7	101.0
普洱市	102.5	105.8	95.8	105.0
临沧市	103.7	105.7	101.4	103.9
楚雄州	106.0	105.7	108.8	103.0
红河州	105.2	105.9	105.8	104.4
文山州	105.4	105.4	106.3	104.5
西双版纳州	103.6	106.0	110.0	99.5
大理州	102.0	105.7	96.8	104.1
德宏州	107.9	105.8	112.3	106.9
怒江州	107.1	105.2	108.0	107.0
迪庆州	105.1	105.7	108.2	102.6

18-4 各州市固定资产投资

地　　区	固定资产投资增速 (%)	
	2019年	2020年
全　　省	**8.5**	**7.7**
昆 明 市	**2.8**	**8.1**
曲 靖 市	13.5	10.6
玉 溪 市	-8.8	-1.5
保 山 市	18.0	6.4
昭 通 市	20.7	3.1
丽 江 市	20.2	12.3
普 洱 市	26.6	19.7
临 沧 市	25.7	19.7
楚 雄 州	3.8	13.6
红 河 州	1.4	6.0
文 山 州	15.8	-3.6
西双版纳州	25.0	12.9
大 理 州	11.5	9.0
德 宏 州	10.4	15.5
怒 江 州	17.2	11.0
迪 庆 州	11.8	6.4

18–5 各州市社会消费品零售总额

地区	社会消费品零售总额(亿元)		比上年增长(%)	
	2019年	2020年	2019年	2020年
全省	**10158.23**	**9792.87**	**10.4**	**-3.6**
昆明市	**3186.74**	**3070.44**	**9.7**	**-3.6**
曲靖市	915.16	934.86	12.1	2.2
玉溪市	814.21	790.29	12.0	-2.9
保山市	420.30	427.84	12.2	1.8
昭通市	478.56	435.56	11.2	-9.0
丽江市	251.74	233.57	9.9	-7.2
普洱市	316.13	292.29	10.4	-7.5
临沧市	338.38	317.02	9.2	-6.3
楚雄州	538.72	518.66	11.2	-3.7
红河州	885.10	883.01	11.5	-0.2
文山州	636.44	578.16	10.6	-9.2
西双版纳州	312.98	272.52	10.1	-12.9
大理州	632.07	607.63	9.0	-3.9
德宏州	317.41	328.18	11.2	3.4
怒江州	42.79	36.62	11.2	-14.4
迪庆州	71.52	66.22	9.6	-7.4

18-6 各州市一般公共预算收支

地　　区	一般公共预算收入(亿元)		一般公共预算支出(亿元)	
	2019年	2020年	2019年	2020年
全　　省	**2073.56**	**2 116.69**	**6770.09**	**6 974.02**
昆 明 市	**630.03**	**650.47**	**820.86**	**875.05**
曲 靖 市	149.07	155.05	541.58	532.24
玉 溪 市	133.20	134.53	292.69	301.57
保 山 市	67.22	65.54	270.92	270.94
昭 通 市	81.81	85.01	640.64	625.92
丽 江 市	45.41	43.15	172.98	175.60
普 洱 市	49.84	51.31	301.43	323.55
临 沧 市	46.47	47.92	274.11	276.88
楚 雄 州	87.61	90.28	279.56	293.61
红 河 州	148.06	151.25	505.60	532.03
文 山 州	63.72	65.66	373.09	384.38
西双版纳州	34.74	35.81	139.93	133.87
大 理 州	103.27	108.48	390.90	391.19
德 宏 州	40.10	42.31	165.46	182.75
怒 江 州	13.08	15.08	175.73	163.18
迪 庆 州	14.10	15.01	171.31	159.47

18-7 各州市农村居民收入

地　区	农村常住居民人均可支配收入(元)		比上年增长(%)	
	2019年	2020年	2019年	2020年
全　省	**11902**	**12842**	**10.5**	**7.9**
昆明市	**16356**	**17719**	**9.8**	**8.3**
曲靖市	13697	14793	10.5	8.0
玉溪市	15719	16835	10.2	7.1
保山市	12499	13426	10.8	7.4
昭通市	10555	11283	11.4	6.9
丽江市	11475	12370	10.5	7.8
普洱市	11502	12366	10.7	7.5
临沧市	11907	12824	10.7	7.7
楚雄州	12015	12861	9.3	7.0
红河州	12570	13580	10.9	8.0
文山州	11133	12001	11.0	7.8
西双版纳州	14478	15463	10.7	6.8
大理州	12665	13645	10.2	7.7
德宏州	11409	12356	10.5	8.3
怒江州	7165	7810	11.1	9.0
迪庆州	9446	10088	10.8	6.8

18-8 各州市城镇居民收入

地　区	城镇常住居民人均可支配收入(元)		比上年增长(%)	
	2019年	2020年	2019年	2020年
全　省	**36238**	**37500**	**8.2**	**3.5**
昆 明 市	**46289**	**48018**	**7.7**	**3.7**
曲 靖 市	37314	38657	8.4	3.6
玉 溪 市	40700	42125	8.1	3.5
保 山 市	35351	36433	8.3	3.1
昭 通 市	29930	31007	8.3	3.6
丽 江 市	35667	37022	8.4	3.8
普 洱 市	31456	32658	8.1	3.8
临 沧 市	29524	30794	8.7	4.3
楚 雄 州	36868	38285	7.9	3.8
红 河 州	36181	37500	8.3	3.6
文 山 州	32630	33709	7.9	3.3
西双版纳州	31903	33147	8.8	3.9
大 理 州	36982	38435	7.8	3.9
德 宏 州	31479	32770	8.2	4.1
怒 江 州	26650	27506	8.5	3.2
迪 庆 州	37305	38547	8.4	3.3

2021昆明统计年鉴

KUNMING STATISTICAL YEARBOOK 2021

19 全国省会城市主要经济指标

19–1 地区生产总值

单位：亿元

城市名称		2020年	位次				同比±%	位次			
			全部	西部	中部	东部		全部	西部	中部	东部
西部城市	昆明市	6733.79	12	3	5	6	2.3	21	8	7	8
	成都市	17716.70	2	1			4.0	9	4		
	贵阳市	4311.65	19	5			5.0	5	3		
	西安市	10020.39	10	2			5.2	3	2		
	兰州市	2886.74	22	7			2.4	20	7		
	西宁市	1372.98	26	10			1.8	22	9		
	银川市	1964.37	24	9			3.2	16	6		
	南宁市	4726.34	18	4			3.7	13	5		
	乌鲁木齐市	3337.32	21	6			0.3	25	10		
	呼和浩特市	2800.68	23	8			0.2	26	11		
	拉萨市	678.16	27	11			7.8	1	1		
中部城市	哈尔滨市	5183.80	17		8		0.6	24		8	
	武汉市	15616.06	4		1		-4.7	27		9	
	郑州市	12003.04	7		3		3.0	17		5	
	长沙市	12142.52	6		2		4.0	9		2	
	南昌市	5745.51	16		7		3.6	14		3	
	合肥市	10045.72	9		4		4.3	8		1	
	太原市	4153.25	20		9		2.6	19		6	
	长春市	6638.03	13		6		3.6	14		3	
东部城市	广州市	25019.11	1			1	2.7	18			7
	石家庄市	5935.10	15			8	3.9	11			5
	沈阳市	6571.60	14			7	0.8	23			9
	福州市	10020.02	11			5	5.1	4			2
	济南市	10140.91	8			4	4.9	6			3
	海口市	1791.58	25			9	5.3	2			1
	杭州市	16106.00	3			2	3.9	11			5
	南京市	14817.95	5			3	4.6	7			4

19-2 第一产业增加值

单位：亿元

城市名称		2020年	位次				同比±%	位次			
			全部	西部	中部	东部		全部	西部	中部	东部
西部城市	昆明市	312.35	13	4	6	5	5.6	4	3	1	2
	成都市	655.20	1	1			3.3	13	7		
	贵阳市	178.31	18	5			6.4	3	2		
	西安市	312.75	12	3			3.0	14	8		
	兰州市	57.43	23	8			5.0	5	4		
	西宁市	57.17	24	9			4.3	7	6		
	银川市	75.72	22	7			0.7	24	11		
	南宁市	534.36	4	2			4.7	6	5		
	乌鲁木齐市	27.05	26	10			1.4	19	9		
	呼和浩特市	126.46	20	6			1.2	20	10		
	拉萨市	22.45	27	11			11.2	1	1		
中部城市	哈尔滨市	615.80	2		1		2.1	18		5	
	武汉市	402.18	8		4		-3.8	27		9	
	郑州市	156.87	19		8		0.9	22		7	
	长沙市	423.46	7		3		4.0	8		2	
	南昌市	235.28	17		7		2.2	16		4	
	合肥市	332.32	10		5		1.2	20		6	
	太原市	32.24	25		9		3.7	11		3	
	长春市	533.82	5		2		-2.4	26		8	
东部城市	广州市	288.08	16			8	9.8	2			1
	石家庄市	498.60	6			2	3.5	12			5
	沈阳市	303.60	14			6	2.9	15			6
	福州市	560.70	3			1	4.0	8			3
	济南市	361.66	9			3	2.2	16			7
	海口市	79.88	21			9	3.8	10			4
	杭州市	326.00	11			4	-1.1	25			9
	南京市	296.80	15			7	0.9	22			8

19-3 第二产业增加值

单位：亿元

城市名称		2020年	位次				同比±%	位次			
			全部	西部	中部	东部		全部	西部	中部	东部
西部城市	昆明市	2102.93	15	3	7	7	1.4	24	10	8	8
	成都市	5418.50	3	1			4.8	13	7		
	贵阳市	1552.59	17	4			5.5	10	5		
	西安市	3328.27	11	2			7.4	4	3		
	兰州市	933.42	21	6			3.7	16	8		
	西宁市	418.72	25	10			6.1	8	4		
	银川市	832.62	23	8			2.8	21	9		
	南宁市	1084.32	20	5			5.3	11	6		
	乌鲁木齐市	907.89	22	7			8.1	2	2		
	呼和浩特市	815.73	24	9			1.4	24	10		
	拉萨市	290.44	26	11			16.5	1	1		
中部城市	哈尔滨市	1144.50	19		9		2.3	22		7	
	武汉市	5557.47	2		1		-7.3	27		9	
	郑州市	4759.54	6		2		4.5	14		4	
	长沙市	4739.27	7		3		5.0	12		3	
	南昌市	2676.89	13		6		3.8	15		5	
	合肥市	3579.51	9		4		6.4	6		2	
	太原市	1504.19	18		8		3.0	19		6	
	长春市	2758.12	12		5		8.0	3		1	
东部城市	广州市	6590.39	1			1	3.3	17			4
	石家庄市	1745.50	16			8	3.1	18			5
	沈阳市	2160.40	14			6	2.9	20			6
	福州市	3840.77	8			4	6.2	7			2
	济南市	3530.67	10			5	7.0	5			1
	海口市	269.56	27			9	0.6	26			9
	杭州市	4821.00	5			3	2.3	22			7
	南京市	5214.35	4			2	5.6	9			3

19-4 第三产业增加值

单位：亿元

城市名称		2020年	位次				同比±%	位次			
			全部	西部	中部	东部		全部	西部	中部	东部
西部城市	昆明市	4318.51	12	3	5	6	2.5	15	6	4	7
	成都市	11643.00	2	1			3.6	10	4		
	贵阳市	2580.75	20	5			4.4	3	1		
	西安市	6379.37	8	2			4.2	6	2		
	兰州市	1895.90	22	7			1.5	20	8		
	西宁市	897.09	26	10			-0.2	22	9		
	银川市	1056.03	25	9			3.8	8	3		
	南宁市	3107.67	17	4			2.9	14	5		
	乌鲁木齐市	2402.38	21	6			-2.2	26	11		
	呼和浩特市	1858.49	23	8			-0.5	24	10		
	拉萨市	365.27	27	11			2.1	18	7		
中部城市	哈尔滨市	3423.60	15		6		-0.4	23		8	
	武汉市	9659.41	4		1		-3.1	27		9	
	郑州市	7086.63	6		2		1.7	19		6	
	长沙市	6979.79	7		3		3.3	12		2	
	南昌市	2833.35	18		8		3.4	11		1	
	合肥市	6133.89	10		4		3.0	13		3	
	太原市	2616.82	19		9		2.3	16		5	
	长春市	3346.09	16		7		0.3	21		7	
东部城市	广州市	18140.64	1			1	2.3	16			8
	石家庄市	3691.00	14			8	4.3	5			4
	沈阳市	4107.60	13			7	-0.6	25			9
	福州市	5618.55	11			5	4.4	3			3
	济南市	6248.58	9			4	3.7	9			6
	海口市	1442.14	24			9	6.4	1			1
	杭州市	10959.00	3			2	5.0	2			2
	南京市	9306.80	5			3	4.1	7			5

19-5 固定资产投资增速

单位：%

城市		2020年	位次			
			全国	西部	中部	东部
西部城市	昆明市	8.1	9	3	4	4
	成都市	9.9	4	2		
	贵阳市	2.7	20	6		
	西安市	12.8	1	1		
	兰州市	3.4	18	5		
	西宁市	-25.9	27	11		
	银川市	1.1	21	7		
	南宁市	-2.5	23	9		
	乌鲁木齐市	0.3	22	8		
	呼和浩特市	-8.5	24	10		
	拉萨市	5.3	13	4		
中部城市	哈尔滨市	2.8	19		8	
	武汉市	-11.8	25		9	
	郑州市	3.6	17		7	
	长沙市	6.2	12		5	
	南昌市	8.8	7		2	
	合肥市	4.7	14		6	
	太原市	11.3	2		1	
	长春市	8.8	7		2	
东部城市	广州市	10.0	3			1
	石家庄市	-18.8	26			9
	沈阳市	4.1	15			7
	福州市	9.6	6			3
	济南市	4.0	16			8
	海口市	9.9	4			2
	杭州市	6.8	10			5
	南京市	6.6	11			6

19-6 房地产开发投资增速

单位：%

城市		2020年	位次			
			全国	西部	中部	东部
西部城市	昆明市	8.0	10	6	3	3
	成都市	9.2	8	5		
	贵阳市	10.1	6	3		
	西安市	6.5	11	7		
	兰州市	0.1	21	8		
	西宁市	-7.1	26	11		
	银川市	13.1	3	2		
	南宁市	-5.7	24	10		
	乌鲁木齐市	-2.1	23	9		
	呼和浩特市	40.9	1	1		
	拉萨市	9.4	7	4		
中部城市	哈尔滨市	0.3	20		7	
	武汉市	-6.4	25		9	
	郑州市	2.4	18		5	
	长沙市	12.0	5		2	
	南昌市	6.4	12		4	
	合肥市	-0.6	22		8	
	太原市	2.4	18		5	
	长春市	12.4	4		1	
东部城市	广州市	6.2	13			6
	石家庄市	4.4	17			8
	沈阳市	5.2	15			6
	福州市	14.2	2			1
	济南市	8.3	9			2
	海口市	-7.7	27			9
	杭州市	5.3	14			5
	南京市	5.2	15			6

19-7 社会消费品零售总额

单位：亿元

城市名称		2020年	位次				同比±%	位次			
			全部	西部	中部	东部		全部	西部	中部	东部
西部城市	昆明市	3070.44	13	3	5	7	-3.6	15	5	4	8
	成都市	8118.50	2	1			-2.3	9	3		
	贵阳市	2188.26	16	4			6.6	1	1		
	西安市	4989.33	7	2			-2.9	11	4		
	兰州市	1641.24	19	6			-1.8	8	2		
	西宁市	573.57	24	10			-9.3	24	10		
	银川市	770.87	23	9			-7.1	23	9		
	南宁市	2180.36	17	5			-6.3	20	8		
	乌鲁木齐市	1043.50	20	7			-19.8	26	11		
	呼和浩特市	1032.90	21	8			-4.0	17	7		
	拉萨市	369.35	25	11			-3.8	16	6		
中部城市	哈尔滨市	—	—		—		-11.3	25		8	
	武汉市	6149.84	4		1		-20.9	27		9	
	郑州市	5076.30	6		2		-4.7	18		5	
	长沙市	4469.79	9		4		-2.6	10		3	
	南昌市	2452.74	14		6		3.0	3		2	
	合肥市	4513.76	8		3		3.1	2		1	
	太原市	1655.11	18		7		-6.4	21		6	
	长春市	—	—		—		-6.5	22		7	
东部城市	广州市	9218.66	1			1	-3.5	13			6
	石家庄市	2382.70	15			8	-3.3	12			5
	沈阳市	3637.60	12			6	-5.4	19			9
	福州市	4225.61	11			5	0.6	7			4
	济南市	4469.10	10			4	1.1	5			2
	海口市	835.89	22			9	1.5	4			1
	杭州市	5973.00	5			3	-3.5	13			6
	南京市	7203.00	3			2	0.9	6			3

19-8 一般公共预算收入

单位：亿元

城市名称		2020年	位次				同比±%	位次			
			全部	西部	中部	东部		全部	西部	中部	东部
西部城市	昆明市	650.47	13	3	5	7	3.2	8	4	1	5
	成都市	1520.40	4	1			2.5	12	6		
	贵阳市	398.13	17	4			-4.6	23	9		
	西安市	724.13	11	2			3.1	9	5		
	兰州市	247.13	22	7			6.0	5	3		
	西宁市	133.51	26	10			31.2	1	1		
	银川市	157.25	25	9			1.6	14	7		
	南宁市	372.25	20	6			0.4	20	8		
	乌鲁木齐市	392.64	18	5			-16.9	25	10		
	呼和浩特市	217.10	23	8			6.9	3	2		
	拉萨市	—	—	—			—	—	—		
中部城市	哈尔滨市	339.60	21		9		-8.4	24		8	
	武汉市	1230.29	6		2		-21.3	26		9	
	郑州市	1259.21	5		1		3.0	10		2	
	长沙市	1100.09	7		3		3.0	10		2	
	南昌市	483.86	15		6		1.4	16		6	
	合肥市	762.90	9		4		2.3	13		4	
	太原市	378.44	19		8		-2.1	22		7	
	长春市	440.43	16		7		1.5	15		5	
东部城市	广州市	1721.59	2			2	1.4	16			6
	石家庄市	632.20	14			8	11.1	2			1
	沈阳市	736.08	10			5	0.8	19			8
	福州市	675.61	12			6	1.1	18			7
	济南市	906.10	8			4	3.6	7			4
	海口市	186.05	24			9	0.4	20			9
	杭州市	2093.00	1			1	6.5	4			2
	南京市	1637.70	3			3	3.7	6			3

19-9 一般公共预算支出

单位：亿元

城市名称		2020年	位次				同比±%	位次			
			全部	西部	中部	东部		全部	西部	中部	东部
西部城市	昆明市	875.05	16	3	7	8	6.6	8	3	3	4
	成都市	2158.00	3	1			7.5	7	2		
	贵阳市	676.42	19	5			-5.9	25	10		
	西安市	1352.69	8	2			8.5	3	1		
	兰州市	485.73	22	7			6.4	9	4		
	西宁市	329.51	26	11			0.4	21	7		
	银川市	335.76	25	10			-3.1	23	8		
	南宁市	819.86	18	4			3.9	15	6		
	乌鲁木齐市	536.87	21	6			-13.5	27	11		
	呼和浩特市	435.74	23	8			4.3	14	5		
	拉萨市	346.23	24	9			-5.4	24	9		
中部城市	哈尔滨市	1162.20	11		5		5.5	13		5	
	武汉市	2417.19	2		1		7.6	5		2	
	郑州市	1721.30	6		2		-9.9	26		9	
	长沙市	1480.24	7		3		3.8	16		6	
	南昌市	838.07	17		8		0.5	20		8	
	合肥市	1164.80	10		4		3.8	16		6	
	太原市	647.35	20		9		6.0	10		4	
	长春市	1084.10	13		6		10.5	2		1	
东部城市	广州市	2953.04	1			1	3.1	18			7
	石家庄市	1135.30	12			5	7.8	4			2
	沈阳市	1074.11	14			6	2.5	19			8
	福州市	950.20	15			7	0.0	22			9
	济南市	1288.80	9			4	7.6	5			3
	海口市	305.41	27			9	14.9	1			1
	杭州市	2070.00	4			2	6.0	10			5
	南京市	1754.62	5			3	5.8	12			6

19-10 金融机构(含外资)人民币存款、贷款余额

（2020年）　　　　单位：亿元

城市名称		年末存款余额	位次				年末贷款余额	位次			
			全部	西部	中部	东部		全部	西部	中部	东部
西部城市	昆明市	16324.65	11	3	4	6	19740.44	7	3	3	3
	成都市	42266.00	2	1			39686.00	2	1		
	贵阳市	12485.17	15	4			15799.15	12	5		
	西安市	25730.51	5	2			25559.04	6	2		
	兰州市	9044.77	18	7			12954.98	16	6		
	西宁市	4371.64	22	10			5312.54	22	10		
	银川市	4488.01	21	9			5535.00	21	9		
	南宁市	11479.18	16	5			15820.33	11	4		
	乌鲁木齐市	9604.46	17	6			8672.11	19	8		
	呼和浩特市	6116.14	19	8			8899.58	18	7		
	拉萨市	3133.97	23	11			—	—	—		
中部城市	哈尔滨市	13749.40	14		7		12553.30	17		7	
	武汉市	30329.15	4		1		35491.87	4		1	
	郑州市	24994.33	6		2		28439.38	5		2	
	长沙市	—	—		—		—	—		—	
	南昌市	—	—		—		—	—		—	
	合肥市	18296.74	9		3		17678.66	10		4	
	太原市	14212.47	12		5		14823.04	13		5	
	长春市	14155.70	13		6		14525.70	14		6	
东部城市	广州市	65615.47	1			1	53535.39	1			1
	石家庄市	16488.28	10			5	13075.27	15			6
	沈阳市	19272.63	8			4	17929.78	9			5
	福州市	2015.52	24			8	2170.65	23			8
	济南市	20715.00	7			3	19704.90	8			4
	海口市	5019.39	20			7	5770.12	20			7
	杭州市	—	—			—	—	—			—
	南京市	39056.06	3			2	37594.23	3			2

19-11 居民消费价格指数

单位：%

城市名称		2020年	位次			
			全部	西部	中部	东部
西部城市	昆明市	103.1	1	1	1	1
	成都市	102.5	5	3		
	贵阳市	102.4	7	4		
	西安市	102.1	16	6		
	兰州市	102.0	18	7		
	西宁市	102.7	2	2		
	银川市	101.8	22	10		
	南宁市	102.3	11	5		
	乌鲁木齐市	100.9	26	11		
	呼和浩特市	102.0	18	7		
	拉萨市	102.0	18	7		
中部城市	哈尔滨市	101.4	25		9	
	武汉市	102.4	7		4	
	郑州市	102.3	11		5	
	长沙市	101.8	22		8	
	南昌市	102.5	5		3	
	合肥市	102.3	11		5	
	太原市	102.6	3		2	
	长春市	101.9	21		7	
东部城市	广州市	102.6	3			2
	石家庄市	102.3	11			5
	沈阳市	102.3	11			5
	福州市	—	—			—
	济南市	102.4	7			3
	海口市	101.6	24			8
	杭州市	102.1	16			7
	南京市	102.4	7			3

19-12 城镇常住居民人均可支配收入

单位：元

城市名称		2020年	位次				同比±%	位次			
			全部	西部	中部	东部		全部	西部	中部	东部
西部城市	昆明市	48018	11	3	4	6	3.7	16	7	6	5
	成都市	48593	9	2			5.9	5	3		
	贵阳市	40305	18	7			5.4	7	4		
	西安市	43713	14	4			4.5	13	6		
	兰州市	40152	20	8			5.4	7	4		
	西宁市	36959	27	11			6.1	3	2		
	银川市	39416	24	9			3.1	17	8		
	南宁市	38542	25	10			2.3	21	9		
	乌鲁木齐市	42769	17	6			0.2	25	11		
	呼和浩特市	49789	7	1			0.8	24	10		
	拉萨市	43640	15	5			10.0	1	1		
中部城市	哈尔滨市	39791	23		8		-0.5	26		8	
	武汉市	50362	6		2		-2.6	27		9	
	郑州市	42887	16		6		1.9	22		7	
	长沙市	57971	4		1		5.0	10		5	
	南昌市	46796	13		5		6.0	4		2	
	合肥市	48283	10		3		6.3	2		1	
	太原市	38329	26		9		5.4	7		4	
	长春市	40001	22		7		5.7	6		3	
东部城市	广州市	68304	2			2	5.0	10			1
	石家庄市	40247	19			8	4.4	14			3
	沈阳市	47413	12			7	1.3	23			9
	福州市	49300	8			5	2.9	18			6
	济南市	53329	5			4	2.7	20			8
	海口市	40049	21			9	2.8	19			7
	杭州市	68666	1			1	3.9	15			4
	南京市	67553	3			3	4.9	12			2

注：增幅未扣物价因素。

19-13 农村常住居民人均可支配收入

单位：元

城市名称		2020年	位次				同比±%	位次			
			全部	西部	中部	东部		全部	西部	中部	东部
西部城市	昆明市	17719	19	6	8	7	8.3	3	3	1	1
	成都市	26432	5	1			8.5	2	2		
	贵阳市	18674	17	4			8.1	5	4		
	西安市	15749	25	9			8.0	8	5		
	兰州市	14652	26	10			7.7	11	7		
	西宁市	13487	27	11			7.2	17	9		
	银川市	16428	23	7			7.5	14	8		
	南宁市	16130	24	8			7.2	17	9		
	乌鲁木齐市	22827	9	2			6.4	23	11		
	呼和浩特市	20489	12	3			8.0	8	5		
	拉萨市	18268	18	5			12.7	1	1		
中部城市	哈尔滨市	19631	15		7		7.6	12		3	
	武汉市	24057	8		4		-2.9	27		9	
	郑州市	24783	6		2		5.3	25		8	
	长沙市	34754	2		1		7.5	14		5	
	南昌市	20921	11		5		7.3	16		6	
	合肥市	24282	7		3		8.1	5		2	
	太原市	19655	14		6		7.0	20		7	
	长春市	16636	22		9		7.6	12		3	
东部城市	广州市	31266	3				8.3	3			1
	石家庄市	16947	21			9	6.9	21			6
	沈阳市	19598	16			6	8.1	5			3
	福州市	22669	10			4	6.3	24			8
	济南市	20432	13			5	5.0	26			9
	海口市	17405	20			8	8.0	8			4
	杭州市	38700	1			1	6.7	22			7
	南京市	29621	4			3	7.2	17			5

注：增幅未扣物价因素。

中国统计出版社有限公司最新图书简目

(仅供参考,以实际出版为准)

统计资料

中国统计年鉴　中国统计摘要　中国第三产业统计年鉴
中国第三次全国农业普查综合资料　国际统计年鉴　金砖国家联合统计手册
中国-东盟国家统计手册　中国农村统计年鉴　中国县域统计年鉴
中国农产品价格调查年鉴　中国城市统计年鉴　中国价格统计年鉴
中国贸易外经统计年鉴　中国零售和餐饮连锁企业统计年鉴　中国商品交易市场统计年鉴
大中型批发零售和住宿餐饮企业统计年鉴　中国住户调查年鉴　中国工业统计年鉴
中国环境统计年鉴　中国能源统计年鉴　中国建筑业统计年鉴
中国房地产统计年鉴　中国投资领域统计年鉴　长江经济带发展统计年鉴
中国人口和就业统计年鉴　中国劳动统计年鉴　中国社会统计年鉴
中国科技统计年鉴　中国高技术产业统计年鉴　全国企业创新调查年鉴
中国文化及相关产业统计年鉴　中国妇女儿童状况统计资料　中国青年发展状况统计年鉴
中国基本单位统计年鉴　中国教育统计年鉴　中国教育经费统计年鉴
中国民族统计年鉴　中国残疾人事业统计年鉴　中国电力统计年鉴

省级综合统计年鉴系列

北京 天津 河北 山西 内蒙古 辽宁 吉林 黑龙江 上海 江苏 浙江 安徽 福建 江西 山东 河南 湖北 湖南 广东 广西 海南 重庆 四川 贵州 云南 西藏 陕西 甘肃 青海 宁夏 新疆 新疆生产建设兵团

市(县)级综合统计年鉴系列

滨海新区 石家庄 唐山 邯郸 邢台 保定 承德 沧州 衡水 太原 大同 晋城 晋中 长治 忻州 朔州 临汾 运城 阳泉 吕梁 呼和浩特 包头 鄂尔多斯 赤峰 大连 长春 四平 延吉 延边 哈尔滨 齐齐哈尔 黑龙江垦区 浦东新区 南京 无锡 徐州 常州 苏州 南通 淮安 盐城 扬州 镇江 宿迁 江阴 丹阳 海门 张家港 通州 如东 杭州 宁波 绍兴 台州 温州 金华 嘉兴 湖州 丽水 舟山 合肥 安庆 福州 厦门 漳州 宁德 龙岩 莆田 泉州 三明 南平 思明 南昌 上饶 抚州 赣州 九江 景德镇 宁都 济南 青岛 枣庄 潍坊 聊城 郑州 洛阳 三门峡 南阳 商丘 平顶山 信阳 济源 武汉 宜昌 十堰 荆州 荆门 咸宁 黄冈 长沙 广州 东莞 惠州 深圳 汕尾 珠海 南宁 桂林 柳州 防城港 贵港 梧州 玉林 钦州 海口 三亚 儋州 成都 贵阳 毕节 黔南 昆明 文山 德宏 西安 安康 延安 汉中 渭南 商洛 榆林 银川 兰州 庆阳 乌鲁木齐

调查年鉴系列

天津 内蒙古 上海 河南 湖北 湖南 广西 重庆 四川 云南 甘肃 宁夏 南宁 桂林 贵港 昆明

统计方法应用/实用手册

Python数据分析基础（第二版）　非参数统计（第五版）　现代金融投资统计分析（第四版）
国民经济核算初级教程（第二版）　国民经济核算教程（第五版）　概率统计基础
全国统计专业技术资格考试系列考试用书：统计业务知识（第四版修订版）　统计业务知识学习指导与习题
全国统计专业技术资格考试系列考试用书：统计相关知识（第四版）　统计相关知识学习指导与习题

统计通俗读物/统计科普图书

领导干部统计知识问答（第二版）　统计公文写作及会议办理实用手册　大数据在统计工作中的应用案例汇编
中国国民经济核算知识问答（修订版）　地区生产总值核算国际比较研究　新中国统计制度方法的发展与改革

重点图书

第七次全国人口普查年鉴　第四次全国经济普查地图集　中国经济普查年鉴2018
新编英汉汉英统计大词典　中国国民经济核算体系2016　国民经济行业分类注释
挑大学选专业2020—考研择校指南　挑大学选专业2020—高考志愿填报指南　中华医学统计百科全书